U1004623

安徽师范大学教材建设基金资助出版

WANGLUO GUANGGAOXUE

网络广告学

Lilun Sheji Anli

理论 设计 案例

刘 刚 聂竹明 赵 昊 著

安徽师范大学出版社

责任编辑:汪鹏生　桑国磊
装帧设计:桑国磊

图书在版编目(CIP)数据

网络广告学:理论、设计、案例 / 刘刚,聂竹明,赵昊著.—芜湖:安徽师范大学出版社,2011.1
(2013.8 重印)
ISBN 978-7-81141-139-3
Ⅰ.①网… Ⅱ.①刘… Ⅲ.①互联网络—广告学 Ⅳ.①F713.8-39

中国版本图书馆 CIP 数据核字(2011)第 011282 号

网络广告学:理论、设计、案例
刘刚　聂竹明　赵昊　著

出版发行:安徽师范大学出版社
芜湖市九华南路 189 号安徽师范大学花津校区　邮政编码:241002
网　址:http://www.ahnupress.com/
发 行 部:0553-3883578　5910327　5910310(传真)　E-mail:asdcbsfxb@126.com
经　销:全国新华书店
印　刷:安徽芜湖新华印务有限责任公司
版　次:2011 年 5 月第 1 版
印　次:2013 年 8 月第 2 次印刷
规　格:787 × 1092　1/16
印　张:17.25
字　数:357 千
书　号:ISBN 978-7-81141-139-3
定　价:32.00 元

凡安徽师范大学出版社版图书有缺漏页、残破等质量问题,本社负责调换。

前　言

作为互联网主要的商业模式之一，网络广告已经成为支撑互联网业务发展的重要收益来源之一,其发展速度令人惊讶。IAB 调查表明,2008 年美国网络广告收入超过了电视广告收入,达到 234 亿美元,在美国全国广告排行榜位列第三。以网络广告、有线电视广告和广播电视广告头 14 年的收入为分析对象,研究发现:网络广告收入在第四年超过了有线电视广告(9.07 亿美元相比 4.99 亿美元);在第十年超过了广播电视广告(96 亿美元相比 89 亿美元);在第 14 年,网络广告是广播电视广告收入(133 亿美元)的近两倍,是有线电视广告收入(65 亿美元)的近四倍。中国互联网用户(网民)规模在基数甚高的情况下继续强劲增长,2008 年已突破 2.9 亿人,成为世界上网民人数最多的国家。2008 年度中国互联网调查数据显示,互联网已经成为 84.5%的互联网用户的第一接触媒体,2008 年互联网用户互联网消费总规模增至 7309.8 亿元。随着技术的发展与消费者需求的不断提高，网络广告的形式也朝着多样化的方向发展。新的形式如窄告、游戏广告等层出不穷,广告竞争也从“媒体大战”、“投入大战”上升到“智战时期”(创意的竞争);广告研究也逐渐从实践特征分析走向本质挖掘。

相对于传统广告形式,网络广告呈现出一些自身的特点,了解这些特点,是把握网络广告营销策略实质的基础。关于网络广告的特点,相关研究进行了较为深入的分析,如交互性、广泛性、针对性、表现形式多样性、易统计性等。网络广告的确在一定程度上具有这些特征，但这些基本特征在现阶段的实践应用中似乎不足以从深层次说明网络广告的本质。因此,有必要从更深的层次上进一步认知与分析网络广告。

本书从理论、设计与案例三个角度,分析中国网络广告的发展态势,探求网络广告实践的客观规律、营销策略与设计创新。为深刻追求网络广告的原理,本书不断进行“形而上”的思考。首先,从广告而不仅仅是网络的发展背景来寻思网络广告的现实与前景;其次,从信息传播与信息构架的视角进行设计分析与案例解读;再者,挖掘人的个性化需求与互动的联系与促进,从而使得“信任”在网络的人际关系中得以凸显并将在 web2.0 以后推进。

网络广告首先是广告,是一种新的广告模式,远远超越其名词构成上“网络 + 广告”的理解,是基于网络的一种复合型的广告形式,是一种新的媒介表达方式。网络广告是指广告主利用一些受众密集或有特征的网站发布商业信息，并链接到某目的网页的过程。广义上,一切基于网络技术传播信息的过程与方法,都是网络广告。因此,对网络广告的探析,须从广告的演进开始,从广告而不仅仅是网络的发展背景来寻思网络广告的现实与前景。

其次,广告的本质是传播。《简明大不列颠百科全书》对广告的定义是:广告是传播信息的一种方式。但由于互联网上的信息种类繁多、内容特征多种多样,信息存储分散无序,加之超链接技术的广泛使用,互联网具有非常复杂的信息空间,用户在其中很容易迷失方向。因此,网络广告想要成为向互联网用户传递营销信息的一种手段,从而对用户注意力资源合理利用,就需要从信息传播与信息构架的视角进行设计分析与案例解读,以帮助人们在信息空间中管理和获取对己有用的信息。

再者,广告在工业时代被称为人们心灵的复印机,它使人们的选择趋同。在网络时代,广告将变为窄告,在人际关系的密切化过程中,人们的个性化选择将得到实现。在互联网云计算技术的推动下,网络广告将进一步向以人为本的方向演变,强调人与人之间的互动与信任,强调人的个性化需求的满足,强调人的感性的解放。因此,需要挖掘人的个性化需求与互动的联系与促进,从而使得"信任"在网络的人际关系中得以凸显并将在web2.0以后推进。

本书是集体智慧的结晶,由刘刚、聂竹明、赵昊合著,张军辉、王传辉参与了案例研究并写作了部分内容。本书先后多次修订、增删,几乎每一部分均包含了研究者共同的讨论和观点贡献。同时,感谢安徽师范大学教务处朱家存处长的支持,感谢所引述有关文献的作者的真知灼见,感谢安徽师范大学出版社张传开社长的支持,感谢安徽师范大学出版社桑国磊编辑的精心编辑。

本书主要面向传媒、网络、教育、信息、经济等各界读者,供学术研究、业界运营、实践指导、教育教学、政策管理等参考之用。尽管我们付出了不少努力,但由于作者水平有限且相互之间水平不均衡,加之网络广告的迅速发展,因此,缺陷在所难免,望请见谅,如有指导,请不吝赐教,以便修订。

目 录

理论研究

第一章　发展背景:历史与现状

网络广告是一种新的广告模式,是基于网络的一种复合型的广告形式,是一种新的媒介表达方式,远远超越其名词构成上“网络＋广告”的理解。一般认为,网络广告是指广告主利用一些受众密集或有特征的网站发布商业信息,并设置超链接连接到某目的网页的过程。广义上,一切基于网络技术传播信息的过程与方法,都是网络广告。因此,对网络广告的探析,须从广告的概念,从基于媒介的信息传播活动开始。

第一节　背景:中国广告市场的历史形成与广告受众的认知分析

一、中国广告市场的历史形成概述

1.新中国成立之前的广告历史

中国的广告历史,若要追溯起来,历史久远。早在上古时期,中国古代传说中便已有天子铸九鼎做广告的故事。《周记》记载,公元前10世纪左右,在当时的社会生活中,凡是进行交易都“告子士”。在商周时代,交易要以铭文形式刻于青铜器之上,这种铭文可以称为最早的广告萌芽。

在战国时期,齐国的临淄、赵国的邯郸、楚国的郑都、周国的洛阳、魏国的大梁和秦国的咸阳,由于商业的促进,都成为四方辐凑并至、商贾云集的城市。例如:楚国的郑都,在当时“整个城墙周长16公里;城址东西长4.5公里,面积16平方公里”[①]。城郭巍峨壮观,气势恢弘,雄峙江汉,城中市井热闹繁华,店铺林立,街上车水马龙,行人熙熙攘攘。这表明商业在当时已经比较发达了,而与之相适应的广告活动也十分活跃,最为典型的是早期的幌子广告——“望子”。韩非子在《外储说右上》写道:“宋人有沽酒者,升概甚平,遇客甚谨,为酒甚美,悬帜甚高,著然不售。”其说明:升起幌子广告即有酒出售,降下幌子广告则无酒出售。在整个周代的市[②],一律是官办的,私人不得立市。市每日开放,“开市前,青吏执鞭守门,以威正人众,禁止惰游无行者入市;市内诸吏则整理货肆,标示物价,准备交易证券。一切就绪,司市在市门上悬挂旗帜,宣告市场开业,招徕交易者前来赴市。于是赴市者侧肩争门而入,熙熙攘攘,开始

---

① 周有恒.千年遗址南国完璧——楚郑都漫话[J].文史知识,1989(1):38.

② 古代的市场单称“市”.

了一天的集市贸易。至晚,降下旗帜,关闭市门,结束贸易。"[①]可见,在周代时幌子广告在民间和官方都得到普遍使用。这一时期也出现了"声响广告"、"实物广告"等早期广告形式。

总体上看,在中国封建社会中,广告随着商业的发展而活跃。中国封建社会时期广告的大发展当属宋代。宋代"这一时期的中国文化和科学都达到了一个前所未有的高潮"[②],成为中国封建社会的转折点。"宋代是我国历史上冶铁技术和铁制工具继战国、秦汉之后的又一次变革的重要时期。"[③]技术的进步推动了农业生产效率的提高,促进了手工业的发展和商业的繁荣。在宋代出现了中国古代社会发展历史上存在的几乎所有广告形式,诸如:灯笼广告、悬物广告、幌子广告、招牌广告、招贴广告、印刷广告、插图广告等。北宋时期济南刘家功夫针铺的广告,是迄今为止发现的世界上最早的印刷广告。这则广告采用铜板印刷而成。这张铜板广告刻版四寸见方,上面雕刻着"济南刘家功夫针铺",中间是白兔抱铁杵捣药的图案,左右各有四个字,即"认门前白"、"兔儿为记",下面说明自己商品质地和销售办法:"收买上等钢条,造功夫细针,不误宅院使用;客转为贩,别有加饶。请记白。"从这则广告中,可以看到现代广告设计、创意、文案的轮廓,而这种印刷广告的出现,也标志着当时广告已经有了较高的设计、制作水平。

1840年鸦片战争以后,随着西方文化和传播技术的传入,中国近代广告开始打破原有的封闭状态,在广告活动上逐渐引进了一些国外近代先进的方法、手段和技术。中国近代广告最大的突破或称最突出的特征是印刷媒介和电子媒介的引入,即报纸和广播电台的出现,这在客观上扩大了广告传播的内容和活动领域。众所周知,印刷术最早是由中国人发明的,然而"印刷之精美,至于尽美尽善,乃赖西国人士之改进"[④]。19世纪初叶,出现了用欧式活字印刷而成的华文书报。1834年英国传教士马礼逊招来刻工,派助手米怜前往马六甲创办印刷所,用欧式印刷技术印制华文书刊。1835年马礼逊与华人梁亚发等共办《察世俗每月统计传》,开创华文印刷新纪元。在创刊号上,登有该刊主编米怜的《告帖》。到1895年,中国各地先后出现了50余种报刊,著名的有上海的《强学报》、《时务报》,天津的《国闻报》,长沙的《时湘学报》、《湘报》,澳门的《新知报》等。在20世纪初,大量的编译机构增加迅速,"1901—1911年期间,以'译'字为报刊或书社名称者,多达二三十种"[⑤]。

辛亥革命后,全国报刊曾经出现过大发展,报刊达到500家以上,许多报刊上都刊登广告。原来由外国人主办的报刊陆续改由中国人自己主办,大量的由中国私人、民间经办的商业性报刊开始出现,外来的殖民组织和移民群体,也在中国创办了一些

---

① 李建国.周代的市场[J].文史知识,1989(2):52.
② 李约瑟.中国科学技术史(第一卷,第1册)[M].北京:科学出版社,2008:284.
③ 杨宽.我国历史上铁农具的改革和作用[J].历史研究,1989(5):16.
④ 张静庐辑注.中国近代出版史料(二编)[M].北京:中华书局,1957:75.
⑤ 张静庐辑注.中国近代出版史料(二编)[M].北京:中华书局,1957:75.

报刊和广播电台。中国出现了报纸广告、广播广告、霓虹灯广告等近现代广告形式。以上海为例,1946年成立了“上海市广告商业同业会”,会员有90家。在20世纪两次大规模的犹太人移民到上海后,曾经在上海“开办一家电台,办了6种语种的报纸”,带活了当时中国的传播业。①

1925年,上海圣·约翰大学、厦门大学、北京平民大学、北京国际大学、燕京大学和上海南方大学先后成立了报学系,广告学被列为该系的一门课题。其中,北京平民大学报学系开设了《广告学》课程,上海南方大学报学系和哲学专修科把《广告原理》作为必修学科之一。在当时,对于广告理论的研究实质上还处于雏形阶段。此时出现的广告学只注重研究了广告在心理学、销售学、新闻学等方面的简单功能,还没有形成系统的严密的理论体系,加之国家处于不停的动乱、战乱状态,对于广告理论的研究发展比较缓慢。

2.新中国成立之后的广告历史概况

新中国建立之后的广告发展经历了三个阶段,即“恢复—停滞—发展”三个阶段。

(1)广告恢复阶段(1949—1965年)。在中华人民共和国建立之后,党和政府首先对旧的广告业进行了社会主义改造,以使其适应经济恢复和发展的需要。但由于众所周知原因,对于旧社会遗留下来的文化产业属性的争论与定性是当时热衷的问题,对于广告是否是资本主义所独有的争论,始终没有停止。新中国的广告就是一直在经济发展的需要和姓社姓资问题争讨的夹缝中恢复、缓慢发展。许多高等院校的新闻专业少开甚至停开了广告课程。

从传播媒介来看,《北京日报》、《解放日报》、《文汇报》、《大众日报》等253种报纸从建国初开始创刊、复刊,并陆续刊登广告。北京、上海、南京、天津等83座广播电台在建国不久就开设了广告节目。随着各地传播媒介业的发展,从客观上使广告得以恢复和发展。但是,广告的发展一直比较缓慢。

从广告实务来看,1956年6月,刘少奇视察中央广播事业局,肯定了广告对于经济建设的积极作用,对轻视广告的思想提出了批评。1957年,商业部派观察员赴布拉格参加由13个国家参加的国际广告工作者会议,这是新中国建立之后政府第一次与外国广告界的业务接触。1958年,商业部在北京组织介绍国际广告会议情况,介绍了国外广告业的发展现状,并对我国的广告业发展进行了讨论。此次会议最突出的成就是:归纳出我国社会主义广告的特点,即“政策性、思想性、真实性、艺术性”。中国的广告发展出现了好的兆头,但是由于20世纪60年代初国内和国际矛盾的复杂化,尤其是“文化大革命”的影响,使本应开始发展的中国广告业陷入了停滞状态。

(2)广告停滞阶段(1966—1978年)。20世纪60年代中期,由于“左”的路线影响,我国与国际广告界的接触交往几乎断绝。在“文化大革命”的十年动乱中,广告事业受到了前所未有的破坏;广告被斥为资本主义的产物,被视为资本主义社会腐朽和浪费

① 阿尔伯特·第恩文.犹太人在上海[J].张陵卑,译.海外文摘,1992(10):28.

的表现;认为社会主义社会根本无须广告的存在,绝对没有必要存在广告活动,取消了许多老字号的招牌,撤除和砸毁了霓虹灯广告,涂掉墙壁和路牌广告而改成“文革”语录和口号。在传播媒介上,取缔了广告传播,在报纸上撤掉了广告版面。从而导致在国外广告理论大创新和广告实务大发展之时,我国的广告理论研究和广告活动基本上完全停止,在经济领域甚至于到了灭绝的地步。

(3)广告发展阶段(1979年以来)。中国的广告理论和广告活动真正的发展时期,是从党的十一届三中全会以后开始的。1979年1月28日,上海电视台播出了上海药材公司的参桂补酒广告,这是拨乱反正之后国内的第一条电视广告。同年2月10日,《文汇报》开始刊载广告;4月,《人民日报》刊登了汽车、地质仪器等商品广告。中央广播电台、中央电视台和各省市的电台电视台陆续开播了广告时段,各地报纸、杂志也陆续开辟了广告栏目。不久,中国国内第一家专业广告杂志——《中国广告》在上海问世。该杂志由上海市广告装潢公司主办,面向国内外公开发行。随后几年时间里,《国际广告》、《现代广告》相继出版和创办,推动了国内广告理论研究和广告活动的开展。进入20世纪90年代以来,《广告导报》、《广告人》等广告专业期刊迅速发展起来,活跃和推动了广告理论的传播和交流。

专业开展广告活动的广告公司纷纷出现。1979年8月,北京成立了北京广告公司;1980年2月,湖南创办了长沙广告公司;1981年2月,中国广告艺术协会筹备委员会在北京成立;1983年成立了中国广告协会,随后各地广告公司和协会相继建立。

从此,中国广告市场进入了迅速发展和高速成长阶段,所以从真正意义上说中国广告产业是在近30年时间里形成、发展和走向成熟的,中国从基本没有广告,到成长为完成广告经营额1899.56亿元(2008)①,并成为世界第六大广告市场的广告产业大国。

二、中国广告市场中广告受众的成熟度与对广告理性认知化分析

1.广告是消费者选择商品和服务时最重要的信息来源

在中国广告恢复和发展初期,受众群体中有相当一部分对广告持观望或排斥的态度。随着中国经济的发展,广告管理的规范化实施,广告创意、设计、表现水平的迅速提高,尤其是在充分竞争的广告市场上,消费者在选择商品、服务时,广告成为了消费者必不可少的信息支持时,消费者对于广告理性认知程度得到了明显提高。而广告受众走向成熟明显特征之一,就是消费者(特别是年轻消费者)对广告、品牌忠诚度有明显上升。

2004年7月,《现代广告》杂志社策划并委托零点研究集团对北京、上海、广州、武汉、成都、沈阳、西安、济南、大连和厦门十个城市中3 212名18~60岁的居民就广告接

① 数据来源:新浪网,http://tech.sina.com.cn/i/2009-03-19/09182923310.shtml.

受度的问题进行了入户访问,本项研究主要从关注度、信任度和影响力三个方面研究消费者对广告的接受度。此次调查以多阶段随机抽样方式获取合格受访样本,数据结果根据各地实际人口规模进行加权处理,在95%置信度下的调查抽样误差为1.12%。调查结果显示,无论是被动接触还是主动关注,消费者在日常生活中接触前三位的媒介广告是“电视广告”(96%和68.2%)、“报纸广告”(79.1%和51.7%)和“杂志广告”(24.5%和16.9%)。“网络广告”(20.6%和11.1%)和“路牌广告”(14.6%和9.8%)的被动和主动接触率虽然和电视相比还有相当差距,但是与杂志已经非常接近,并且已经超过传统四大媒介之一的“广播广告”(13.9%和6.0%)。

表1–1 消费者平时接触和主动观看的广告类型比较①

	平时接触较多的广告类型(%)	主动观看的广告类型(%)
电视广告	96.4	68.2
报纸广告	79.1	51.7
杂志广告	24.5	16.9
网络广告	20.6	11.1
路牌广告	14.6	9.8
广播广告	13.9	6
车身或车内广告	12.7	6
地铁广告	2.8	1.3
其它类型广告	1.3	3.7

该项研究表明,在我国消费者群体中,性别、学历、年龄和收入的不同会导致对广告接受度的差异。一般女性的关注倾向于感性化程度高的电视广告,而男性的关注在虚拟化的网络广告中具有很强的倾向性。31~50岁的消费者对报纸广告的关注程度较高,18~30岁的消费者在网络媒介上有着较浓厚的兴趣,23~40岁的消费者对路牌广告的关注明显高于其它群体,而广播广告则是40岁以上的受众喜爱的媒介。在收入差异与广告关注度的相关性上,研究表明个人月收入在1 000元以下的群体对电视广告的关注度最高,1 001~2 000元之间的群体对报纸和杂志广告的关注度要明显高于其它群体,3 001~4 000元之间的群体对传统媒介广告的关注度要明显低于3 000元以下群体,但是在对网络广告的关注度上居于首位。在个人月收入达到4 000元以上的群体中,不主动关注广告的群体是最高的(占21.8%),属于对广告关注度最低的群体。

2.消费者对于不同媒介广告的信任度与关注度之间存在一定的正相关②

在消费者对媒介的评价上,关注度较高的媒介广告在消费者心目中的信任度也相对较高。传统媒介广告在获得消费者信任度上占有优势,但是消费者对于报纸广告的信任度和关注度上的差异比较明显。在性别和年龄不同的群体中对广告的信任度上的区别并不显著,而学历和个人月均收入不同的人群对于各类广告的信任度上的

① 数据来源:零点研究集团对北京、上海、广州、武汉、成都、沈阳、西安、济南、大连和厦门十个城市中3212名18—60岁的居民就广告接受度的问题进行了入户访问资料。

②《现代广告》杂志社研究课题组.中国城市消费者广告接受度调查报告[J].现代广告,2004(5):36.

规律是：大学本科以上文化程度的消费者对于网络和杂志广告的信任度明显高于其他群体,但是对电视和报纸广告的信任度明显低于其他群体,文化水平越低的群体对于电视和报纸广告的信任度越强，个人月收入越低的群体对电视和报纸广告的信任度越高。在对消费者关于广告的可信度的评价上,广告主本身的信誉是最为关键的决定因素。“做广告的企业信誉”(53%)在各种原因中高居首位,其次是“登载广告的媒体的可信度”(21.5%),“广告本身的创意水平”(17%)在一定程度上也会影响到消费者的信任评价。详细见表 1-2。

表 1-2　消费者认为广告是否可信的评价依据①

做广告的企业信誉	登载广告媒体可信度	广告的创意水平	说不清	广告本身的质量	广告内容	不相信广告
53%	21.5%	17%	7.7%	0.5%	0.2%	0.1%

在广告影响力的研究上，调查表明各类媒介广告对消费者的影响力差别很大,依次为电视广告(78%)、报纸广告(4.93%)、网络广告(9%)、路牌广告(8.5%)和广播广告(7.8%)。性别、学历、年龄和收入不同的人群在购买决策中受到各类广告影响力的差异表现为:电视广告对女性(80.2%)的影响力要明显高于男性(75.2%),网络和杂志广告对于高学历者影响较大,而学历低的人群更容易受到电视和报纸、路牌广告的影响。在年龄区间上,电视广告对 18~40 岁的消费者影响力最大,报纸广告对 31~50 岁的消费者影响力较大,杂志对 18~22 岁和 31~50 岁的消费者影响力较大,网络对 18~30 岁的消费者影响力较大,路牌广告对 23~40 岁的消费者影响力明显高于其他群体,作为传统媒介对于 41~60 岁的消费者具有较大的影响力。收入差异与广告影响力的相关性使传统媒介对于低收入者有着较大的影响力,而杂志对于部分高收入者有着特定的影响力,新媒体(网络)广告对于低收入的年轻群体影响力很大。综合来讲,消费者对不同媒介的关注度、信任度和广告对消费者的购买决策形成之间存在着正相关关系。消费者关注的媒介广告容易受到消费者的信任,受到消费者信任度越高的广告对于购买决策形成的影响也越大。当我们将这各类产品三个指标放在一起进行比较时(见表 1-3、表 1-4),就可以发现广告受众对于目前这些产品选择不同媒体刊播广告时的接受度状况。

表 1-3　消费者对各类产品在不同媒介上刊播广告的关注度、信任度、影响力比较②

产品及参数		媒体					
		电视	报纸	杂志	广播	路牌	网络
房子	关注度(%)	34.1	35.8	21.4	18.6	24.3	11.2
	信任度(%)	19.1	23.4	13.7	12.4	16.1	7.1
	影响力(%)	15.7	19.9	12.7	11.2	15.2	7.2

① 数据来源:零点研究集团十个城市中 3212 名 18~60 岁的居民就广告接受度的问题进行了入户访问资料。
② 数据来源:零点研究集团十个城市中 3212 名 18~60 岁的居民就广告接受度的问题进行了入户访问资料。

续表：

产品及参数		媒体					
		电视	报纸	杂志	广播	路牌	网络
汽车	关注度(%)	31.6	33.1	24.3	17.5	237	14.8
	信任度(%)	24.1	24.2	19.2	13.3	17.9	11.5
	影响力(%)	19.1	21.2	15.4	12.3	16.1	10.3
手机	关注度(%)	39.8	36.9	25.9	18.9	28.0	17.9
	信任度(%)	29.4	28.0	19.3	15.7	22.2	14.2
	影响力(%)	28.1	25.7	19.1	14.5	20.4	13.2
电脑及外设	关注度(%)	20.5	19.0	18.2	11.1	15.5	14.2
	信任度(%)	16.7	15.6	14.9	9.8	12.0	11.7
	影响力(%)	15.1	14.8	13.0	9.2	12.4	11.7
数码产品	关注度(%)	22.7	20.3	19.0	14.8	16.7	16.0
	信任度(%)	19.9	17.7	16.4	12.3	14.3	12.1
	影响力(%)	17.5	17.0	15.5	11.5	13.1	11.5
家电	关注度(%)	45.4	37.3	24.3	20.5	24.2	10.6
	信任度(%)	36.7	31.2	20.3	17.8	20.7	8.8
	影响力(%)	35.0	29.2	19.6	17.4	20.2	8.4
食品	关注度(%)	43.6	28.5	17.5	20.1	22.0	8.1
	信任度(%)	32.5	24.0	15.5	16.7	18.9	7.1
	影响力(%)	32.4	24.1	16.5	15.9	20.0	6.6
化妆品 / 护肤品	关注度(%)	30.4	19.7	20.7	12.6	17.4	8.4
	信任度(%)	20.3	15.3	17.6	11.0	14.9	6.3
	影响力(%)	21.7	15.1	16.9	10.3	14.1	7.2
家用日用品	关注度(%)	34.5	23.6	17.7	16.3	18.2	7.0
	信任度(%)	28.3	20.1	14.8	13.7	15.3	5.7
	影响力(%)	29.3	20.0	14.7	13.2	5.3	6.4
家居用品	信任度(%)	27.7	22.2	18.3	15.7	15.7	5.9
	影响力(%)	20.7	18.7	15.7	12.9	14.0	5.2
	关注度(%)	20.1	17.6	14.6	12.7	13.9	5.6
服装	关注度(%)	19.0	13.7	16.6	8.7	11.0	6.4
	信任度(%)	13.6	11.0	13.6	7.6	9.6	5.7
	影响力(%)	12.3	10.9	13.2	7.4	9.2	5.5
珠宝首饰	关注度(%)	6.3	6.2	8.8	4.8	6.3	3.5
	信任度(%)	6.6	6.1	7.0	4.4	5.5	2.9
	影响力(%)	5.6	5.9	6.7	4.3	5.8	2.5
通信	关注度(%)	8.2	9.7	7.7	9.1	9.1	5.3
	信任度(%)	8.4	8.7	6.1	7.6	8.5	4.8
	影响力(%)	8.1	8.0	6.3	7.6	8.4	4.2
旅游	关注度(%)	13.0	14.6	10.3	11.6	9.2	8.7
	信任度(%)	9.4	12.2	7.6	9.2	7.1	6.7
	影响力(%)	8.9	11.2	8.4	9.5	7.6	6.2
教育	关注度(%)	12.5	12.2	7.3	10.2	6.7	6.2
	信任度(%)	10.0	9.8	6.2	8.1	.0	4.8
	影响力(%)	8.4	8.6	6.2	7.8	5.9	4.9
服务	关注度(%)	6.6	7.2	4.1	5.6	3.8	4.2
	信任度(%)	5.2	6.3	3.7	5.0	3.6	3.4
	影响力(%)	4.1	5.3	3.9	4.4	3.8	2.8

表 1–4 消费者对各类产品在不同媒介进行广告的接受度比较①

广告接受度	媒体					
	电视	报纸	杂志	广播	路牌	网络
高接受度产品	手机、家电、食品、日用品	手机、家电	手机、家电、汽车、化妆品/护肤品	手机、家电	手机、家电	手机
中接受度产品	汽车、化妆品/护肤品、房子、家居	汽车、食品、房子	数码产品、食品、家居用品	汽车、房子、家庭日用品、家居用品	汽车、食品、房子	汽车、电脑及外设、数码产品
低接受度产品	数码产品、电脑、服装、珠宝首饰	数码产品、电脑及外设、化妆品/护肤品、家庭日用品、家居用品、服饰、珠宝首饰	房子、电脑及外设、家庭日用品、服装、珠宝首饰	电脑及外设、数码产品、化妆品/护肤品、服装、珠宝首饰	电脑及外设、数码产品、化妆品/护肤品、家庭日用品、家居产品、服饰、珠宝首饰	房子、家电、食品、化妆品/护肤品、家庭日用品、家居用品、服饰、珠宝首饰
低接受度服务			旅游服务、教育服务	金融服务		

3.消费者对于广告的接受度具有倾向性

对我国广告市场进行研究发现，消费者对于市场广告的接受度上具有以下比较明显的倾向性:其一,广告主厂商宣传强度高的商品,其市场占有率一般也明显较高。这反映了消费受众正在自觉或不自觉地受广告的导引、灌输。在激烈竞争的广告市场上,特别是广告等非价格竞争变量的市场较量中,高强度的广告促销决定了高市场占有和形成寡头垄断性市场,从而形成由少数几个品牌基本控制市场的状态。其二,产品与同类产品之间品质差异很小、优势不特别明显的商品,在持续性、大幅度的广告促销下,市场占有率也会明显提高。其三,消费者心目中品牌知名度最高的商品,一般都是各类市场占有率较高的商品。其四,品牌对于消费者决策起到导向作用。专业调查人员的调查发现,在不公开品牌的各类商品比较中,进口品、广告标的品和非广告标的品的产品客观差异度并不大,甚至根本不存在。但在公布了具体的品牌之后,消费者作出的价值价格判断可以有很大的变化,甚至逆转,反映了对品牌广告促销乏术的商品明显失销于消费者的情况。

据国家统计局数据,2005 年中国有 13%的城市家庭步入中产阶层,相应的中产阶层人数将达到 7300 万人。21 世纪初的 10 至 20 年将是中产阶层形成的重要时期。目前,在我国大城市中,消费升级的迹象已经开始显现,居民消费已由实物消费为主走上实物消费与服务消费并重的轨道。餐饮、教育、旅游、医疗、通信、信息等服务消费比重不断增加。包括食品饮料、汽车、房地产、家庭电子产品和娱乐产品等与消费升级相关的更新换代产品行业,在今后几年中国的广告市场还会有更突出的表现。

据亚洲《华尔街日报》援引 AC 尼尔森媒体研究的调查数据称,亚洲广告行业正处于蒸蒸日上的阶段，中国广告业在亚洲独领风骚。中国广告支出在 2004 年度增长

① 数据来源:零点研究集团十个城市中 3212 名 18~60 岁的居民就广告接受度的问题进行了入户访问资料。

32%，达到 189 亿美元。日本以外的其他亚洲市场的广告支出在 2003 年 10 月份至 2004 年 9 月份期间增长了 28%。从中国 20 年来广告市场营业额与增长率变化来看，由于广告营业额基数突破 1 000 亿元人民币,在今后几年,我国的广告将呈现稳步低速增长状态。AC 尼尔森调研公司认为,国外品牌广告商在中国增加广告支出的行为反映出广告主厂商和消费者对于市场的良好理性预期的共识。尼尔森的亚太区董事总经理 Didier(Forrest Didier,2004)预计,作为全球第五大广告市场的中国,将在未来 7 至 10 年内超过日本,成为全球第二大广告市场。①

第二节　脉络:网络广告市场的形成与发展

广告也是一种媒介表达，任何一种广告形式的形成和发展都和相关的技术发展紧密联系。新的传播技术的产生,都会相应跟进一种广告形式。从报纸、杂志到广播、电视及网络,广告主能敏锐地发掘其背后的商机,将利用其进行广告表达。同样,网络广告也是紧随网络技术和网络传播的发展而发展,并得以迅速推广。

一、网络广告的形成与早期发展

网络广告起源于网络技术与计算机技术最为发达的美国。1994 年 10 月,美国著名的 *Wired*(在线)杂志推出了网络版杂志 *Hotwired*,其主页上有 AT&T 等 14 个客户的网幅广告,这是网络广告发展史上第一个里程碑。业内人士普遍认为,*Hotwired* 是最早的网络媒体,也是第一个承接网上广告的网络媒体,而 *Wired* 杂志也发展成为美国具有影响力的互联网技术与应用专业媒体。②

网络广告起源于 IT,这也使得一开始的一段时间内,网络广告的广告主都是从事 IT 及其相关的行业。IT 作为新兴行业的代表,也托起了网络广告这一个新兴事物,并创造了这个行业。在随后的四年里,网络广告的发展相对缓慢,主要是没有获得资金、技术的支持,更重要的是当时网络技术相对不成熟,没有足够的用户。

直到 1998 年,这种状况才有了根本性的转变。在之后的几年里,整个网络行业飞速发展,网络广告也被认为是网站收益的重要支撑部分。由于对网络广告的发展过于乐观的估计,人们对网络发展前景一致看好,投资的热情高涨。当时的一段时间,凡是和网络相关的事物都成为了热门话题。在此大背景下,产生了一批至今还有巨大影响力的网络媒体。但由于资金来得过于容易,很多网站热衷于造势与炒作,相对地忽略了回报,从而疏于对网站的经营管理,而沉醉于一个个虚幻的概念之中。因此,风险投资的热潮过去之后,因炒作而泛起的泡沫逐个破灭,网络股股价狂跌。此时,曾经风光无限的众多网站不得不回归最为现实的生存问题，很多网络媒体在此大潮中销声匿迹，网络广告在 2001 年跌入发展的低谷。随后,人们开始转向网络广告之外的多种网络经营,期望通过

---

① 中新网 2005 年 1 月 26 日。

② 王靖韬.全球和中国网络广告发展大事记[EB/OL].http://www.blogchina.com/new/source/222.html/.

不同方式挽救陷入低迷的网络行业,而这也为网络广告的最早发展提供了契机。

二、中国网络广告的早期发展

1996年8月19日,《计算机世界》发表《Internet上的广告现状》一文,将网络广告的概念第一次引入中国。中国第一个商业性的网络广告出现在1997年3月,Chinabyte.com发布了中国网络广告史上第一个商业广告。其表现形式为468×60像素的动画旗帜广告。[①]与世界网络广告发展史类似,中国最早的网络广告主也是来自于IT行业——IBM花费3 000美元为其AS400做宣传。1997年4月,Chinabyte.com由国际权威的媒体监测机构AC尼尔森旗下的专业公司实行站点访问流量的第三方审计,迈出了与国际接轨的第一步。此后的两年,网络广告的发展经历了一个特殊阶段。那时的网络广告,虽然形式上没有如今这般丰富,但已经吸引了许多跨国公司的目光,它们开始测试网络广告的效果,并着手将网络媒体的使用列入其预算之中。但是,国内的众多企业此时却没有意识到网络广告所蕴藏的巨大商机。与此同时,一些研究如网络广告的现状、发展和趋势的理论探索也在同步进行中,表现为研讨会、网络培训等形式。

随着网络应用的普及、网络技术的提高以及对网络广告效果测评的综合运用,网络广告的新形式层出不穷,不再局限于传统的网幅广告。其中,"弹出式广告"引起了诸多讨论。从广告效果上看,其点击率居高不下,与传统网幅广告相比有其独特的优势,但这却是以牺牲品牌形象为代价的,因此越来越受到多方面的质疑,被人们所诟病。美国虽然有相关的法律承认弹出式广告的合法性,但众怒之下的发展前景不容乐观。相对无限扩展、时时更新的网络,网络广告可获得的经费却是有限的。因此,一方面需要不断扩大广告主的范围,另一方面也面临着同行激烈的竞争。在这种形势下,各大网站纷纷推出新的广告形式以获得广告主的青睐。

中国的广告主一定程度上受到传统广告思维定式的影响,特别注重网络广告的"头版",也就是首页。注重广告所在的位置、大小,这也是弹出式广告和首页的大幅广告(擎天柱广告、对联式广告)盛行的重要原因。这同时也造成了一个误区:广告主更多在意的是点击率的高低,而忽略了把用户留住。在网络广告刚开始的数年,点击率是衡量网络广告效果的一个非常重要的指标。但随着时间的推移,网络广告数量的增加导致其点击率下降到2%以下,从而也降低了人们对网络广告的信心。这也使得人们重新审视网络广告,思考究竟什么才是评判网络广告效果的理想标准,如何建立广泛认同的效果评估体系。

三、近年来的成长状况分析

1.美国

美国作为网络广告的发源地,其网络广告在广告市场仍占较少部分。2004年网络

---

① 王靖韬.全球和中国网络广告发展大事记[EB/OL].http://www.blogchina.com/new/source/222.html/.

广告支出只占全美广告总支出的 3.7%,略高于 2003 年的 3%。但网络广告市场规模增长速度不容小视。2005 年美国排名前十的网络媒体广告收入占美国网络广告市场收入的 72%,排名前 25 的占 86%,排名前 50 的占 95%。从历年数据来看,美国网络广告行业集中度保持在较高状态。

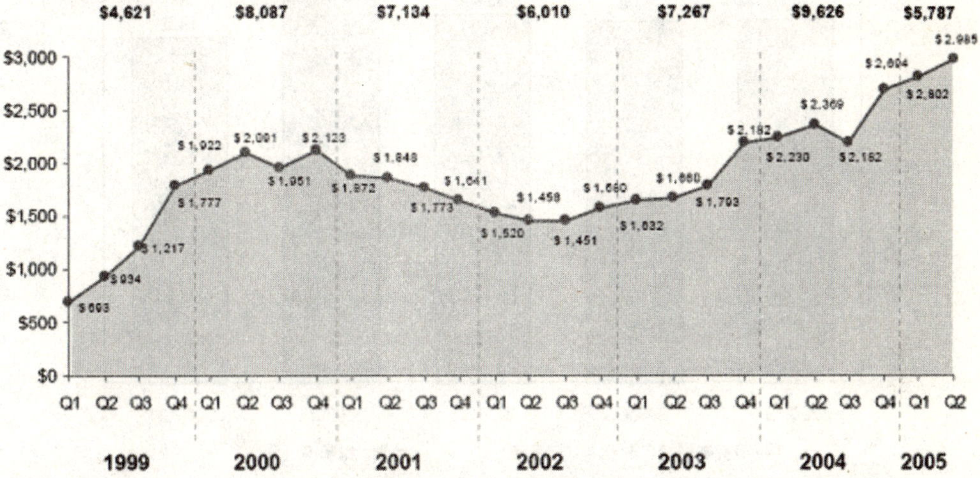

图1-1 1999—2005 年各季度美国网络广告费用支出情况(单位:百万美元)①

相比较而言,日本网络广告具有受到其传统市场营销方式影响大的特征。网络广告与电视广告以及电台广告呈现融合趋势。在欧洲,英国网络广告发展速度最快,搜索引擎广告为欧洲网络广告主要形式,欧洲网络广告市场的广告主主要为 IT 类和通信类企业。

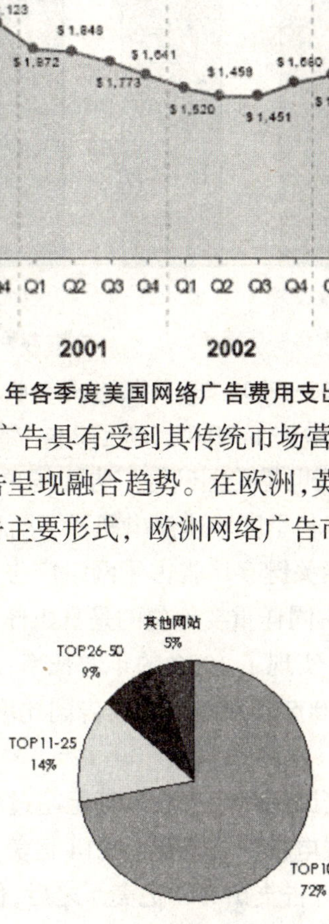

图 1-2 2005 年美国网络广告行业集中度②

根据 eMarketer 发布的 2008—2009 年美国各季度网络广告收入分析报告,2009 年第一季度网络广告收入比上一季度下降 10.2%,同比下降 5%。数据显示,2008 年第二季度开始出现负增长,第三、四季度增长缓慢,而在 2009 年第一季度达到 2008 年以来的最低点。相关分析认为,经济危机是导致美国 2009 年第一季度网络广告收入大幅度下降的主要原因。企业收入的不景气导致其对广告投入的降低,据报告显示,第一季度电视、杂志、报纸媒体广告收入的下降幅度均超过 20%。

① 相关数据来源于 IAB 年度《网络广告财务报告》,见 http://www.iab.com。

② 资料来源:艾瑞咨询整理自 IAB 年度《网络广告财务报告》。

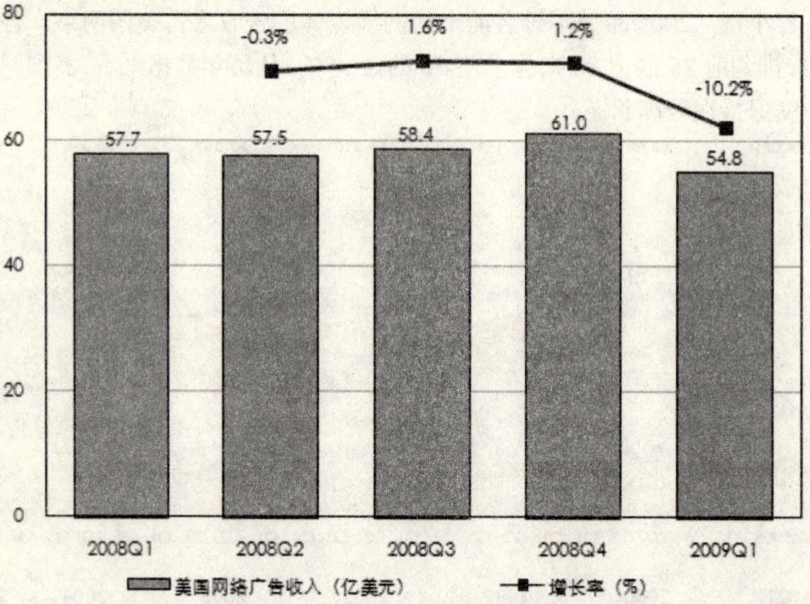

图 1-3　2008—2009 美国网络广告季度收入情况①

2008 年美国网络广告市场增长了 10.6%，增至 234 亿美元。第四季度网络广告同比增长 2.6%，达到 61 亿美元，这也是美国网络广告市场单季度首次突破 60 亿美元大关。但是，令人担忧的是年增速和季度增速都出现了不同程度的下降。

从网络广告分类来看，搜索关键字广告占了网络广告 45%的市场份额，年增长超过了 20%。同搜索关键字广告占同样重要地位的是富媒体和视频广告。视频广告增长率超过了其它类别的网络广告，实现了 123%的年增长率，从 2007 年的 3.24 亿美元上升至 2008 年的 7.24 亿美元。2008 年在线品牌广告同比增长 8%，但第四季度出现了 4%的下滑。

IAB 调查还发现，2008 年美国网络广告收入甚至超过了电视广告收入。2008 年网络广告支出为 234 亿美元，有线电视广告支出为 214 亿美元，排在美国全国和地方电视广告支出 298 亿美元和报纸广告支出 344 亿美元之后，位列第三。

IAB 还以一种新的分析方式对不同类别广告进行了分析，以网络广告、有线电视广告和广播电视广告头 14 年的收入为分析对象，研究发现：网络广告收入在第 4 年超过了有线电视广告（9.07 亿美元相比 4.99 亿美元）；在第 10 年超过了广播电视广告（96 亿美元相比 89 亿美元）；在第 14 年，网络广告是广播电视广告收入（133 亿美元）的近两倍，是有线电视广告收入（65 亿美元）的近 4 倍。

2. 中国

艾瑞咨询研究中国网络广告不同媒体平台发展情况发现，2008 年中国各网络媒体

① 资料来源：艾瑞咨询整理自 eMarketer 发布的 2008-2009 年美国各季度网络广告收入。

都获得不俗增长,其中搜索引擎媒体广告营收规模突破 50 亿元,位居各网络媒体平台首位。而综合门户也高速增长近 60%,广告营收达到 47.4 亿元;视频网站经过近两年的快速发展,网络广告营收规模达到 5.7 亿元。艾瑞咨询分析认为,搜索引擎平台在经过 2007 年的翻番增长后,2008 年虽然受到奥运、市场规范等因素影响,但借助于广告主 ARPU 值的提高,依然获得 70%以上的广告营收增速,从而实现了对综合门户的超越。

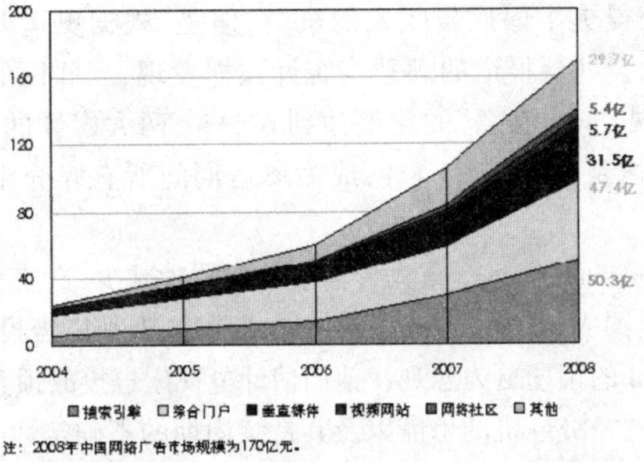

图1-4 2004—2008 年中国网络广告市场规模结构①

2008 年中国网络广告市场份额达到 8.4%,比 2007 年增长 2.3 个百分点。但与国际和美国网络广告市场份额分别达到 10.2%和 8.8%相比,仍然有提升空间。

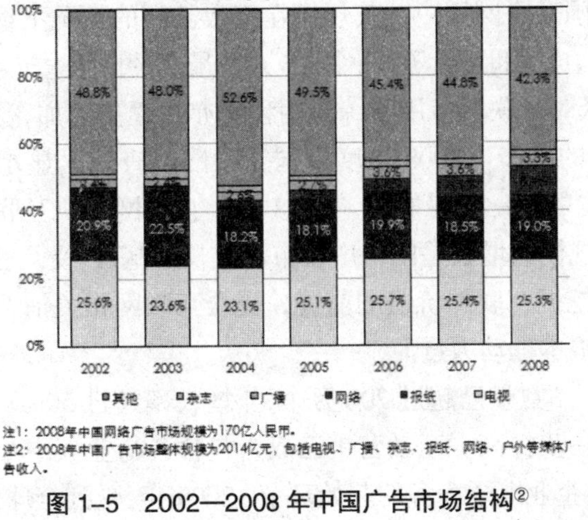

图 1-5 2002—2008 年中国广告市场结构②

中国 GDP 季度增长速度自 2007 年达到 2001 年以来的峰值 13%后，迅速下滑到 2008 年的 9%。中国经济增速的下滑,除了国家出于限制投资过热推出的一系列宏观调控政策影响外,主要原因在于经济危机导致的海外市场需求萎缩、投资下滑、消费趋紧等。同时,包括房产、汽车、IT、进出口贸易在内的各行业发展速度都有所下滑,尤以 IT、建筑行业为甚。其中 2008 年 IT 行业销售量增速下降至 0.4%;而建筑行业增速

① 艾瑞市场咨询网,见 http://iresearch.com.cn。

② 艾瑞市场咨询网,见 http://iresearch.com.cn。

下降至 4.0%,因此形势也有待观察。中国整体经济走势的低迷,导致企业运营困难,市场营销等推广费用锐减,势必对中国广告市场走势产生影响。央视 2009 年招标大幅增加从某种程度上而言,是在经济形势低迷情况下,具有垄断性资源的媒体优势更为突出的表现,并不具有普遍意义。相反,其他电视台,电视之外的报纸、杂志等其他传统媒体都将受到更大负面影响。

2008 年是各种媒体广告营销成绩显著的一年,媒体传播热点不断,奥运会为所有媒体带来了获得更丰厚广告收入的机会,但是,根据奥运期间互联网用户对不同媒体关于奥运会进行报道的满意度统计数据发现,互联网的"非常满意"的比例达到 65.0%,电视"非常满意"的比例达到 62.3%,两大媒体的总体满意度(非常满意 + 满意)分别达到 92.4%、91.8%,成为奥运期间所有媒介中满意度最高的两类媒介。

2009 年以后,一方面,奥运等重大传播事件的数量减少,会直接减少广告主的部分预算投放(根据美国 Myers Publishing 的估计,美国的电视广告投放预算会减少 4% 左右;Barclays Capital 的预期更为悲观,他们估计电视广告投放预算会降低 7.8%);另一方面,对于全球性经济危机的恐慌以及其持续周期的不确定性会抵消一部分企业广告投放的积极性,广告主为了能够在投放预算的状态下继续保持品牌的知名度、影响力以及尽可能扩大品牌口碑营销效果,就会更多的选择能够较好达到上述目的的网络媒体作为主要投放媒介。

作为受众的中国互联网用户,其规模在基数甚高的情况下继续强劲增长。2008 年,已突破 2.9 亿人,成为世界上互联网用户人数最多的国家。与互联网用户数量高速增长相伴的是,受众对互联网应用熟练使用程度亦在逐步增加,受众对网络广告的接受程度也有了一定的进步。2008 年度中国互联网调查数据显示,互联网已经成为 84.5%的互联网用户的第一接触媒体。2008 年,互联网用户互联网消费总规模增至 7309.8 亿元。受众规模的增长是网络广告市场成长的基础,受众互联网应用使用熟练程度的增加是充分挖掘互联网价值的前提,受众互联网相关消费规模的增加则是网络广告市场成长的根本推动力量。

2008 年,中国网站数量已超过 200 万个,年增长率超过 50%。各行各业对互联网的应用依赖程度进一步提高。互动营销已成为包含各行业大中小企业使用互联网的重要环节,也是各类企业电子商务的起始环节。2009 年,受到全球性经济危机的影响,绝大多数中小企业会面临更具挑战性的生存环境,选择成本更低、效果可测的互联网作为主要广告投放媒介或将是全球广告市场重要趋势。

新兴的互联网企业面临更加苛刻的资本市场,但是挑战的背后总会隐藏更大的机遇。一方面,新兴互联网企业会更加注重技术的专利、优势,避免可能由技术外泄导致的市场风险;另一方面,传统的互联网企业也会增加技术方面的投入,以改进用户体验,提供更符合市场需求、投放更精准、内容与行为更匹配的产品。

第三节 前景:网络广告增长何以可能

据国外媒体报道，普华永道和市场研究公司 Wilkofsky Gruen Associates 的数据显示,全球网络广告支出将由 2004 年的 180 亿美元增长至 2013 年的 870 亿美元,在全球广告市场上的份额将由 4%提高到 19%，互联网将成为第三大广告载体。报告称，2013 年全球电视广告支出将达到 1 680 亿美元，在全球广告市场上的份额也将由 2004 年的 35%提高到 36%;报纸广告以 920 亿美元排在第二位,市场份额将由 2004 年的 28%下滑至 20%。

目前,部分网络广告业务——特别是房地产、旅游等行业广告业务仍然低迷,美国网络广告支出也下滑了 5%,但下滑幅度远低于报纸以及广播和电视广告。市场研究公司 eMarketer 分析师大卫·哈勒曼(David Hallerman)表示,目前要得出网络广告全面复苏的结论还为时过早,“如果将网络广告比作发热病人,其体温只是由逾 40 摄氏度下降到了约 38 摄氏度。”eMarketer 当时预计,2009 年下半年美国网络广告支出将下滑近 3%,略低于上半年。而后两年美国网络广告支出将分别增长 6%和 7%。

谷歌的业绩是网络广告复苏的最有力证据。谷歌 2009 年第三财季营收增长了 7%,是当年的最高水平。谷歌可能是一个特例,因为广告客户在削减营销预算时最后才会对搜索广告动手,而增加营销预算时首先想到的就是搜索广告。搜索广告是最高效的营销途径,只有链接被点击时广告客户才需要付费。除了价格低外,广告客户还能利用跟踪技术方便地衡量广告效果。如果广告效果不够好,广告客户可以更迅速、及时地调整策略,比平面广告和广播广告具有更高的灵活性。法恩表示,网络广告的灵活性使得广告客户在大规模投资其他领域前，能够通过购买搜索关键字准确地评估消费者的兴趣,“许多广告客户都在进行这方面的尝试,以刺激需求。”

雅虎广告业务的复苏还需要更长时间。雅虎主要业务是显示广告，不但价格较高,而且不像搜索广告那样能带来直接收益,这也是雅虎 2009 年第三财季广告业务营收下滑的主要原因。雅虎 2009 年第三财季营收同比下滑了 12%,即便如此,雅虎所受的影响也远小于传统媒体。2009 年第三财季,美国第三大报业巨头 McClatchy 的平面媒体广告营收下滑了 32%,同期网络广告营收增长了 3%。

可以看出,网络广告似乎已经呈现出媒体巨人的美好前景,但若要使这些前景成为可能,就必须显露出以下趋势并与之契合。

一、从互动到信任

互动的最高境界是信任。Facebook 的流量正在超越 Google,这被认为是互联网从人机互动阶段迈入人人互动阶段的标志。相应的,网络广告也将从人机互动时代,跨入了人人互动时代。扎克伯格这样对美国广告界同仁宣示,“每隔一百年,媒体就会发生一次变革。上一个百年被定义为了大众媒体的百年。而在下一个百年里,信息将不仅仅是被推销给人们，而是在人们所处的无数个联结中被分享……没有什么能够比来自一个值得信任的朋友的推荐更能影响人们的消费行为了。”Facebook 以自助服务引领全球网络广告潮流,其真实理想是要把互动发展为信任推荐。

不过,Facebook 的“信任推荐”也出现了一些问题。如通过 Facebook 的社区广告,一位妻子“被”推荐了她老公买的 14K 钻戒,但她却不知道老公是给谁买的。但是,问题并没有解决。不靠信任,网络广告还能靠什么呢?用户如果不接受网络广告的话,第一位的原因就是不信任。不信任产生于互动的方式存在问题,从技术到商业的互动方式都包括在内。由于有了新的技术,互联网广告一开始就与传统媒体广告不同。比如,弹出式(Pop-Up 或 Pop-Under)广告,就利用了互联网不同于纸媒的技术特征。互联网不同于纸媒的最大技术特征之一,就是互动。然而并不是所有互动都代表未来潮流。

第一种情况是半推半就式互动,如门户广告,这种广告说是互动,实际是强推给用户,用户除了可以打开或关闭广告这种“互动”外,与传统广告没有实质不同,现有技术可以防止强推的弹出广告;第二种是连推带拉式互动,如竞价排名,在用户用搜索引擎时,带着竞价企业的广告推送;第三种是人机拉式互动,如 AdWords;第四种情况是人与人的拉式互动,就是 Facebook 的广告,也包括广告联盟(如 AdSense)的一些做法。

从趋势看,显然以用户为本体进行互动的“拉”广告会成为主流趋势;而在“拉”广告中,人与人互动又最具潜力。人与人互动最关键的问题,又在于信任。

如何在人与人互动的“拉”广告中,体现信任关系呢?首先,经营网络广告的人,必须是经营信任的人。而竞价排名(如百度)、CPC(按点击付费,如 Value Click)、CPS(如帮电子商务网站卖商品来抽成)、CPL(Cost Per Lead)等等广告方式的广告效果,只能相信广告联盟(在美国如 CJ.com)提供的广告报表,并不中立,时有欺诈发生;同时,CPM(依照广告曝光次数计费,每被显示1 000 次广告主所支付的价格,如 Chitika.com)更不能充分说明广告效果。其根本原因在于,社会资本不充分。所以网络广告下一步发展趋势,将是引入独立于企业、消费者和广告代理人角色的信任代理人,如运营商或第三方机构。

网络广告代理界必须向广告与信任认证业态分离方向转型，或分化出独立的信任代理,这是一个根本趋势。在这方面,中国的网络广告代理业,与国际水平相比,仍有巨大差距。从大背景看,由信任代理经营,以社会资本为基础的经济,被称为“信用经济”(Trust Economies)。如书中指出的,“那些懂得社会认同、社会资本以及如何利用另一种奖励系统和货币(指按金钱以外的社会系统)的人在整个故事中扮演了一定的角色。”值得注意的是,信任必须开放。例如,在科尔曼主导下,美国在线(AOL)重组了广告业务。其内容出版业务 MediaGlow 将向公司之外的广告网络开放;同时,美国在线的“平台 A”部门也将向第三方的广告网络开放。显然,信任只有在开放条件下才能做到。因此,网络广告开放将是必然趋势。

二、从模糊到精准

虽然网络广告相对可以计算出部分营销结果,但在精准度上尚显不足,亦可说是模糊的。对于要不要精准,没有什么人提出异议。精准的难,难在如何做,精准是相对于消费者需要而言的。由于不精准,所以消费者不需要。因此,精准的问题就转化为如何挖掘出消费者个性化需求的问题。以这种方式,精准个性与互联网的分布式节点的技术特征内在联系在一起。

从商业上说,精准取决于适合中小企业营销特点的模式创新。传统广告是与大中型企业的营销特点息息相关的。与小企业的最大不同在于,小企业一般更多关注营销广告而非形象广告。互联网使一对一营销的商业模式成为可能,从长远看,这必然带来一个趋势,就是使中小企业成为网络广告的主体,而不是像现在这样,只是由知名大企业成为网络广告的主角。美国市场研究公司 Borrell Associates 一份报告显示,到 2013 年底,美国中小型企业的本地广告支出将在 2008 年水平基础上增长近 34%。最近申请 IPO 的几家美国网络广告公司,共同特点是面向中小企业,或者主要的广告主是中小企业,或者下游的合作伙伴是中小网站。

现在主要问题是,许多中小企业并没有将广告支出和自建网站用于宣传的费用分开。美国有 1 460 万多个中小企业,典型的中小企业只将广告预算的 11%用于网络广告,这主要是由于媒体创新滞后于企业广告需求。也就是说,中小企业想通过网络广告来宣传,却找不到合适的媒体,只好用自己建网站的本方法来宣传。从另一方面说,这也意味着网络广告代理人的机会很多。鉴于当前媒体创新滞后于广告创新,最大的机会就是介入媒体经营,用新的模式改造传统媒体。例如,有没有可能生成以打折券为载体的媒体(像日本二维码那样),有没有可能生成只有半小时生命周期的手机媒体(从顾客进门到出门,针对某一款皮鞋的临时 SNS 媒体),有没有可能生成只在 500 米距离内信息有效的媒体(如餐馆当日信息),有没有可能形成不固定人群之间一分钟内有效的媒体 (如由司机摄像头网络构成的路况信息实时交换媒体)……在建立这样的媒体平台方面,新闻界已彻底失去了想象力,陷入办纸媒的思路中拔不出来了,需要服务出身的商务人才进入媒体,改造媒体,为中小企业和老百姓提供实用、即时(Instant)、此在(Being)的精准服务。

模式创新的方向,在于内容与商务充分整合,当然是具体作用于一对一营销的。

三、从地面技术到云端定位

随着技术的不断发展,互联网计算也逐渐从地面技术走向云端计算。相关的定位技术将引领未来网络广告,人工智能技术将引致内容定位的突破,定位技术将使精准产生革命性的进步,云计算将使定位平台化,从而引发广告的多感官体验革命。

1.人工智能技术将引发内容定位的突破

人工智能决定内容“定位”的精准程度,网络广告的趋势是从基于语形技术、语义技术发展到基于语用技术。从现实发展来看,内容匹配是一对一连接企业与消费者的关键。例如,Google 推出新闻正文页广告,与新闻内容匹配。点击谷歌新闻,可以在正文页面底部看到与新闻内容相关的广告。但从技术上看,这只是语义网水平,还是把内容当客体来把握。

从某种意义上说,Facebook把个性化的重心转向了"语用",也就是上下文环境。Facebook 通过社交网站掌握了几亿注册用户的个人爱好,据说用户喜欢哪种食物、哪款新车、哪种度假方式等,都能形成数据。这是把内容当主体来把握,以消费者为中心的技术取向。

但无论是 Google 还是 Facebook,都还没有实现精准所要求的人工智能在语用网技术上的突破。现在人工智能的进展低于人们的预期,以 Google 为代表的机器计算与人机界面的技术存在根本性的缺陷,是一种"干"计算(排斥人的机器算法)。当然,以 Facebook 为代表的社区网,能不能在"湿"计算(人工参与计算,形成"人—机"网络计算)方面取得创新性突破,令人十分感兴趣。

2.定位技术将使精准产生革命性的进步

对于个性化来说,此时、此在的价值是最大的。定位技术就是从时间和空间上精准控制人的此时、此在的技术,定位技术正随着移动互联网与物联网技术的兴起,而有望成为网络广告的平台技术。现在越来越多的广告网络和供应商可以根据用户的位置、行为,以及其他属性自动选择所推出的广告。美国网络广告公司 Value Click Media 也加入了这一行列。使用 ActiveAds 系统,广告客户可以根据用户的位置、网页背景,以及其他因素,自行选择广告信息,以提供大量的个性化的广告。广告客户还可以对现有的和潜在的用户进行重新追踪。雅虎、Tumri 和 Point Roll 公司都在这方面有所作为。

3.云计算将使定位平台化

以云计算为基础的广告——云广告,将会在近期出现。例如阿里巴巴云计算Web搜索和广告技术数据中心,已开始在互联网搜索技术、互联网数据挖掘和计算广告方面展开技术研发。云广告的一些初级形式,已在广告联盟模式中显现。通过云计算,将不同网站的广告组织在一起,就构成了广告联盟或广告云。云广告具有零成本和精准的优点,非常适合中小企业营销。利用云计算技术,发布一个广告,可以出现在众多的网站上,可以成为商家低成本扩张、快速锁定目标市场的利器。

4.广告的多感官体验革命

加州大学哈斯商学院的营销战略教授戴维·A.阿克认为,信息技术革命将重塑广告业面貌,技术将改变广告的观看、感觉、管理和受影响等各种过程。一是技术将掀起广告界一场革命,转型为以个人化、目标明确的广告,面向更小的消费群体甚至个人;二是技术使广告从单向传播转为互动传播,无形地支持和加强了品牌的可信度;三是品牌信息在网上以丰富、生动和真实的方式显现;四是技术将影响广告创意和管理。互联网在广告企业内部用来分享营销经验和市场行情。网络广告的载体基本上是多媒体、超文本格式文件,以图、文、声、像的形式,传送多感官的信息,让顾客如身临其境;网络广告在技术上可以突破时间和空间的限制;利用软件技术,客户可以指定某一类专门人群作为广告对象,而不必为无关之人付钱;网络广告可以通过即时效果监测,精确统计和评估每个广告的效果;网络广告可以做到一对一的发布以及一对一的信息回馈。网络广告可以进行人机对话和“湿”营销,可以根据需要及时变更广告内容。

广告在工业时代被称为人们心灵的复印机,它使人们的选择趋同;在网络时代,广告将变为窄告,在人际关系的密切化中,使人们的个性化选择能力充分得到实现。可以说,互动、精准与定位,是相互联系,相互促进的,在互联网云计算技术的推动下,网络广告将进一步向以人为本的方向演变,强调人与人之间的互动与信任,强调人的个性化需求的满足,强调人的感性的解放。

第二章　理论前提:概念与形式

概念是反映事物本质属性的思维产物,是思维的基本单位,是相关理论研究的前提。网络广告的概念,简单地说,就是在网络上做的广告。网络广告是利用网站上的广告横幅、文本链接、多媒体的方法,在互联网刊登或发布广告,通过网络传递到互联网用户的一种高科技广告运作方式。最初的网络广告就是网页本身。当越来越多的商业网站出现后,怎么让消费者知道自己的网站就成了一个问题,广告主急需要一种可以吸引浏览者到自己网站上来的方法,而网络媒体也需要依靠它来赢利。第一种网络广告形式就是网幅广告,它和传统的印刷广告有点类似。但是有限的空间限制了网幅广告的表现,它的点击率不断下降。面对这种情况,网络广告界发展出了多种更能吸引浏览者的网络广告形式。

第一节　概念:定义、特点与互动性

一、定义

分析网络广告的定义,需从广告本身的概念出发。关于广告的定义,影响最大的是美国营销协会的定义:"广告是有可确认的广告主,对其观念、商品或服务所作之任何方式的付款的非人员性的陈述与推广。"《中华人民共和国广告法》对广告的定义则是:"商品的经营者或者服务提供者承担费用通过一定的媒介和形式直接或间接地介绍自己所推销的商品或提供的服务的商业广告。"总之,广告的一般特性包括有诉求目的与基于媒介的信息传播活动两项。因此,杜骏飞考虑到网络广告具有自己一系列的独特个性,如广告发布者身份的多元化、网络广告技术的不断更新、广告发布代价的隐形性、广告内容的包容性等,将网络广告定义为:"网络广告,是指拥有现实或虚拟身份、可识别的发布者,以观念、商品或服务的陈述与推广为诉求内容,直接或间接通过互联网发布的信息传播。"①

从技术层面考察,网络广告是以数字代码为载体,采用先进的电子多媒体技术设计制作,通过互联网广泛传播,具有良好交互功能的广告形式。网络广告充分利用网页制作中超文本链接功能而形成的。由于网络广告本身就含有经过浓缩的广告语句,

---

① 杜骏飞.中国网络广告考察报告[M].北京:社会科学文献出版社,2007:4.

同时静态或动态的精美别致的图形又非常吸引人,只要浏览者看一眼,哪怕是短短几秒钟,就已经产生广告作用了。

从法律角度看,网络广告也存在狭义与广义之分。2001 年《北京市网络广告管理暂行办法》规定:“本办法所称的网络广告,是指互联网信息服务提供者通过因特网在网站或网页上以旗帜、按钮、文字链接、电子邮件等形式发布的广告。”该办法是我国第一个全面规范网络广告活动的规范性文件,对保护消费者与经营者的合法权益,对电子商务的立法,具有重要的现实意义与探索价值。该办法所界定的网络广告属于狭义的定义,仅以旗帜、按钮、文字链接、电子邮件等形式发布的广告归属于网络广告。狭义的网络广告定义有利于对经营性的网络广告制作者的管理。广义的网络广告是根据广告法定特征做出的。如上文所述的广告法的界定,广告有四个法定特征:第一,有偿性,即“承担费用”;第二,依附性,即“通过一定的媒介和形式”;第三,目的性,即介绍“所推销的商品或者所提供的服务”;第四,商业性,即具有“商业”的特点。“网站或网页上以旗帜、按钮、文字链接、电子邮件等形式发布的广告”自然具备上述特征,但由于网络本身具有媒体性质,网络上大量其他涉及商品或服务的信息,同样也符合法定的广告特征。

例如,专门发布商品信息的网上商城的网页内容,这些网页所介绍的并非网站自己的商品,而是网站收取了各种形式的信息发布费,为其他企业发布的商业信息。这些网页内容都是商品的提供者承担了费用,通过因特网这一媒介,直接介绍其商品,具有商业的信息,其符合广告法对广告的定义。再如,企业在自建网站上对自己商品或服务的介绍。这种自我介绍同样也是“通过一定媒介和形式”“介绍商品和服务”,具有“商业”目的,只不过其“承担费用”的方式有所不同。其制作和发布都由商品服务提供者自己完成,发布信息的费用主要是网络域名注册费、网络设备和服务器购置或租借费、网络信息的制作成本和传输费用等。所以,这种网上信息仍然符合广告法的规定,也属于广告。对照实体市场,网络广告较类似于企业自行发布的印刷品广告以及商铺本身建筑上的户外广告。

因此,为促进管理以及对网络广告的现实认识,广义上的网络广告还可以定义为:凡符合广告的法定特征,即符合有偿性、依附性、目的性、商业性特点的网上信息即网络广告。

二、特点

同传统的广告媒体相比,网络广告的特征主要体现在以下方面。

1.广泛性和开放性

网络广告可以通过互联网把广告信息全天候 24 小时不间断地传播到世界各地,这些效果是传统媒体无法达到的。另外,报纸、杂志、电视、广播、路牌等传统广告都具有很大的强迫性,而网络广告的过程是开放的、非强迫性的,这一点同传统传媒有本质的不同。

2.实时性和可控性

网络广告可以根据客户的需求快速制作并进行投放,而传统广告制作成本较高,投放周期固定。而且,在传统媒体上做广告发布后很难更改,即使可以改动往往也需付出很大的经济代价,而网络广告可以按照客户需要及时变更广告内容。这样,广告主的经营决策变化就能及时实施和推广。

3.直接性和针对性

通过传统广告,消费者只能间接地接触其所宣传的产品,无法通过广告直接感受产品或了解厂商的具体运作和服务的提供。而网络广告则不同,只要消费者看到了所感兴趣的内容,直接单击鼠标,即可进入该企业网站,了解到业务的具体内容。另外,网络广告可以投放给某些特定的目标人群,甚至可以做到一对一的定向投放。根据不同来访者的特点,网络广告可以灵活地实现时间定向、地域定向、频道定向,从而实现了对消费者的清晰归类,在一定程度上保证了广告的到达率。

4.双向性和交互性

传统的广告信息流是单向的,即企业推出什么内容,消费者就只能被动地接受什么内容。而网络广告突破了这种单向性的局限,实现了供求双方信息流的双向互动。通过网络广告的链接,用户可以从厂商的相关站点中得到更多、更详尽的信息。另外,用户可以通过广告位直接填写并提交在线表单信息,这样厂商就可以随时得到宝贵的用户反馈信息。同时,网络广告可以提供进一步的产品查询需求,方便与消费者的互动与沟通。

5.易统计性和可评估性

在传统媒体做广告,很难准确地知道有多少人接收到广告信息。而网络广告不同,可以详细地统计一个网站各网页被浏览的总次数、每个广告被点击的次数,甚至还可以详细、具体地统计出每个访问者的访问时间和IP地址。另外,提供网络广告发布的网站一般都能建立用户数据库,包括用户的地域分布、年龄、性别、收入、职业、婚姻状况、爱好等。这些统计资料可帮助广告主统计与分析市场和受众,根据广告目标受众的特点,有针对性地投放广告,并根据用户特点作定点投放和跟踪分析,对广告效果做出客观准确的评估。

6.网络传播信息的非强迫性

报纸、杂志、电视、广播、户外等传统传媒在传播信息时,都具有很大的强迫性,强迫观众接受它们所传播的信息;而网络传播的过程则完全是开放的,非强迫性的,这一点同传统传媒有本质的不同。从人性化的角度看,网络传播的开放性是一个非常得网民心的优点。不过,从广告效果上来说,传统媒介信息的强迫性传播固然会引起受众的反感,但这样的传播方式能够保证广告信息为人所接收到,实际上有利于广告的经营。多数的广告客户在考虑投放广告时所考虑的往往是该广告能否让更多的人接收到它,而不是让更多的人主动去选择它。

7.广告受众数量的可统计性

因特网上可通过权威公正的访客流量统计精确地统计出每个客户的广告被多少

个用户看过,以及这些用户查阅的时间分布和地域分布,从而有助于客商正确评估广告效果,审定广告投放策略。虽然实际上广告受众的数量是无法统计出绝对数量的,用点击率来衡量条幅广告的效果本身也是值得商榷的,但相对而言,其广告受众数量的可统计性对广告主更具吸引力。

8.网络信息传播的感官性

网络广告可以使消费者全方位体验产品、服务与品牌,还可以在网上进行预定、交易和结算,这些是传统媒体所无法实现的。相比之下,同样是在媒体上进行销售活动,无论是电视台的电视购物还是报纸杂志的邮购,都无法同网络竞争。从这一点来看,同传统媒体相比,网络广告确实体现出了其独有的优势。

三、互动性

互动(interact)在朗文词典中的定义为:“相互作用、相互影响。”依据这种较为广义的界定,生活中有许多互动的实例,如谈话、打球、表演、跳舞等都可以称得上是互动行为。在互动行为中表现出来的相互作用、相互影响的特性我们称之为互动性。互动性是发生在双方或多方之间的智能的、复杂的、动态的特性。[①]席特(Heeter)也指出,互动性经常被过度使用而没有明确的定义。在某一环境中,人们与客观对象和实体之间发生的任何联系都可以被称为互动。同时,席特给出了自己的定义:“一个具体的人与外部世界包括环境、物体和人所产生的一段或一系列的物理作用和反作用。”互动核心的概念是“控制”,即信息接收方对信息的控制。[②]

互动性在不同的领域也有不同的定义。毛里斯和欧根把互动性定义为一种假定的人际沟通的特性。[③]对于网页设计师来说,互动性等同于浏览,因此人们有时把设计良好的网站称为互动性很强的网站。如“网站的互动性是访问者方便地与界面处理信息的能力”。[④]有些软件说明书和设计书把鼠标的动作称为互动性,还有的人用互动性来描述Java语言的程序设计功能。对于网络广告业界来说,互动广告有时也与网络广告是同等的概念。

斯特尔(1992)根据互动性水平给各种媒体分类[⑤]:传统媒体被称为低互动类的媒体,而互联网等媒体被称为高互动类的媒体。斯特尔指出,两个最主要的定义方法是人际互动(human-human interaction)和人信互动(human-message interaction)。人际互动是指信息发送者和信息接收者之间的双向沟通,如网络中的在线聊天、邮件交流、

---

① David Kirsh.Interactivity and Multimedia Interfaces, Dept. of Cognitive Science Univ. California, San Diego [EB/OL] http://cogsci.ucsd.edu/kirsh/.

② Heeter, c.Interactivity in the context of designed experience.Journal of Interactive Advertising[EB/OL] http://www.jiad.org/voll/nol/heeter/.

③ Morris and Ogam. The Internet as Mass Medium[M] Journal of Communication (46), No.1, pp.39-50.

④ 资料来源 http://www.webbonnaza.com/interactive.html.

⑤ Steuer, J.. Defining Virtual Reality: Dimensions Determining Telepresence [M]. In Frank Biacca &. Mark R. Levy (eds.), Communication in the Age of Virtual Reality, pp.33-56.

论坛交流等。这种互动既可以是实时的,如 QQ 聊天;也可以有一定的时间间隔,如邮件。在传统媒体中,信息只能从发送者向接收者传递,这种人际互动是很难实现的。人信互动是指信息的接收和信息之间的交流。在传统媒体中,接收者对于信息的选择权很弱,他们唯一能做的就是选择读哪份杂志、看哪个电视频道。但对于互动媒体而言,人们对信息不仅有选择权,还有控制权。信息接受者可以定制信息,可以改变信息的内容和形式。如搜索引擎,信息接受者可以定制自己感兴趣的信息;通过网络贺卡,发送者可以选择自己喜欢的音乐或图片,组合成一个新的贺卡发给朋友;通过邮件来定制新闻,人们每天可以收到自己感兴趣的特定新闻等。根据人际互动和人信互动这两个纬度,周长宏等人将广告互动性确切定义如下:"人们通过与广告信息和广告主互动的形式对广告活动的参与。"[①]此概念我们可做如下理解:

第一,广告互动性包括两个维度,一是受众与广告信息之间的互动,二是受众与广告主之间的互动。

第二,广告互动性的本质是受众对广告活动的控制。广告主发布什么样的信息取决于受众的偏好,受众对广告主的信息具有充分的选择和修改的权利;由受众来决定是否愿意与广告主进行直接沟通等等。

第三,网络广告互动性是一种参与程度。不同的媒体,其广告互动形式不同,受众的参与程度也不同。

这个定义把广告受众放到了广告活动的首要位置,这与营销理论所倡导的消费者导向是一致的。这个定义描述了未来广告的发展方向,对于广告业未来的发展起到了一定的指导作用,对广告互动的研究也具有参考价值。

综上所述,关于网络广告的互动性可定义如下:网络广告是其发布者和接受者对网络广告活动的相互参与。

第二节　形式:网络广告的形式分类

一、网幅广告(Banner)

网幅广告是网上最常见的广告形式。一般是以限定的尺度表现商家广告内容的图片形式,放置在广告商的页面上。最醒目的网幅广告是出现在网站主页的顶部(一般为右上方位置)的"旗帜广告",也称为"页眉广告"或"头号标题",其形式颇像报纸的报眼广告。一般每个网站主页上只有一个"旗帜广告",因其注目性强,广告效果佳而收费最贵。它是网络广告中最重要、最有效的广告形式之一。为充分利用网页广告区块,不同厂商的网幅广告可以滚动式出现在同一位置,这样一来也分摊了广告费用,降低了广告成本;而少数几个不同的网幅广告滚动出现对广告效果影响不大。

---

① Chang-Hoan Cho, John D. Leckenby, Interactivity as a Measure of Advertising Effectiveness [EB/OL] http://www.utexas.edu/coc/admedium.

网幅广告也分为横幅(Horizontal Banner)和竖式(Vertical Banner/Portals)两种。横幅广告一般出现在网站主页的顶部和底部;竖式广告一般设在网站主页的两侧。

网幅广告因为不可能占据太大的空间，所以在设计上往往只是提示性的——可能是一个简短的标题加上一个标志,或是一个简洁的招牌;一般都具有链接功能,暗示网民用鼠标点击或直接加上“Click me”、“点击此处进入”的字样,引导网民走向更深处,去了解更详尽的广告信息。

网幅广告一般采用 Gif 格式的图像文件。除普通 Gif 格式外，新兴的 Rich Media Banner 能赋予 Banner 更强的表现力和交互内容，现在经常被厂商采用。此外，V-Banner 的视频传播功能，它在品牌传播以及把电视广告移植到网络上具有明显的优越性,同时,它还可被用来制作视频点播节目的多媒体索引页面,使得用户在下载较大的视频文件前可以预览动态图像。

1997 年,IAB 在大规模网络广告综合调查中,广泛向广告主、广告代理商和用户征求了关于网幅广告(Banner)的尺寸意见,提出了参考性的标准网幅尺寸,称之为 IAB CASIE Banner Size。目前,绝大多数站点应用的网幅广告尺寸如表 2-1,它们一般反映了客户和用户的双方需求和技术特征。

表 2-1　网幅广告的一般尺寸和类型

尺寸	类型
468 × 60	全尺寸 Banner
392 × 72	全尺寸带导航条 Banner
234 × 60	半尺寸 Banner
125 × 125	方形按钮
120 × 90	按钮 #1
120 × 60	按钮 #2
88 × 31	小按钮
120 × 240	垂直Banner

图2-1　各大网站上最常见的横幅广告

Rich Media Banner 又称 Extensive Creative Banner，一般指使用浏览器插件或其他脚本语言、Java 语言等编写的具有复杂视觉效果和交互功能的 Banner。这些效果的使用是否有效,一方面取决于站点的服务器端设置,另一方面取决于访问者的浏览器是否能顺利查看。一般来说,Rich Media Banner 要占据比一般 GIF Banner 更多的空间和网络传输字节,但由于能表现更多、更精彩的广告内容,往往被一些广告主采用。国际性的大型站点也越来越多地接受这种形式的 Banner。

V-Banner 是将 3~5 秒的视频剪辑内容集成到传统的广告 Banner 中，以增强广告的视觉冲击力,几乎所有的浏览器用户都可以顺利查看,无须担心是否已经安装了必要的插件。由于 V-Banner 的视频传播功能,它在品牌传播和把电视广告移植到网络上具有明显的优越性,同时,它还可被用来制作视频点播节目的多媒体索引页面,使得用户在下载较大的视频文件前可以预览动态图像。V-Banner 可以装载的视频信息格式包括:AVI，InstaVU，MPEG，Net Show，Windows Media，Quick Time，Real Audio，Real Video，VIVO，VXtreme，Shockwave，Flash，Java，VRML 等。

二、电子邮件广告(E-mail Advertising)

电子邮件广告是通过互联网将广告发到用户电子邮箱的网络广告形式，它针对性强,传播面广,信息量大,其形式类似于直邮广告。电子邮件广告可以直接发送,但有时也通过搭载发送的形式:比如通过用户订阅的电子刊物、新闻邮件和免费软件以及软件升级等其他资料一起附带发送。也有的网站使用注册会员制，收集忠实读者(网上浏览者)群,将客户广告连同网站提供的每日更新的信息一起,准确送到该网站注册会员的电子信箱中。这种形式的邮件广告容易被接受,具有直接的宣传效应。譬如当网民向新浪网站申请一个免费信箱成功时,在他的信箱里,除了一封确认信外,还有一封新浪自己的电子邮件广告。

随着电子邮件使用的越来越普及，电子邮件广告现在已成为使用最广的网络广告形式,许多厂商采用这种直接而方便的广告形式。但是,需要注意的是,那些未经同意发送的垃圾广告邮件很容易引起用户的反感。广告主要在真正了解客户需求的基础上适时适量地发送邮件广告,否则只会浪费广告费。

三、网上分类广告

网上分类广告也是一种常见的广告形式，它的形式原理和报刊上的分类广告专栏没有什么本质区别,主要的区别是网上分类广告利用超链接,可以使用详细的分层类目,构建庞大的数据库,提供最详尽的广告信息(也可以链接到广告主的网页上);可以利用强大的数据库检索功能让用户方便地获得自己需要的广告信息，同样也能方便的发布自己的广告。

在国内,一些综合性商业网站都开辟专栏,提供分类广告服务,但专门分类站点并不多见。这是因为此类站点太过专业,除了专业人士,一般人对其不感兴趣。如图

2-2 为当当网分类广告网页。

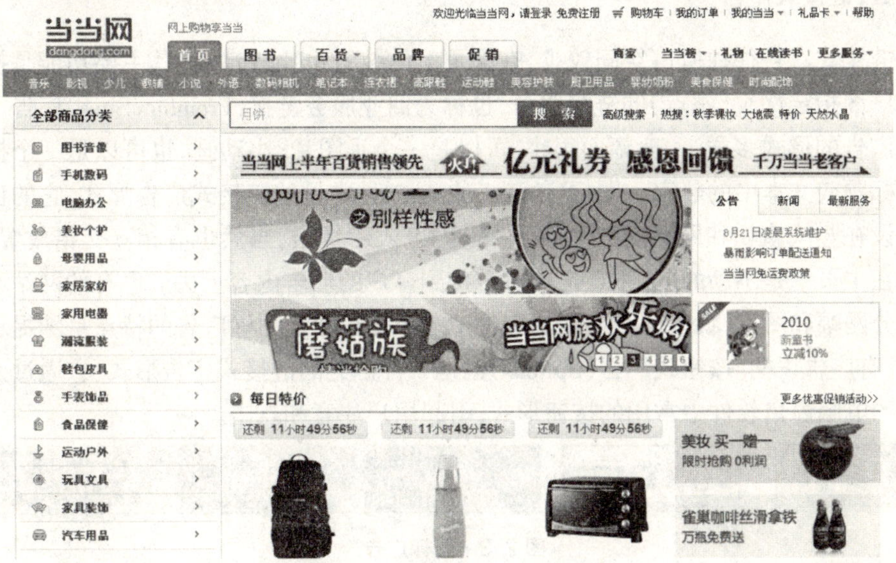

图 2-2 当当网分类广告网页

四、自动弹出式网上广告(Pop-Up Ad)

自动弹出式广告也称“插入广告”、“弹跳广告”，当网民进入某一个网页，就有可能自动跳出一个窗口(大小约为正常网页的 1/4 或更小)，内含广告图片和标语，甚至伴有动画和声音，用跳动的图标和字眼呼唤网民去点击。如网易的“精彩新闻”吧，这种不请自来的广告形式出现太频繁有时会令人不悦，所以有人开发了专门的软件可以滤去此类广告。但是研究表明，大多数网民对自动弹出式广告并不在乎，毕竟它的窗口相对较小，弹出只在瞬间，不需要则可以随时关闭。

自动弹出式广告的传播对象并无很强的针对性，大多数情况下，网民也不太在意，所以此类广告更需要能吸引用户的设计形式。许多公司已开始尝试全新的弹出式网上广告形式，如 Unicast Superstitial 解决方案、澳大利亚 Credge Internet Services 公司的 Net Break 技术和美国的 Web Partners 公司的 Cyber Spot 解决方案等。Net Break 可以记录那些完全看完广告的用户数，即可以区分那些看或不看其广告的用户。其弹出式窗口仅在网页被完全下载后才出现，广告放完后立即消失。Net Break 在澳大利亚已获得显著的成绩，如其为悉尼到霍巴特的游艇竞赛而特设的网站(http://syd-hob.telstra.com.au/)，该网站是由澳大利亚最大的通信公司 Telstra 赞助的。其弹出式广告设计成一个港口，用户可看到一条游艇挂着 Telstra 的标识在航行。据 Unicast 声称，其 Superstitial 技术是非线性的，预载广告内容时，屏幕不会是空白的，而且不会像线性处理方案那样，和页面下载冲突，它是在网址完全装载后且用户鼠标空闲时在用户的浏览器内预载广告内容。该公司声称其技术可适宜任何屏幕位置和大小，文件最大可到 70K，并适用于 Java、Flash、HTML、GIF 89 和声音格式。

五、链接式广告

链接式广告往往所占空间较少,在网页上的位置也比较自由,其主要功能是提供通向厂商指定网页(站点)的链接服务,也称为商业服务链接(Premium Sites)广告。链接式广告的形式多样,一般幅面很小,可以是一个小图片、小动画,也可以是一个提示性的标题或文本中的热字。图标(Icon)广告是一种常见的链接式广告形式,它的位置一般设在竖式旗帜和网络门户下面,一般为 88×31 像素,当然也有相互交错放置的。图标在主页上是不动的,通过点击也可链接到客户的广告内容上去。也有的网站不严格区分网幅和图标,将图标归入网幅广告中最小的形式。图标广告的特点是纯提示性的,没有广告正文。按钮式广告(Buttons)也是一种常见的链接式广告形式,它通过人们熟悉的电脑窗口软件中常用的按钮形式,引起用户注意和点击。

图 2-3　图标广告

网上几乎所有的标志(Logo)广告都是链接式广告。标志广告由企业标志或产品商标造形构成,有时候通过动态效果(如旋转、翻动、闪烁、光影变化等)形成视觉刺激,在传播企业形象、树立品牌效应的同时提供链接服务,让你深入了解。按钮式广告最常用的尺寸有四种,它们分别是:125×125、120×90、120×60、88×31(pixels),也有的网站将 Logo 归类为较小的 Banner。

事实上,标志广告正从简单的闪现品牌名称逐渐发展到允许互联网用户交互使用。比如说,Online.com 就允许用户购买广告提供的商品;Weather.com 借助浏览器设定区域码,用户可直接进入广告,得到预告消息。与电视和杂志广告不同,标志广告最大的优势在于消费者能立即购买看中的商品。

此外,一种最新的链接式广告形式——"关键字广告"正在兴起。广告主可以买下搜索引擎的流行关键字,凡是输入这个关键字,会自动链接到某个公司的广告网页上去;或者用户在输入某个关键字查找类目的时候,在分类表的上方会出现与该类目相关的企业及产品广告。比如在中文雅虎搜索引擎站点的搜索关键字中输入"个人电脑",则在与个人电脑相关类目的上方出现方正电脑的横幅广告。

六、网页广告(Homepage Ad)

网页广告就是通过整个网页广告的设计传达广告内容。企业的网页广告一般作在自己的主页上,在其他网站媒体上通过购买带链接的广告形式可让客户点击到达。一般大型企业都建有自己的网站,自行独立运作;也有的企业向网络服务公司租用设备,建设托管网站,代理运作;即使是最小的企业,也可以通过直接租用其他网站的资源,开辟自己的主页。当然,知名的大型企业访问率高,会有用户主动检索、点击,比如一些知名跨国公司,特别是 IT 业的巨头(如 IBM、Intel、微软);而那些规模和市场很小的企业,知名度还很低,即使建设了独立的网站,也无人知晓,所以还不如通过网络服务公司代理运作,在一些知名的网站媒体上登广告。

图 2–4　可口可乐公司的主页

图 2–5　肯德基快餐公司的主页

七、网站栏目广告

一些综合性网站和门户类网站都设有很多专栏,提供诸如新闻、娱乐、论坛等各方面的内容和活动,在网上结合某一特定专栏发布的广告通常称为网站栏目广告。这类广告很大一部分是赞助式广告(Sponsorships),一般有三种赞助形式:内容赞助、节目赞助和节日赞助。赞助式广告形式多样,广告主可根据自己所感兴趣的专栏内容或节目专题进行赞助。前者如一些综合性网站上多见的“旅游文化”、“软件天地”、“商业新闻”等热门栏目,后者有网站上即时开设的诸如“奥运专题”、“世界杯足球赛”以及网站在特别节日所推出的网站推广活动等。

这些网站栏目支持广告的位置一般在各专栏的顶部, 对树立起广告客户的“在线”形象有极大的帮助,也是众多广告客户青睐的一种广告形式。

另外还有一些利用电子公告牌系统(BBS)和网上新闻组(Usenet)专门开辟的一些商业栏目,如中国黄页的供求热线。

八、在线互动游戏广告(Interactive Games Ad)

这是一种新型的网络广告形式,它被预先设计在网上的互动游戏中。在一段页面游戏开始、中间、结束的时候,广告都可随时出现,并且可以根据广告主的产品要求定做一个属于自己产品的互动游戏广告。随着家庭电脑上网的普及,在线电脑游戏作为一种新型的娱乐休闲方式越来越受到用户的欢迎。免费好玩的电脑游戏对于许多青少年有很大的吸引力,所以开发网上游戏广告有很大的市场前景。

瑞典的 Add Games AB 公司目前开创了将视频游戏当做广告载体的先河。广告客户付 17 430 美元,就可以在光盘游戏里介绍自己的产品,更吸引人的是,游戏是免费发放的。这家公司介绍说:这是一个全新的创意,这种崭新的广告方式会带给人最深刻的印象。另外一个明显的优势是,相比其他的媒体,这种方式的成本非常低,因为游戏可以随意变化:不同的内容、可以改变的难度等级,等等,人们可以玩五六十个小时。这种广告的第一个客户是美国著名的食品连锁公司“麦当劳”在瑞典的分部,他们通过一种特殊的推销方式发放 10 万份游戏。“麦当劳”的商品在这个游戏里占据了显著位置。当顾客在“麦当劳”花费 4.93 美元吃一顿分量很足的“麦当劳”时,他们会免费得到这种游戏。该游戏主要针对 8~45 岁的顾客群,而且“麦当劳”也将继续在电视和广播中进行宣传活动。他们认为,喜欢玩这种游戏的年轻顾客,将会对“麦当劳”商标的印象更为深刻。

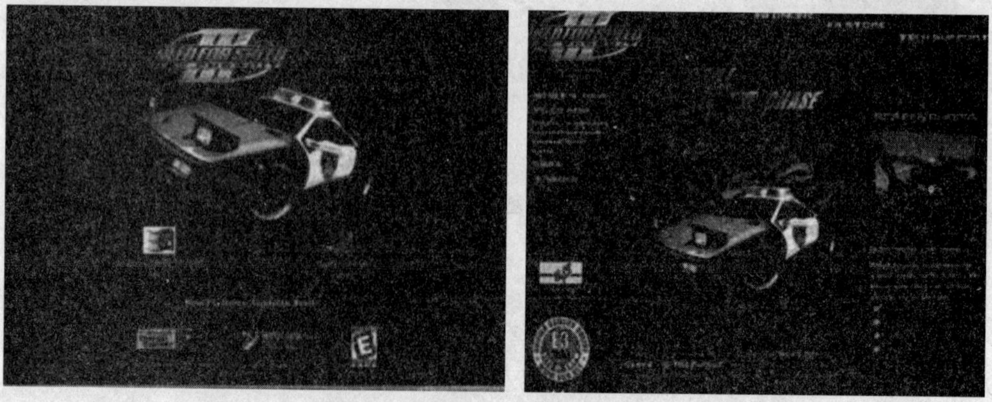

图2-6　通过游戏网站作的广告

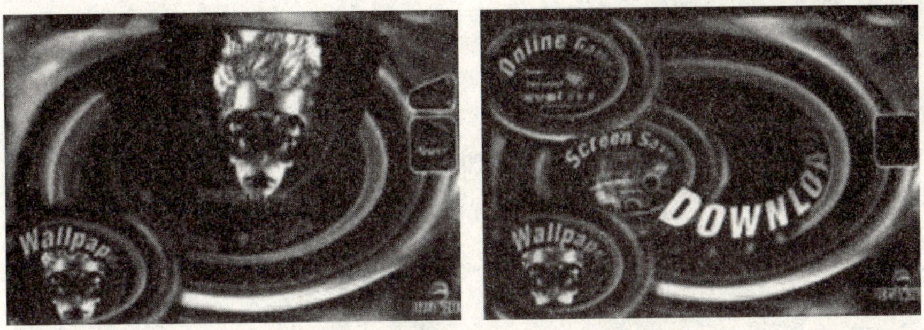

图 2-7 百事网页的互动式广告

九、其他网络广告形式

其他的网络广告形式有:随网上可下载的资料一起的附加式搭载广告(比如附加在免费下载的软件、视窗壁纸和其他图库资料中),最著名的莫过于附加在 Netants、Flash Get 上的 Advertisting;可节省网页空间的下拉菜单式广告和鼠标指向放大式广告;新鲜有趣的光标广告;鼓励网民点击的有奖广告(通过累积点击次数付给一定费用或奖品);一些广告主与网站一起合办的吸引感兴趣的人士参加的网上广告活动(带有商业色彩的网上竞赛或网上推广活动)等。随着互联网软硬件技术的提高和应用,其他新型的网络广告将不断涌现,比如网上广播广告和网上电视广告将随着互联网软硬件技术的提高和应用,随着网上数字广播和数字电视的发展普及而占据一席之地,越来越多生动活泼的网络广告形式将出现在网上。

第三章　独特沟通：网络广告沟通特性分析

第一节　沟通：营销沟通及其工具

一、营销沟通概述

企业除了具有优质的产品、有竞争力的价格和良好的营销渠道外，还必须采取合适的沟通策略，有效的与其经销商、目标市场和公众进行沟通。这是由产品生产者和产品消费者的分离造成的，生产者和消费者彼此不拥有对方的完全信息，即消费者关于货源、产品的性质和可靠性方面的信息不完全，生产者对于消费者的来源和特点的信息认知不完全。同时，生产者和消费者想从彼此的交换中得到的和他们在交换中所付出的是不同的，消费者希望从产品中获得效用满足需要，生产者希望从产品出售中获得利润，这使得生产者提供的产品销售价格和消费者所愿意支付的价格存在不一致。通过营销活动可以使生产者和消费者相联系，彼此通过交换满足各自的需要，即消费者从消费产品中获得满足，生产者从出售产品中获得利润。

营销沟通是指通过广告、销售促进、公共宣传和人员推销，把产品的存在和价值传播给目标顾客，改善消费者对产品信息的认知不完全。

1.营销沟通对消费者购买行为的影响

密西根大学教授杰罗姆·麦卡锡1960年提出4PS理论，就是产品（Product）、价格（Price）、渠道（Place）、促销（Promotion）。4PS理论流行近半个世纪，到20世纪90年代，随着消费者个性化日益突出，传统4PS渐被4CS所取代，它们是消费者（Consumer）、成本（Cost）、方便（Convenience）和沟通（Communications）。4CS营销理论的确立真正奠定了"以消费者为导向"的营销理论基础，营销沟通的最终目标是促使消费者采取购买行为，营销沟通必须根据消费者现有的知识和态度，确定消费者对营销沟通的反应。对消费者反应模式的研究很多，其中有四种最著名的反应层次模式分别是：AIDA模式、效果层次模式、创新扩散模式、信息沟通模式。四个模型都把消费者对品牌从一无所知到产生实际购买行为的反应过程，看成是由认知、情感和行为三个阶段组成的依次的运动过程。认知阶段是指接收方——消费者对于品牌的知晓或感知，这个阶段包括对品牌存在的感知，有其属性、特色或优势的知晓、了解或理解；情感阶段指消费者的感觉或是对于特定品牌的喜好程度，这一阶段包括较强程度的喜好（如渴望、偏好或者确信);行动阶段指对品牌采取的行动(试用、购买、使用或者摒弃)。反应层次的每一个阶段都是一个必须实现的因变量,也是营销沟通过程的一个具体目标,根据消费者处于反应层次的不同位置,采取不同的沟通方式。如当消费者决定购买贵重、有风险而又非常有意义的产品时,由于产品差异大,比较复杂,价值难以认定,因而需要一个学习过程,以广泛了解产品性能、特点,在此基础上形成产品态度和看法,最后才决定购买。

当消费者接受商品信息之后,要经过一个知觉选择的过程才能引起注意,并且消费者的人格、能力、态度和价值观等企业不可控制因素影响对信息的接受和选择,同时信息的内容、形式、技巧和发布信息的传播者等因素也影响对信息的接受和选择。消费者对于已经接收到的信息要经过一个记忆、储存的阶段,形成相应的态度,并与个人的行为准则、社会的行为准则等因素一起,形成购买商品的决策,最后决定是否购买该商品。[①]

在营销沟通的第二阶段,要强调建立品牌偏好,使消费者了解使用该企业产品所得到的益处,使消费者明白购买该产品的价值所在,与竞争对手相比的长处所在,建立品牌偏好。当产品进行改进后,应及时将这种改进及对消费者使用效果的影响通知消费者。对已经购买了产品的消费者,营销沟通依然需要努力保留住这些消费者,使他们重复购买,企业通过营销沟通强化消费者的品牌偏好,保持它在消费者心目中的地位,打击竞争对手。

营销沟通促使消费者采取购买行为,改变企业产品的需求,使需求曲线的形状或位置发生改变。营销沟通寻求需求曲线往右上方移动来影响需求曲线的位置,在价格一定的情况下,增加销售量。

2.营销沟通工具

营销沟通工具主要有:广告、人员推销、直接营销、销售促进。

广告是企业对目标用户和公众进行直接说明性沟通的主要工具之一，广告的主要功能为吸引用户对产品的注意,让用户认识产品、形成偏好、激起购买欲望、保持需求、支撑产品的销售渠道和改善整个销售环境。广告还具有以下性质:

公开性：广告是一种高度公开的信息沟通方式。它的公开性赋予产品一种合法性,同时也使人想到是一种标准化的提供,因为很多人接受相同的信息,因此购买该产品的动机是众所周知的。

普遍性:广告是一种普及性的媒体,销售者利用它多次重复某一信息,它也允许购买者接受和比较各种竞争者的信息。

增强表现力:广告通过综合应用颜色、图像和声音等多种方式,提供将一个公司及其产品戏剧化的机会,它可能增强对公司及其产品的注意,有时候也可能冲淡和转移对产品的注意。

---

① 任宝崇.消费者心理学[M].北京:华夏出版社,1989:8.

其它营销沟通工具的特点:

人员推销:具有针对性、说服力和人情味,但接触面有限,成本昂贵;

直接营销:具有针对性,信息更新快,可建立稳定的联系;

销售促进:活动见效快,具有刺激性,但作用短暂;

公共关系:具有可信性、戏剧性和覆盖面广的特点,但见效慢。

3.广告的沟通作用

广告作为营销沟通的主要工具之一,用于对潜在的消费者进行直接沟通。它是由广告主付费,将想法、商品和服务以非人员推销的方式进行的表达和促销。

广告有利于降低市场中信息的非对称分布,是给潜在的买主提供有关卖主信息的手段之一。广告能够对消费者在购买商品时做出的商品选择产生明确的或潜意识的刺激,当消费者需要更多信息进行合理决策时,他们对于广告的需求也更为敏感。从长远来看,最善于利用广告精心打造产品形象的制造商可以获得最大的市场份额。销售是产品价值和广告联合的产物,而促销带来的成果只是销售曲线一个暂时的上扬。

广告可以划分为信息性广告和诱导性广告两类。对于搜寻品的广告往往是告诉消费者哪种商品更好,以及在何处可以得到它们,而对经验性商品的广告通常是告诉消费者有这类商品及质量如何。因此,搜寻品的广告一般属于信息性广告,而经验性商品的广告一般属于诱导性广告。由于信息性广告的存在及在市场中传播产品价格、质量、性能等有关市场知识,从而使市场信息在生产者与消费者之间的分布趋向均匀,增加了产品的价格弹性。

广告是一种公开的信息沟通方式。它的公开性赋予产品一种合法性,同时也使人认为它是一种标准化的提供。由于公众接受相同的信息,所以消费者认为他们购买产品的动机是众所周知的。同时广告也是一种普及性的媒体,它可以使生产者多次重复某一信息,消费者也可以比较和接受各种竞争者的信息。

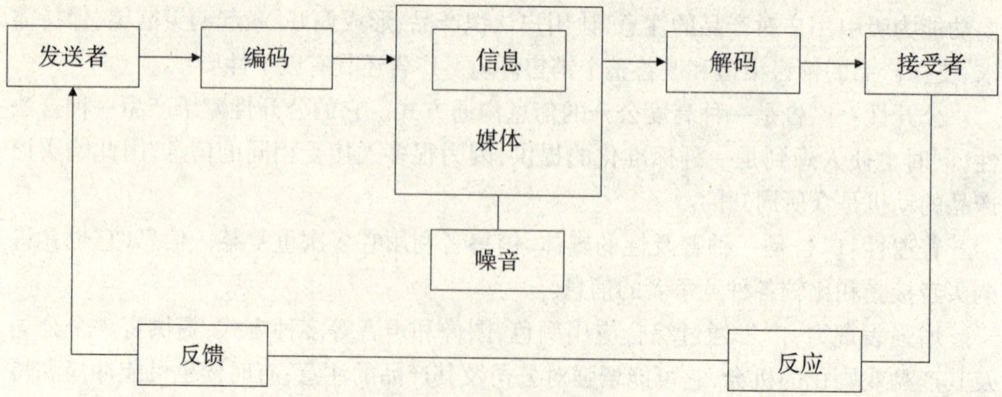

图 3-1　广告的沟通机制[①]

① 梅绍祖.网络营销[M].北京:人民邮电出版社,2002:18.

如图 3-1 所示,广告的沟通机制一共包括以下几个因素:信息沟通的参加者、发送者和接受者;帮助沟通的工具、媒体和信息;沟通过程中的四个主要职能:编码、解码、反应和反馈,此外还包括沟通过程中无所不在的噪音。广告通过信息交流,消费者接受各类信息,广告中通过大量灌输产品或企业相关信息,形成某种感觉和印象来诱导消费者,以便达到最终的沟通目标,使目标受众做出购买决策。

第二节 个性:网络广告的沟通机制与个性

一、电子商务对传统营销影响

电子商务与传统的商务活动方式相比,具有以下几个特点:

1.交易虚拟化

通过计算机互联网络进行贸易,贸易双方从贸易磋商、签订合同到支付等,无需当面进行,均可通过计算机互联网络完成,整个交易完全虚拟化。对卖方来说,可以到网络管理机构申请域名,制作自己的主页,组织产品信息上网。而虚拟现实、网上聊天等新技术的发展使买方能够根据自己的需求选择广告,并将信息反馈给卖方。通过信息互动,签订电子合同,完成交易并进行电子支付。整个交易都在网络这个虚拟环境中进行。

2.交易成本低

电子商务使得买卖双方的交易成本大大降低, 网络上进行信息传递的成本大大低于信件、电话、传真的成本。此外,缩短时间及减少重复的数据录入也降低了信息成本;买卖双方通过网络进行商务活动,无需中介者参与,减少了交易的有关环节;卖方可通过互联网络进行产品介绍、宣传,避免了在传统方式下做广告、发印刷产品等大量费用;电子商务实行“无纸贸易”,减少了文件的处理费用;互联网使买卖双方即时沟通共需信息,使无库存生产和无库存销售成为可能,从而使库存成本降低;企业利用内部网(Intranet)实现“无纸办公(OA)”,提高内部信息传递的效率、节省时间,并降低管理成本。通过互联网络把其公司总部、代理商,以及分布在其他国家的子公司、分公司联系在一起,及时地对各地市场情况作出反应,即时生产,即时销售,降低存货费用,采用高效快捷的配送公司提供交货服务,从而降低产品成本。

3.交易效率高

由于互联网络将贸易中的商业报文标准化, 使商业报文能在世界各地瞬间完成传递,计算机自动处理,将原料采购、产品生产、需求与销售、银行汇兑、保险、货物托运及申报等过程无须人员干预便能在最短的时间内完成。电子商务克服了传统贸易方式费用高、易出错、处理速度慢等缺点,极大地缩短了交易时间,使整个交易非常快捷与方便。

4.电子商务改变了商务活动的方式

人们可以进入网上商场浏览、采购各类产品,而且还能得到在线服务;商家可以在网上与客户联系,利用网络进行货款结算服务;政府还可以方便地进行电子招标、政府采购等;以汽车为例,在美国要买一辆新车,顾客要跑很多家代理店,这是因为汽车的物流成本很高,每家代理店能展示的车种很少。这样,从了解各种车的性能、行情到真正把车买下来要花费大约一个月时间,而通过网上提供的大量有关新车的详细信息,顾客只需花费五小时就可选定自己想买的车,剩下两小时找汽车代理商把车买下来就行。

5.电子商务改变了企业的生产方式

随着消费者生活水平的不断提高,消费者希望购买具有特殊规格和颜色的个性化产品,消费潮流不断向个性化方向发展。通过网络,消费者的需求能即时地反映给企业,企业可在保持大规模生产时所达到的低单位成本水平的情况下,生产各种能够同时满足个人需要的产品。如到耐克网站购物的用户可以根据自己的喜好向耐克定制运动鞋。每个用户可以根据网站提供的搭配方案做出挑选,可以搭配不同的鞋底与色彩,甚至可以在鞋上打上名字。选配好的鞋子可以在网上预览,并且可以随时对搭配进行调整,用户还可以退还不合脚的鞋。

6.电子商务提高了企业的竞争力

企业只有掌握市场发展趋势,了解消费走向,根据市场情况制定竞争策略,才能在市场竞争中立于不败之地。由于每一个消费者都可以在网上得到他所需要的详细资料,同时,销售者也可以得到各个消费者的反馈信息,因而这种沟通是双向的,在给予消费者有关商品信息的同时,企业也得到了消费者的反馈信息,并能迅速作出回应。同时,由于减少中间环节,成本大大降低。

7.电子商务给传统行业带来一场变革

电子商务不仅仅包括商务和服务的网上交易,还涉及从“供”到“需”的整个社会生产的各个环节,不但可以降低经营成本,加速资金周转,提高管理服务水平,还提高了企业适应市场的能力。传统的制造业藉此进入小批量、多品种的时代,“零库存”成为可能。它不仅仅是硬件和软件的结合,更是把买家、卖家、厂商和合作伙伴利用因特网技术与现有的系统结合起来开展业务,建立起各方之间长期、双向、紧密的关系。

二、网络广告的沟通机制

网络广告的信息沟通包含三个信息沟通的主体:广告主、广告受众与沟通动作的介质——网络;三种运动:广告主在网络上发布信息、广告受众在网络上寻找信息、当受众有其他信息需求时,双方通过网络进行及时的互动沟通。如图 3-2 所示。

网络广告与传统广告的最大不同就在于网络营销广告是双向的信息沟通,广告的目标接受者并不是被动地接受,广告主也不是强制地灌输,从某种意义上讲,网络广告的接受者是出于自愿才阅读广告主发出的信息的,网络广告的定向性更强,效果也更好。此外,由于网络营销广告的空间基本不受限制,而上网进行查询的顾客基本是为了了解产品的详细信息,所以网络广告所发布的内容需要更加详细和及时。

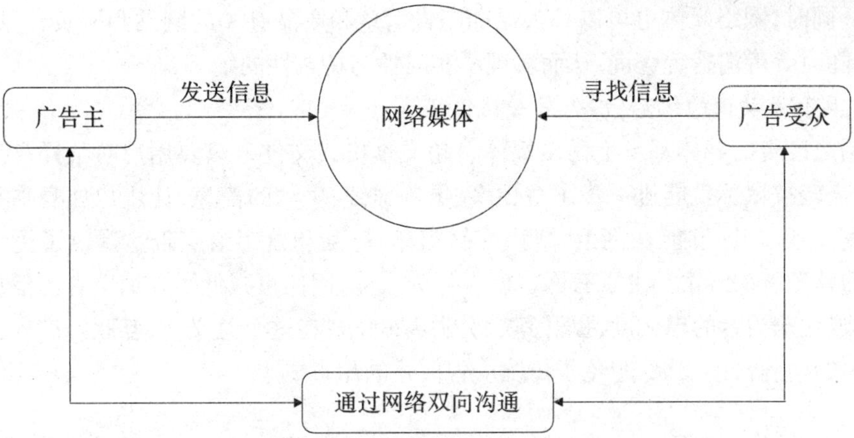

图 3-2 网络广告的沟通机制[①]

1.传播范围广

网络广告的传播范围广泛,可以通过国际互联网络把广告信息全天候、24 小时不间断地传播到世界各地。网民可以在世界上任何地方的 Internet 上随时随意浏览广告信息,传统媒体则无法达到这种效果。

2.非强迫性传送信息

报纸广告、杂志广告、电视广告、广播广告、户外广告等都具有强迫性,都是要千方百计吸引用户的视觉和听觉,实行强行灌输。网络广告则属于按需广告,具有报纸分类广告的性质却不需要彻底浏览,用户主动去寻求自己所需要的信息,而不是被动地接受。它可以自由查询,将用户要找的资讯集中呈现,节省了时间,只有对其产品或服务有潜在兴趣的消费者才有可能成为网络广告诉求的真正对象,这就使得网络广告减少了盲目性,提高了针对性。

3.观看人数可准确统计

利用传统媒体做广告,很难准确地知道有多少人接受到广告信息。以报纸为例,虽然报纸的读者是可以统计的,但是刊登在报纸上的广告有多少人阅读过却只能估计推测而不能精确统计。至于看过电视、广播和路牌等广告的人数就更难估计。而在 Internet 上可通过权威公正的访客流量统计系统精确统计出每个客户的广告被多少个用户看过,以及这些用户查阅的时间分布和地域分布,从而有助于广告主正确评估广告效果,让他们随时掌握广告的投放效果,并可以由此调整广告的设计、投放方式及目标用户,审定广告投放策略。

4.实时性与持久性的统一

在传统媒体上做广告发版后很难更改,即使可改动往往也须付出很大的经济代价。而在 Internet 上做广告有能随时更改信息的功能,可以 24 小时调整产品价格、商品信息,即时将最新的产品信息传播给消费者,并且经营决策的变化也能及时实施和

① 潘向光.现代广告学[M].杭州:浙江大学出版社,1996:42.

推广。同时,网络媒体也可以长久保存广告信息和产品有关的网站和网页,可以一直保留,随时等待消费者查询,从而实现了实时性与持久性的统一。

5.具有互动性的优势,广告融入销售环节

网络广告的载体基本上是多媒体、超文本格式文件,只要用户对某样产品感兴趣,仅需轻按鼠标就能进一步了解更多、更为详细、生动的信息,让用户如身临其境般感受商品或服务,并能在网上预订、交易与结算,互动营销给广告主提供了更具成本效益的营销解决方案。由于有网络广告作为载体,因而可减低潜在消费者的信息搜索成本,强化购买者的忠诚度,提升其二次购买欲望。在这个意义上,互联网广告达到了一对一的精确营销效果,避免了传统广告模式的昂贵成本。

第三节 比较:网络广告与传统媒体的差异比较

一、网络广告与传统广告媒体的差异

广告对象是依据消费者的需求偏好、购买行为和购买习惯的差异性,按照一定的细分标准,把整体市场划分为若干个不同需求的消费群。

电视、广播、报纸等传统媒体,其某一时段节目或某一栏目是针对特定消费者的,但就整个媒体而言,其对象几乎是全民性的,包括了各个年龄,各个文化水平,各个收入标准,各个生活层次的消费者。

网络由于其对操作者物质设备的要求,其对操作者文化水平的要求,其对操作者经济收入的要求,对广大消费者做了第一层次的市场细分,从全体消费者中分离出了"网民"这一具有某些共同特质的消费者群。据中国互联网络信息中心(CNNIC)2005年7月公布的统计数据,网民中文化程度为高中(中专)的比例最高,占31.3%,其次是本科(26.0%)和大专(25.6%)。本科及以上文化程度的网民比例为28.9%,网民中学生所占比例最多,达到了33.2%,其次是商业、服务业人员,占总数的11.1%,排在其后的是专业技术人员,所占比例为11.0%,企事业单位管理人员、教师、国家机关/党群组织工作人员所占比例也较多,分别为8.8%、7.7%和6.7%。表3-1对网络广告与传统广告媒体的差异进行了比较。

从表3-1中可以看出,电视虽然普及率高,形象直观,但是广告内容与形象转瞬即逝,无法保存,观众在收看广告节目时不能保持注意力集中,只有大量购买电视的时间,反复播出,才可能实现预期的传播目标,制作费用比较昂贵。报纸虽然具有较大的发行量,读者定期购阅的比例较大,传播范围广,但是报纸每天的版面较多,广告分散其间,读者注意力常为数量多而又毫无联系的广告所影响,传播效果不稳定,过期后被反复阅读的可能性很小。广播传播速度快,收听不受时间、地点限制,制作过程较简单,播出费用不高,但是只能用声音传播,缺少视觉形象,同时声音稍纵即逝,听众接触广告的态度是被动的。杂志针对性强,保存期长,记录性好,读者层次和类别较为

表 3-1 网络广告与传统广告媒体的差异比较

	报纸	杂志	电视	广播	网络
传播方式	平面静态方式	平面方式传播	视听兼备,形象直观	声音传播,可以伴随其它活动同时进行	多媒体全方位信息传播
是否具有强制性	非强制性	非强制性	有一定的强制性	有一定的强制性	非强制性
可信度	可信度高,特别是国内报纸	可信度高,并有一定的权威性,针对性强,读者群稳定	可信度较高	可信度一般,选择性较强,听众接触广告的态度被动	可信度低,针对某一群体或个体
时效性	时效性差	时效性差	时效性一般	时效性强	时效性强
效果	形式灵活多样,重复阅读率低	印刷精美杂志的重复阅读率及传阅率高	富有感染力,能引起高度注意	缺少视觉形象,只有声音传播,听众难以重复认知	实时发布和接收,容量大,内容丰富多彩
范围	当地市场的覆盖率高	市场覆盖率低	信息传播快,覆盖广	市场覆盖率较高	全球范围传播
有效期	被反复阅读的可能性小	传读率高,保存期长	信息转瞬即逝	转瞬即逝,保存性差	有效期长,可反复浏览
成本	成本低	成本低	制作复杂,费用高	制作较简单,成本低	成本低
互动性	互动性差	互动性差	互动性差	互动性一般	互动性好

明确,尤其是专业性杂志,读者群较稳定,对所订阅的杂志认同感较强,对刊登的广告也显现出较高的关注度和信赖度,但是杂志发行间隔时间较长,时效性差,读者层面较狭窄,市场覆盖率低。与传统广告媒体相比,网络媒体有着无可比拟的优势。网络广告能按照需要及时变更广告内容,有利于及时实施和推广广告主经营决策的变化,网络用户根据需要搜寻广告信息,针对性强。

二、网络广告与传统的媒体广告互为补充

网络媒体的出现曾使传统媒体担心面临生存危机。但随着时间的推移,与预料相反,网络不但没能阻止传统媒体的发展,大量网站的广告宣传反而促进了许多传统媒体的发展。不同的媒体有不同的特色及功能,网络广告不能完全取代传统的电视或平面媒体。

新广告媒体的不断出现,使受众对媒体进行选择的自主权加大,单纯由某一种媒体发出的信息的可信度下降, 网络媒体的出现为广告信息的传播提供了一条新的渠道和途径,也对传统的广告信息传播方式和策略提出了挑战。

传统广告的有效传播面更广,对受众接触较大,但提供的信息较少,消费者也不能按照自己的需求来查询信息, 而网络广告的互动性和详尽的信息供给完全可以弥补传统广告的不足。将网络广告和传统广告整合使用可以达到最佳的传播效果,如中国一些著名网站在报纸、电视、广播等媒体上推出自己的品牌广告,通过这些可信度高的大众媒体,提高人们对网络和网络广告的认识,提升在网络用户中的可信度。

拥有良好品牌与影响力的传统媒体也成功地将自己延伸到互联网平台上，产生了依托传统媒体而生的网络新媒体,使网络媒体成为传统媒体的自然延伸。传统媒体与网络媒体各有优势又明显互补,网络媒体依托传统媒体的受众群、广告客户资源、广告专业技术人才,而传统媒体借助网络媒体的传播范围广、针对性强、实时、灵活、成本低、交互性强的优势,通过有效组合,提升企业竞争实力。

第四章　效果研究:网络广告效果评价

第一节　基础:广告效果

广告效果的评价是指用一定方法来评价广告促进商品或劳务销售的效果。通过评价,检验广告目标是否正确、发布的时间与媒体的选择是否合适、费用是否合理、广告决策是否正确,从而对后期的广告进行修改和完善,提高广告投放的效益。19世纪成功的企业家约翰·瓦纳梅克有一名名言:“我知道自己花在广告方面的钱有一半是浪费了,但我从来无法知道浪费的是哪一半。”

广告费用并非越高越好。20世纪60年代美国曾对电视广告进行过调查,在被调查的广告中,约1/3广告投入比上年显著增加,1/3的广告投入与上年持平,1/3的广告投入与上年明显减少,调查结果发现在增加广告投入的16个广告中,只有6个增加了产品的销量,3个基本持平,7个销量甚至下降,由此可见,广告的效果并没有随着费用的增加而增加。这说明仅仅增加广告的投入不能提高销售额,只有通过对广告效果的评价,找出广告成功的地方和不足之处,才能避免在无效的广告上浪费金钱,而且有利于随时掌握顾客的消费倾向,抓住顾客的消费心理。同时由于环境的变化和社会的发展,以及竞争对手的竞争手段的变化,广告的效果也是在不断变化的,以前有效的广告宣传方式可能不再有效或者效果下降,这也需要通过评价进行分析。总体来说,对广告加以改进,能够更好地发挥广告的作用,提高销售水平。

一、广告效果评价特点

广告效果受到多方面因素的影响,通常具有以下特点:

1.综合性

广告活动可以通过各种不同的形式体现,也可以通过不同的媒体组合来传播,是一种复杂的、综合性的信息传播活动,同时还会受到企业其他经营活动的影响,如产品质量、价格、售后服务等,还涉及消费者心理活动的因素。因此,广告效果的评价受到多种因素的影响。

2.滞后性

大多数广告需要经过一定的时间周期才能看到它产生的效果。这是由于用户在接受了广告信息之后,需要一定时间对广告信息进行消化和验证,或因时间、资金等原因造成购买滞后。因此,广告效果的评价具有滞后性。

3.积累性

短期价格促销广告能够产生立竿见影的效果,但在大多数情况下,广告促成消费者的购买行为并不是一次、一时或一种信息和媒体产生作用的结果,而是通过广告信息的多次重复,造成累积效应的结果。广告活动是一个不断重复的动态过程,人们接受信息也是一个动态过程,经过多次信息传播的累积,广告对消费者产生的影响从量变到质变,最后产生购买行为。

4.间接性

广告除了促成消费者的直接购买行为外,在消费者使用广告产品后,如果觉得质量可靠,价廉物美,还会向亲朋好友进行推荐,促成更多的购买行为。来自亲朋好友的推荐在某种情况下被认为比广告信息更加可靠,更加值得信赖,由此产生间接效果。

5.损耗性

如果生产同类产品的企业为了争夺市场同时开展大规模的广告促销,甚至进行广告大战,竞争者之间相互攻击,消费者面对大量同类产品的广告信息的轰炸,会产生一定程度的厌恶和排斥,这必然会在某种程度上抵消广告信息的影响,使广告无法达到预期的效果,产生损耗。

二、广告效果的分类

根据广告产生的作用,广告效果可分为广告的经济效果、心理效果和社会效果。

广告的经济效果是指企业通过广告传播产品及企业的相关信息,对消费者的消费与购买行为产生影响,促进产品销售量的增长,从而增加企业的利润。这也是企业开展广告宣传最基本的目的。

广告的心理效果是指广告在消费者心理上引起反应的程度及其对促进购买的影响。1961年,科利指出广告在传播其信息时,是逐步对接受者产生影响的,人们接受信息分为若干层次,每一个层次都做出相应的反应后,再进入到下一个层次。广告通过对产品和品牌的宣传,强化或改变人们的认知、态度和行为,对人们的心理产生一定的影响,激发消费者的心理需要和购买动机。通过广告,消费者对产品从未知到认知、从认知到理解、再从理解到确信,企业在消费者心中具有良好的形象,最终促使消费者产生购买行动。

广告的社会效果是指广告对人们的道德观念、风俗习惯等社会行为方面所产生的影响。

根据广告活动的时间顺序,广告效果评估可分为事前评估、事中评估和事后评估。

事前评估是广告在投放前对市场进行调研所进行的商品分析、市场分析、消费者行为分析,以及消费者的消费心理和不同媒体、信息在传播过程中对消费者的影响,选择适当的发布时机、发布量、发布时段和传播媒介,让广告更加直接有效。

事中评估是在广告进行中展开评估,保证广告的发布是按照事前预定的策略实施,根据消费者对广告的反映判断广告发布的效果,对于广告中的不当之处,可适时进行修改,使广告能够更好地发挥作用。

事后评估在广告完成后进行评估,一方面对广告的执行情况进行分析,检验是否完成了预先制定的策略,另一方面根据广告的执行情况和宣传效果,总结经验,在进行下一步广告决策时作为重要依据。

三、广告效果评价方法

广告刺激消费者的购买欲望,产生购买行为,是广告的直接效果。广告传播的同时,销售商增加零售店数目,也会增加销售;销售员对商品的建议也会对销售产生较大的影响,这是广告的间接效果。

通过广告活动,有多少潜在消费者接触到广告,接触范围以及在一定时期内接触广告的次数即接触频率,企业的名称品牌等在消费者中知道的人所占的比例有多少,有多少消费者理解了广告所传达的各种信息,又有多少消费者信服了这些广告信息继而采取一定的行为和心理态度的转变。这些效果需要通过市场调查等手段获取实际的数据进行分析后得到。通过分析知道广告前后消费者对企业的了解和肯定态度是增加还是减少,以及通过市场销售额的变化和市场占有率的变化确定广告在促成购买行动上的作用。

常见的广告效果评价方法如表 4–1 所示。

表 4–1 广告效果评价方法

评价方法	发行量调查	收视率调查	注意率调查	记忆实验法	购买动机调查法	消费者调查消费调查	消费者与零售商调查
评价目的	到达率	收视率	注意率	记忆率	知名度、理解度、信任度	购买人数与品牌变更人数	特定广告对购买率的影响与销售额

其中:注意率包括广告的接触者数量、接触范围和在一定时期内接触广告的次数。到达率包括企业名称、产品品牌等消费者知道的程度,以及有多少消费者理解了广告所传达的企业和产品信息,有多少消费者相信了这些广告信息转变了对产品的态度,最终采取行动,购买了企业的产品。对购买动机进行调查,了解消费者在决定购买产品时各种因素所占的比重。

评价广告销售效果量化的方法有:

广告费比率法:指一定时期内广告费在商品销售额中所占的比率。

$$广告费比率=\frac{本期广告费用总额}{本期广告后销售总额}\times 100\%$$

广告效益法:指每单位的广告费用对销售额的贡献。

$$单元费用销售增加额=\frac{本期广告后销售总额-上期广告后销售总额}{本期广告费用总额}$$

广告效率比率法:指广告费增加的百分比与销售额增加的百分比之比。

$$广告效率比率=\frac{销售额增加率}{广告费增加率}\times 100\%$$

市场占有率法:某企业产品占市场上同类产品的百分比。

$$市场占有率法=\frac{本企业产品销售量}{同类产品的销售总量}\times 100\%$$

为了得到准确的数据来源,除了采用传统的调查问卷和电话访问,电子技术也被采用。如美国 A.C.Neilsen 调查公司,在志愿受测者的屋顶上装置特别设计的天线,以便接受实验广告,在家中的电视机上装置一个电子记录器,自动记录受测者观看的电视广告,然后当受测者去市场买东西时,市场信息里的产品号码识别机,自动将所购买的东西记录下来,然后传送到 Neilsen 公司,公司研究人员对数据进行分析研究,从中找出其购买行为是否受到某些广告的影响。

四、广告决策与广告效果

即使在同一行业中,不同企业对广告上的投入也常常不相同。例如在 90 年代初宝洁公司把销售收入的 11.8%投入广告，而高露洁公司对广告的投入达到了 13.5%。常用的广告决策方法如下:

在广告决策中采用最多的方法是销售百分比法。这种方法是将上一年的销售额和预期下一年的销售额相结合,按照一定的百分比来安排广告费用。通常基于企业所在行业的平均数左右或根据企业的经验确定此百分比，由于这种方法简单，容易操作,得到普遍采用。这种方法的优点是:广告费用充分考虑到企业的承担能力,使管理者将促销成本、销售价格和利润之间的关系进行综合考虑;同时竞争企业在广告上的费用按销售百分比大致相近。但这种方法的缺点也很明显:它把销售看成是促销的原因,而不是促销的结果,不是根据市场机会安排拨款,通过营销活动刺激需求来增加销售,而是根据可用的资金,资金的使用效率并没有达到最佳。

与销售百分比法类似但更合理的方法是毛利率百分比法。它采用毛利率百分比来安排广告费用。不仅考虑了销售额,而且考虑了品牌的盈利性,不同品牌即使销售额相同,利润高的品牌仍然能够得到更多的广告支持。

竞争对等法:企业根据竞争对手的情况,决定自己的广告费用。他们认为,行业中所有公司做出的广告费用预算代表了这一行业的最佳广告水平，每个公司都不会偏离最佳水平太远,同时维持竞争对等有助于阻止促销战。由于每个企业的声誉、所具备的资源、机会和目标是不同的,因此把其它企业的广告费用作为标准缺乏科学性,同时也不能消除促销战的发生。

目标任务法:企业经营人员首先确定自己的目标,然后确定达到此目标必须完成的任务及所需费用,来决定广告预算。这种方法把广告作为增加销售额手段,比销售百分比法和竞争对等法更符合营销的规律,而且容易操作。

然而上述方法在进行广告决策时,只考虑了广告支出和销售量之间的静态关系,而广告对需求的影响不仅在广告播放的这段时间内,而且会延伸到未来一段时间,需要进行动态分析。

动态最优化模型是分析广告预算的最优方法:额外销售的利润越高(如价格与边际成本之间的差距越大),对广告的投资获利越多。企业在制定广告时,必须对他们竞争对手的战略进行充分考虑。随着市场集中程度的升高,广告密度可能上升也可能下降。一方面,销售者数量的减少可能预示竞争强度的减弱,生产者相应的减少对广告的投入;另一方面,在集中的市场上,如果产品的销售价格大大超过产品边际成本,增加广告投资增强消费者对产品的敏感性,从而扩大销售。事实上,随着市场的集中,广告密度并未减少而是向着更高的趋势发展,只有几家生产者的竞争性市场的广告竞争,比拥有大量生产者的竞争性市场的广告竞争更加激烈,而相应地给生产者带来更多的超额利润。

为了估计销售收入对广告的反应,百威公司在20世纪60年代曾经做过一个著名的实验[①]。在该实验中,公司使用了7种广告变化处理方法:第一,没有广告;第二,减少50%广告支出;第三,广告没有任何变化;第四,增加50%广告支出;第五,加倍广告支出;第六,广告支出增加100%;第七,广告支出增加150%。

百威公司分别在6个营销地区采取这些广告处理方法,进行了一年实验,发现“没有任何广告”时有同样的销售水平,而且广告在减少50%支出时,销售额反而有所上升。一种解释是反复播放会使广告缺乏新鲜感,也有认为虽然当期广告减少,但必须考虑到前期广告的延伸作用。实验导致广告经费的大幅度削减。

通过实验确定广告投入与销售的反应函数,制定广告预算也是一种方法。百威啤酒公司通过实验减少了广告预算,但这种方法时间长,费用高,而且有许多因素会干扰实验结果,如零售商和竞争者的活动,以及其他营销变量的影响。当一个品牌的知名度已经很高、品牌形象已经完全建立起来时,广告投入没有必要很大了。如果一个小品牌要提高知名度,则需要做大量的广告投资,才能取得好的效果。

此外,在进行广告决策时,除了考虑广告支出和销售量之间的关系,还应综合考虑企业生产经营能力等其它方面。如果企业通过广告扩大了销量,但是企业的生产能力不够,无法为市场提供充足的产品,其产生的负面效应也是不容小视的。如著名的山东秦池集团公司,其前身是临朐县的一家县级国营小酒厂,20世纪80年代的年产量不足万吨,1993年,全年销售额仅2 000万元,酒厂处于亏损状态。1996年底,公司以6 666万元买断了中央电视台新闻联播后的黄金广告时段,竞得“标王”称号,高出第二位将近300万元。1996年一季度,秦池酒的销售额由原来平均一季度600多万元上升到8400万元,1996年上缴利税2.2亿元,秦池酒也进入了中国名酒的行列,1997年,秦池再次以3.2亿元夺标,高出第二名1亿多元。

然而好景不长,由于秦池集团公司每年的原酒生产能力只有3000吨左右,一个

---

① Rajeev Batra, John G.Myers, David A.Aaker.广告管理[M].北京:清华大学出版社,1999:9.

县级小酒厂,如何生产出15亿元销售额的白酒呢?秦池的生产能力无法在短期内大幅提高,面对庞大的市场需求,他们采取从四川购回“基酒”进行勾兑的做法。首先,从四川收购了大量的散酒,再加上本厂的原酒、酒精,勾兑成低度酒,然后以“秦池古酒”、“秦池特曲”等品牌销往全国市场。虽然勾兑是白酒行业普遍采用的一种生产形式,却造成了消费者对秦池品牌的不信任,使秦池酒销量急剧下降,企业陷入了困境。“秦池勾兑风波”演变成了秦池危机。1999年底,“秦池”商标被法院冻结,秦池酒也从传媒的视野中消逝了。

第二节 方法:网络广告效果评价方法

一、网络广告效果特殊性

网络广告先作用于消费者的感觉器官,经过无意注意或有意注意被感知,消费者会对广告或宣传的商品产生各种情绪、情感体验,同时这种情绪、情感反过来又影响消费者对广告的认知。在认知过程中还受到消费者的需要、兴趣等个性心理特征的交互作用。在认知过程、情感过程、交互作用的基础上,消费者确定对广告及所宣传商品持有的态度,然后对是否购买广告产品做出决策,最后点击鼠标,产生购买行动。对网络广告感兴趣的消费者不再被动地接受广告,而是可以及时地做出反应,这种优势使网络广告可以与电子商务紧密结合,马上实现一个交易的过程。

传统媒体广告效果的测评一般是通过邀请部分消费者和专家座谈评价,或调查视听率发行量,或统计销售业绩分析销售效果。在实施过程中,由于时间性不强(往往需要上月的时间),主观性影响(调查者和被调查者主观感受的差异及相互影响),技术失误造成的误差,人力物力所限样本小等原因,广告效果评定结果往往和真实情况相差很远。

网络广告效果测评由于技术上的优势,有效克服了传统媒体以上不足,比传统广告更及时,网络的交互性使得消费者可以在浏览访问广告点时在线反馈,广告主可以立即了解到广告信息的传播效果和消费者的看法。网络广告效果测评不需要人员参与访问,避免了调查者个人主观意向对被调查者产生影响,因而得到的反馈结果更符合消费者的本身的感受,信息更可靠更客观。网络广告效果测评相比传统广告更广泛,网络广告效果测评成本低,耗费人力物力少,能够在网上大面积展开,参与调查的样本数量大,测评结果的正确性与准确性大大提高。

相对于其他传统媒体,网络媒体能够针对到访网站人次作细致的追踪,记录访客来站的浏览过程,以及这些用户查阅的时间分布和地域分布,统计出哪些网站最热门,受众看到哪些广告,哪个又能吸引人去点击,为广告商提供量化的销售数据。但目前网络广告在整个广告行业中只占较小的份额,其原因主要是众多广告主仍然对网络媒体信心不足,他们不能确定也无法估算自己对网络广告的投入能有多少的收益。

放在主页上的横幅广告是否真的有效果,点击人次、浏览人次是否可靠,此外不同的网民点击在线广告的结果也不一样。由于网络广告市场增长极快,缺乏统一的标准,增加了选择的困难。

尽管通过网络广告效益的评价,可以检验原来预定的广告目标是否正确,网络广告是否运用得当,广告发布时间和网站的选择是否合适,广告费用的投入是否经济合理,从而总结经验,提高制定网络广告活动计划的水平,取得更好的广告效益。然而由于各网站不能实时地公布其每天的不同页面的日访问量和日不重复访客数,因此,在衡量广告投放效果时只能根据媒体公布的数据进行估算，这种评估方法难以体现互联网广告所应有的精确性和实时性。特别是一些资料可以被操控,甚至作假,比如可以开发一个程序提高来访的人次,或采取虚假的计数方式。因此,网络广告媒体与广告主及其代理商开始寻找独立的监察、统计组织,由一个客观的第三方角色监督网络媒体的效益,确保在网络广告上投入的费用有所值。比如 IBM 和 P&G 这两个在网络广告上的大广告主宣称,他们不与没有经过独立公正监测机构统计的网络媒体合作。当前互联网络已趋向由独立公正的第三方权威机构公开评估统计访客流量。目前,美国的市场调查机构 AC 尼尔森公司作为监测网络广告的领导者,统计着在网络上 85%热门网站的流量资料。在我国,网络广告尚属起步阶段,还没有专门对网络广告进行监测的独立权威的商业公司，不过也开始有网络媒体委托权威机构对其网站进行公正的访客流量测定。如中国互联网络信息中心（CNNIC）先后接受了“爱特信搜狐”(www.sohoo.com.cn)和“广州视窗”(www.gznet.com)的委托进行访客流量测定。资料的准确公正,有助于企业及时调整产品发展方向及行销方针,使得网络广告的效益得到极大的保障。

二、网络广告评价特点

网络广告效果评价就是在科学方法的指导下,运用各种网络统计工具,对网络广告活动全过程中的每项环节进行鉴定,评价其质量和效果。通过对网络广告效果的评价,可以检验以前计划的目标是否正确,选择的形式是否恰当,时间和地点是否合理,广告创意对用户的吸引力有没有达到预期的效果,从而提高广告设计制作水平,提高网络广告的效果。网络广告效果评价具有以下特点:

1.测评及时性

传统广告往往要等到广告已经传播了一段时间以后才能进行广告效益的评价,广告主不能及时了解用户的反应;网络广告由于具有交互性,用户能够在线提交表单或发送 E-mail,广告主能够迅速收到用户的信息,并根据用户的要求和建议及时地做出反馈。使用一些专门的统计软件很容易统计出每条广告被多少用户看过,以及这些用户浏览这些广告的时间分布等,可以随时了解在什么时间、有多少人访问过载有广告的页面,有多少人通过广告直接进入到企业的网址。企业可以随时了解广告的受欢迎程度、广告的传播效果,以及消费者的看法,还可以通过计算随时得知广告的经济效果如何。

2.统计自愿性

与传统广告媒体相比,网络用户和访问者有充分自主选择的权力,不再只是被动地接受广告,网络用户可以根据自己的需要查询自己所需的信息,网络广告效益评价的调查表也由网上用户自愿填写,从而避免了调查者个人主观意向对被调查者产生的影响,提高了评价的准确性。

3.广泛性

网络广告效益评价不需要派出专门调查人员走访用户,也不需要印刷大量的调查问卷,能够在网上大面积展开,参与调查的样本数量大,耗费人力物力少,成本低,并且测评结果的准确性得到很大提高。

三、评价网络广告效果的常见方法

网络广告的独特之处,在于其可测量性,可以制订准确的收费标准,如基于广告显示次数的 CPM 计价法。CPM 是 Cost Per Thousand 的缩写,是按照网络媒体访问人次计费的标准,指在广告投放过程中,按每一千人看到某广告作为单价标准,依次向上类推的计费方式。或者基于广告所产生效果的 CPC(每点击成本)或 CPA(每行动成本 / 广告效果计费)计价法,指按广告投放实际效果,即按回应的有效问卷或订单等定义效果来计费,而不限广告投放量。但是,随着 Banner 广告的平均点击率从最初辉煌时期的 30%降低到 0.5%以下,如果仍然按照可测量的反馈信息来评价网络广告,显然不能充分反映真实的效果。

网络广告的效果评价关系到网络媒体和广告主的直接利益,也影响到整个行业的正常发展。企业希望了解自己投放广告后能取得什么回报,于是需要全面衡量网络广告的效果,而从定性和定量两种角度有不同的评价方法。

1.对比分析法

无论是旗帜广告,还是邮件广告,由于都涉及点击率或者回应率以外的效果,因此,除了可以准确跟踪统计的技术指标外,利用比较传统的对比分析法仍然具有现实意义。当然,不同的网络广告形式,对比的内容和方法也不一样。

对于 E-mail 广告来说,除了产生直接反应之外,利用 E-mail 还可以有其它方面的作用,例如,E-mail 关系营销有助于与顾客保持联系,并影响其对企业产品或服务的印象。顾客没有点击 E-mail 并不意味着不会增加将来购买的可能性或者增加品牌忠诚度,从定性的角度考虑,关注 E-mail 营销带给人们的思考和感觉。这种评价方式也就是采用对比研究的方法:将那些收到 E-mail 的顾客的态度和没有收到E-mail 的顾客做对比,这是评价 E-mail 营销对顾客产生影响的典型的经验判断法。利用这种方法,也可以比较不同类型 E-mail 对顾客所产生的效果。

对于标准标志广告或者按钮广告,除了直接点击以外,广告的效果通常表现在品牌形象方面,这是许多企业不顾点击率低的现实而仍然选择标志广告的主要原因。品牌形象的提升很难随时获得可以量化的指标,不过同样可以利用传统的对比分析法,对网络广告投放前后的品牌形象进行调查对比。

2.加权计算法

所谓加权计算法就是对投放网络广告后的一定时间内,对网络广告产生效果的不同层面赋予权重,以判别不同广告所产生效果之间的差异。这种方法实际上是对不同广告形式、不同投放媒体、不同投放周期等情况下的广告效果比较,而不仅仅反映某次广告投放所产生的效果。

加权计算法是建立在对广告效果具有监测统计手段的基础之上的。例如,假定某企业在A网站投放的Banner广告在一个月内获得的效果为:产品销售150件(次),点击数量6 000次;同时,假定另一企业在B网站投放的Banner广告在一个月内获得的效果为:产品销售180件(次),点击数量3 000次。

判断这两次广告投放效果的区别,可以为产品销售和获得的点击分别赋予权重,如果每100次点击可形成2次实际购买,那么可以将实际购买的权重设为1.00,每次点击的权重为0.02,依此计算上述两种情况下企业获得的总价值。

在第一种情况下,总价值为:

$150 \times 1.00+6\,000 \times 0.02=270$

而在第二种情况下,总价值为:

$180 \times 1.00+3\,000 \times 0.02=240$

由此可见,第二种情况获得的直接销售比第一种情况要多。但从长期来看,第一种情况更有价值。网络广告的效果除了反映在直接购买之外,对品牌形象及用户的认知同样重要。

权重的设定对加权计算法最后结果影响较大,如果假定每次点击的权重增加到0.05,结果又不一样。权重的决定,需要在大量统计资料分析的前提下,对用户浏览数量与实际购买之间的比例有一个相对准确的统计结果。

3.点击率与转化率

点击率是网络广告最基本的评价指标,也是反映网络广告最直接、最有说服力的量化指标。不过,随着人们对网络广告了解的深入,点击它的人反而越来越少,除非特别有创意或者有吸引力的广告,或者有点击但没有购买该企业的产品,但这并不意味该广告没效果。造成这种状况的原因可能是多方面的,如网页上广告的数量太多而无暇顾及、浏览者浏览广告之后已经形成一定的印象无须点击广告,或者仅仅记下链接的网址,在其他时候再访问该网站等,网络广告不仅使他们对企业品牌留下的印象,甚至形成一部分潜在客户,以上种种因素单靠表面数据很难估算,因此,平均不到1%的点击率并不能充分反映网络广告的真正效果。

与点击率相关的另一个指标是转化率,这被用来反映那些观看而没有点击广告所产生的效果。“转化率”最早由美国的网络广告调查公司Ad Knowledge在“2000年第三季度网络广告调查报告”中提出,Ad Knowledge将“转化”定义为受网络广告影响而形成的购买、注册或者信息需求。该公司高级副总裁 David Zinman 指出,“这项研究表明浏览而没有点击广告同样具有巨大的意义，营销人员更应该关注那些占浏览者总数 99%的没有点击广告的浏览者。”Ad Knowledge 的调查表明,尽管没有点击广告,但是,全部转化率中的 32%是在观看广告之后形成的。该调查还发了一个有趣的现象:随着时间的推移,由点击广告形成的转化率在降低,而观看网络广告形成的转化率却在上升。点击广告的转化率从 30 分钟内的 61%下降到 30 天内的 8%,而由观看广告的转化率则由 11%上升到 38%。然而转化率的监测,仍然需要寻找更有效的方法。

4.效果成本指标

互联网是一个互动的媒体,是点对点宣传的实现,这种传播特征使互联网的推广不仅停留在广告印象(用户被动看到广告)或者广告点击(用户主动点击广告)上,而且可以渗透到企业的营销全过程。通过调查消费者在哪里、消费者的习惯是什么、消费者关心产品和服务的哪些部分、消费者为什么没有购买、消费者参与品牌活动的目的是什么等,了解消费者在从认知到购买的整个思维和行为特征,了解在整个营销过程中消费者反映特征,了解用户点击网络广告后行为,通过这些分析可以指导营销体系的完善。如网络广告监测系统可以详细记录用户点击网络广告后的一系列网络行为,可以方便地了解目标消费群的主要网络媒体浏览习惯,转化成顾客的机率,从而在目标消费群经常浏览的网站有的放矢地进行广告投放,起到事半功倍的效果。

用户点击网络广告后行为分析的指标是 CPA(效果成本),其中的“行动”(Action)的定义可以是多方面的,譬如可以定义页面到达、注册、浏览页面数、购买这四种行为,分别根据转化成顾客的机率来综合分析广告效果，以了解广告对哪些人产生了影响,这些人是不是真的对产品感兴趣,对什么产品感兴趣,一般购买什么产品等。对这一系列的指标加以分析,修正广告计划和实施方向,能增加企业的利润。

第三节　技术:新技术对网络广告效果评价的影响

一、第三方权威测评机构

新技术在对网络广告效果的评价中起着越来越重要的作用，新的评估方法和评估软件不断涌现,服务器上除了利用专门的软件收集用户数据,其专用的用户数据库很容易对用户的行为进行分析,网站可以随时了解每一幅广告在什么时间,有多少网民访问了该广告页面，有多少人点击了广告图标，以提高网络广告的针对性和策略性。越来越多的企业为了表明自己数据的真实和可靠,除了自己进行统计分析外,更多地引用一些公认的专业数据监测网站的测试数据,作为自己决策、宣传和定价的依据。由此也产生了一批专业从事收集和分析网站用户行为的企业,以满足市场需求,充当评估者的角色。

Alexa 网站即是专业从事收集和分析网站用户行为的企业。该企业 1997 年发布了著名的 Alexa Toolbar(Alexa 工具条),它可以嵌入到微软 IE 浏览器中,在用户访问每个 Web 页面时都向 Alexa 发回一串代码,将该次浏览的相关信息告诉 Alexa。而用户会在该工具条上看到其浏览的网站在全球所有网站中的排名信息,当然这只是 Alexa 给出的网站排名。经过多年积累,Alexa 的 URL 网址库已存储了 400 亿网址信息,Alexa 主要的工作就是基于遍及全球电脑用户桌面的工具条返回的信息,对全球网民的浏览习惯进行监测,并开发和销售各种相关产品。其中,有最长达 10 万个网址的全球网站排行榜,有针对某些特定行业网站的排行分析,有针对个别网站定制的网站流量监测报告。Alexa 还提供了很多免费的基本信息,比如"全球网站 500 强",还有"简体中文网站 100 强",人们可以针对某个特定网址去查询其所属的网站的访问人数。Alexa 提供 Reach Per Million User(每百万用户访问人次,简称 Reach)数据表示访问人数,这个数据指的是每一百万个 Alexa 工具条用户中每天访问某一网站的平均人数。如 2004 年 11 月 3 日,google.com 的 Reach 值为 178 500,表示在这一天里每一百万个 Alexa 工具条用户中就有近 18 万人访问过 google.com。Alexa 还提供了另一个数据反映到访的网民对特定网站的使用率,这就是 Page Views Per User(每用户浏览页面数,简称 PV)。某网站的 PV 值是每天所有访问该网站的 Alexa 工具条用户在该网站上浏览的总页面数的平均值,而同一人对相同页面的重复浏览在每天只计作一次。以 2004 年 11 月 3 日 google.com 的访问数据为例,这一天 google.com 的 PV 值是 4.0,即表明来访的网民们平均在 google.com 网站上浏览了 4 个页面。

根据 Reach 和 PV 两个数据,Alexa 对全球网站按综合流量进行排名,即 Traffic Rank(流量排名,简称 Rank),决定 Rank 的就是 Reach 和 PV 的几何平均数,即两者乘积的平方根。显然,一个网站的 Reach 和 PV 值越高,其 Rank 也越高。

全球每个安装了 Alexa 工具条的计算机终端随时都会向 Alexa 汇报该终端在互联网上的访问情况。根据这些信息,Alexa 每天都会对全球网站的排名做重新计算,其排名每日更新。因为全球几乎所有的网站都在 Alexa 的监测范围内,而这个每日更新的排行榜非常直观,加之又是公开的随时可查的数据,就使得 Alexa 排名在很多场合显示出其价值。

二、第三方机构测评的权威性受到挑战

2003 年,"Alexa 排名"作为第三方机构测评被介绍到我国。当 Alexa 排名开始得到业界普遍认可时,一些网站利用自己在 Alexa 的排名进行宣传,还有一些网站开始研究 Alexa 的排名规则,一些企业为了提高自己的企业形象,这使得有时候也不惜采用技术行为进行作假。网上甚至出现各种针对 Alexa 的作弊工具,Alexa 排名的可信度受到质疑。

Alexa 也不断对软件进行修改,新版本的 Alexa 工具条的运作机理与以往没有太大的改变,每当用户以装有 Alexa 工具条的 IE 浏览器打开新页面时,Alexa 的一台服

务器(data.alexa.com)都会收到加密的数据包,这个数据包中的核心信息就是十几个参数,这些参数包括当前网页地址、页面打开时间、用户端显示分辨率、Alexa 工具条版本号、该用户是否为该网站的用户等,Alexa 为每个已安装的工具条自动生成 ID 号码。通过这个 ID 对每个反馈数据包的发出者进行唯一标识,以解决 PV 重复计算问题和防止同一用户多次刷新作弊的问题。然而从目前研究的结果来看,任何一个汇编高手都可以很容易地掌握 Alexa 工具条返回的数据包中的秘密,如果这个人同时也是一个网络编程高手,那么针对 Alexa 作弊并非难事。

从技术分析来看,Alexa 的服务器每天所做的工作就是不断接收全球用户传回的数据包,提取其中的那十几个参数并写入专门的数据库,然后在某个特定时间对当天收集到的这些数据进行分析计算,并以新的计算结果去更新当日的网站排名。作为出售各种数据的商业网站,信誉无疑最为重要。针对各种作弊行为,Alexa 启用了一个叫做 IA Archiver 的机器人程序。这个机器人程序类似 Google 等搜索引擎使用的蜘蛛程序,专门在互联网上爬行,刺探每个 Web 页面的流量信息。尤其是当某个网站的流量超过 Alexa 设定的阈值时,IA Archiver 就会马上爬到该网站的服务器上,分析此网站的流量是否正常,有没有作弊行为。

尽管 Alexa 用很多技术手段提高了网站流量监测数据的有效性,但由于其网站域名结构的不合理性,如 Alexa 排名是针对 URL 地址,没有考虑 IP 地址的因素,这在很大程度上降低了 Alexa 排名计算的难度,也不可避免地产生了偏差。一般而言,Alexa 只对二级域名感兴趣,而针对三级域名的流量都被纳入了上一级域名的统计,对于比较规范的大型网站而言,这是完全正确的策略,但是对于一个向不同用户分发了三级域名的网站来说,它的流量统计不一定能够将所有的子用户的流量加起来。一个很明显的例子就是 cninfo.net,这是全国各省市公众信息港通用的二级域名,比如,sh.cninfo.net 和 gd.cninfo.net 分别是上海和广东的两个网站,而 Alexa 则将其统一算做 www.cninfo.net 的子域。于是,www.cninfo.net 就成了简体中文网站排名第 40 多位的网站,而它其实根本就不是一个可以访问的网站。

此外,来自不同类型网站的流量特征具有很大差异性。比如,门户网站与专业网站或专业论坛的流量就几乎没有可比性,因为不同类型的用户在不同时间不同场合访问不同类型的网站时,其浏览习惯会有极大的差异。即使两个网站按照 Alexa 算法得出的综合流量评估值完全相同,那也不能把两个网站的影响力划等号。比如,一个 Reach 值为 1 000、PV 值为 1 的网站与一个 Reach 值为 100、PV 值为 10 的网站的 Rank 应该是相同的,但大部分情况下,后者的内容会比前者更有价值。因为浏览前一个网站的用户都是只看了一个页面就走掉了,说明该网站可能没什么吸引力;而后一个网站的用户平均要看十个页面才会离开,这些用户都很认可该网站的内容。当然,也会出现更极端的情况,比如前者只有一个页面,但该页面内容非常丰富,而后者的每个页面内容都很少,或是给用户设置了很多不必要的跳转,甚至后者也可能就是一个小说连载站。尽管如此,作为一个流量分析服务工具,Alexa 依然具有价值。

三、客户端用户行为分析

在对网络广告进行评价的过程中,技术正在起着越来越重要的作用,除了对网站用户行为进行分析,还可专门针对客户端的用户行为分析,通过访问客户端的Cookies,知道某用户的访问历史,以及用户的浏览路径。由于用户是在真实的环境下进行的操作,减少了人为干扰的因素,数据更加真实。通过统计大量的用户浏览情况,找到使用最多的路径,通过记录用户搜索的关键字,统计用户经常使用的词,以及记录用户在网站连续停留的时间,点击网络广告的页面及网络广告与所在页面的相关性,利用数据挖掘技术对用户进行分析,因为用户的行为最终决定了网络广告的效果。

中国互联网信息中心 2004 年调查结果显示,经常点击和有时点击网络广告的被调查者达到 54.3%,只有 7.9%的用户表示从不点击网络广告。用户近几年来浏览网络广告的情况如表 4-2 所示。

表 4-2 用户浏览网络广告的情况[①]

项目	时间					
	2001.7	2002.1	2002.7	2003.1	2003.7	2004.1
经常浏览	18.1	16.5	15.8	17.6	19.0	12.4
有时浏览	51.8	48.3	50.9	50.5	49.0	46.9
很少浏览	27.6	31.6	29.7	28.4	27.7	34.7
从不浏览	2.5	3.6	3.6	3.5	4.3	6.0

从表 4-2 中可以看出,经常浏览和有时浏览网络广告的用户比例没有大的波动,而从不浏览网络广告的用户比例有持续增长的趋势。互联网用户对网络广告最不满意的原因是广告的真实性无法保证,虚假广告使得网络广告的可信度大大降低。

表 4-3 用户认为网络广告真实性无法保证的比例[②]

2002.1	2002.7	2003.1	2003.7	2004.1
39.2%	36.0%	40.4%	37.8%	35.7%

表 4-3 显示,用户认为网络广告真实性无法保证的比例近几年一直居高不下。在最新的第十六次互联网统计报告中也显示 48.4%用户认为,目前网上交易存在的最大问题是产品质量、售后服务及厂商信用得不到保障。网络广告的真实性已经影响了用户对网络的信任,降低了网上交易的效率。

第四节 信任:网络广告信任度基本策略

一、减少弹出式广告

目前几乎所有的网站都将网络广告当成自己盈利的主要手段。然而与传统大众

① 数据来源:CNNIC,《中国互联网发展统计报告》,2001-2004.

② 数据来源:CNNIC,《中国互联网发展统计报告》,2001-2004.

传播媒介相比,网络广告的发展处于严重滞后状态,突出表现在网络广告效益普遍不佳,全球互联网广告点击率逐年下降。美国雷曼兄弟公司针对线上广告市场发表的研究报告表明,一般网络广告点击率大概只有 0.6%;纽约 eMarketer 市场调查公司最新的报告指出,消费者对网页中出现的横幅广告、提示按键和其它形式的广告已感到厌倦,不愿点击电子邮件和网页广告中的链接。

网页经常因为那些到处漂浮和移动的动画广告而难以浏览。比如打开一个重大新闻事件的相关链接,弹出式广告会在你面前播出至少 5 秒到 10 秒时间,如果要想查到相关的资料,就需要有很大的忍耐力,一次次地关掉广告画面,最后才能看到自己想看的内容。特别是启动浏览器时,时而会自动弹出一幅或连续多幅广告,或者隐藏在用户所要浏览的页面下面。这种广告会影响用户的正常工作,并分散用户的注意力。有时甚至会同时出现十几个窗口的广告页面,从而导致整个系统崩溃。据市场研究公司 Gartner 进行的调查,78%的人称弹出式广告非常讨厌。而此前对传统条幅式广告的调查结果显示,只有 50%的被调查者对条幅广告表示抱怨。弹出式广告占据了大量的带宽,不但影响了系统的工作速度,最终还有可能导致系统彻底死机。弹出式广告被用户视为最讨厌的广告形式之一。正因为如此,美国在线此前还遭受过消费者的起诉。不仅强迫阅读的弹出式广告招致越来越多用户的抱怨,而且泛滥的弹出式广告为黑客所利用,成为传播病毒的又一途径。

由于网络用户对弹出式广告的意见越来越大,开始出现排斥倾向,美国一家软件公司推出屏蔽弹出式广告软件。2002 年 6 月,美国 AOL、微软 MSN、雅虎也都在大幅削减其网站上弹出式广告,全球互联网市场从多年前就开始全面封杀弹出式广告,Google、AOL、雅虎、微软等都提供免费的广告拦阻工具,很多软件也可以阻截弹出式广告。

新浪与搜狐等知名网站不得不严格控制弹出式与流媒体广告,以解决弹出式网络广告对网民的骚扰。尽管弹出式广告对广告主的吸引程度仅次于首页通栏广告,而且一般网络广告的点击率仅有 0.35%,而弹出式广告的点击率却可高达 2%~5%。然而无论弹出式广告可能有多大收益,随着消费者对弹出式广告的不满日益增长,弹出式广告的作用不断降低。因为广告商投放广告的目的不仅仅是“广而告之”,更重要的是让目标受众对自己的产品和品牌产生忠诚度,倘若用户对广告是一种敌视的态度,广告就很难取得预期的效果。

二、运用正确的 E-mail 广告

E-mail 广告也是一种网络广告。根据中国互联网信息中心数据,不排斥网络广告邮件的网络用户占 70%,经允许的电子邮件不但受到消费者的欢迎,而且答复率远远高于直邮和网上广告。超过 80%的用户曾经允许营销公司偶尔发给他们电子邮件,70%的消费者答复过经允许的电子邮件,但接近半数的消费者认为发给他们的电子邮件太多。未经许可的 E-mail 广告,不仅浪费资源,而且会降低 E-mail 广告的效果,甚

至导致用户的极度反感,影响未来的销售。因此,不能发送未经许可的电子邮件。

通过了解消费者对电子邮件营销的反馈,企业可以有效地对客户进行价值细分,并采用针对性应对方法。如根据顾客的个性化需求制定有效的促销方式,有针对性进行发送,E-mail 广告的效果就能发挥。同时将电子邮件视为正式的沟通工具,对寄信者提出的要求或问题,都应尽快在第一时间给予必要的回复,追踪客户反馈,提高退信追踪、退订处理能力。

三、揭露各种虚假网络广告

美国有一家网站名为 www.fraud.org,专门报告网上发生的诈骗行为,介绍常见的诈骗手段及防范的方法。我国可以借鉴国外经验,由政府或民间机构(如消费者协会)组织建立专门网站,一方面指导消费者如何识别网上各种诈骗行为,避免上当受骗;另一方面对网上的各种虚假广告及行骗手段进行揭露,以免消费者误入圈套。

设 计 研 究

第五章 文化与设计:社会文化、消费文化与网络广告

第一节 文化与广告的双向互动

随着广告尤其是网络广告在中国的发展,广告业界在看到其对经济发展的巨大促进作用时,也看到了广告与社会文化的相互影响,从而开始关注广告与社会文化的关系。首先,广告业界尤其是广告研究者从广告的制作和其促销功能出发,关注传统文化对广告的影响及广告对传统文化的宣扬,之后便很快发现了广告对社会文化的影响力,并对此表示出极大的关注,进而对广告文化及其发展趋势进行了初步探讨。

一、传统文化对广告的影响

20世纪90年代,人们开始注意传统文化对当代中国广告的影响。陈培爱在《广告传播与中国传统文化的融入》中说:"一个广告是由形象、语言文字、声音或其他要素组成的,每个方面都深受本国传统文化的影响,因而形成了这个国家的广告风格和气派。这种风格和气派是一个民族在特定社会中所反映的思想内容,是一个国家特殊的文化传统、艺术风貌以及审美情趣和风范气度的反映。"①他讨论了中国传统的文化心理,特别是传统的儒家思想、历史和审美观念等对广告传播的影响。

儒家思想中的某些观念作为古老的文化传统,对广告内容和设计产生深远的影响。在陈培爱看来,这种影响主要表现在如下几个方面:(1)儒家思想讲求和谐、中庸,不偏不倚。表现在广告内容上,一般不把某种商品吹得天花乱坠,同时也不会过多地强调某种商品的坏处。在广告画面上讲究和谐与平稳,很少表达强烈的气氛,缺乏刺激性。(2)儒家追求"天人合一","乐而不淫,哀而不丧",因此在广告人物的动作和表情上显得拘束呆板,构思构图上也平铺直叙。(3)儒家思想和传统文化强调同一性、圆融性,过分崇拜权威,忽视事物的特殊性,强调共性对个性的规范和制约。在这种文化心理指导下,广告设计中忽视个性,互相效仿,雷同现象多,标新立异者受排斥。思维上的趋同造成表现手法单一,设计形式变化缓慢。(4)儒家思想和传统文化轻视商业,表现在广告中就是轻商业设计而重绘画,无形中更多注意绘画性而淡化了广告中信息传播的功能性,绘画性甚佳而广告效果差的作品常常可见。(5)儒家思想视伦理道

---

① 陈培爱.广告传播与中国传统文化的融入[J].中国广告,1993(3):22.

德为至高无上，强调美善统一，强调艺术要包含道德内容。表现在广告设计中就是人体的表现范围很窄，甚至常遭到非难和议论。

陈培爱指出，中国悠久的历史和审美观点对广告产生了很大的影响。如"神皇极品酒"的广告，就采用了秦始皇兵马俑这一宝贵的历史遗产来表现酒的上等、高贵。一些广告采用古典音乐，使广告显得高雅，又体现了民族的文化特色。中国几千年的文学历史使中国广告在语言文字上独具风格，优美的古诗词更是对中国广告产生了深远的影响。

和陈培爱不同，池昌海则是侧重探讨了传统文化中的非精华部分对广告的影响。[①]他指出，现代广告通过大节奏的现代传播手段已覆盖了现代国人生活的各个方面。这一现代商品经济的宠儿，以西方血统为主并借助于现代传媒的商品促销手段，融进了中国传统的文化因素，表现出鲜明的中国风格，但在一些广告中对传统文化中并非精华的部分却过分重视并加以强化。其中他所谈到，因受传统文化的影响，广告中表现出的官本位崇拜和性别歧视特别值得我们重视。

池昌海指出，许多产品，只要曾获得过荣誉、证书，便设法将这些来自上级政府或机构的质量鉴定、荣誉奖状等非产品自身因素摆列出来，并往往放在很显眼的位置，这样，广告就成了荣誉大战，证书竞争。他认为，这种处理看上去似乎增加了产品的可信度、权威性，但究其原因，还是畏上心理与借势压人的官本位在作祟。这种广告是现代市场经济与古老的中国官本位崇拜相结合的怪胎。

对于广告中的性别问题，池昌海认为，我国广告中男尊女卑的意识浓了点。如中原产某酒广告，以皇宫场景出现，继而众多妃殡环绕载舞并给皇上贡上该酒。此类镜头，频频亮相。而大凡洗衣机、洗衣粉广告，总是女性形象充当主角，洗衣物俨然成了女人的专利，而"爱妻型"洗衣机的出现又将这一结论推向了极端："妻子 = 洗衣机"。池昌海认为这是男外女内、男尊女卑的传统意识在起作用。

到了 21 世纪，随着研究者兴趣的转移以及视角和方法的转变，关于传统文化对广告的影响的话题，从广告研究尤其是广告批评的核心话语中退居次要地位，但仍有相关成果问世，而且比之前更为深入、系统，肖建春的《传统文化对现代广告的影响》就是这方面的代表。[②]他在文中系统地探讨了传统文化对广告的影响，并对一些广告现象进行了批评。首先，他认为，思想文化即观念形态的文化不仅左右着广告的发展变化，而且还渗透于广告的具体内容和形式之中。当代中国广告渗透着中华民族特有的价值观念、思维方式、理想人格、道德情感、礼仪风俗和文学艺术观念。之后，肖建春便从这六个方面对传统文化对广告的影响进行了评论。

(1)传统价值观念对现代广告的影响。肖建春认为，中国传统价值观对人们所要求的，从根本上说就是维护国家大一统的政治秩序，把国家、民族的利益看得高于一切。现代广告如果能艺术地体现中华民族的这一根本价值观，其影响范围和力度都是很大的。

① 池昌海.广告创作中对传统文化非精华部分的宣扬[J].中国广告，1994(1)：26.

② 肖建春.传统文化对现代广告的影响[J].西南民族学院学报(哲学社会科学版)，2001(8)：46-54.

中国彩电大王——四川长虹的广告便是一个很好的证明。1994年,"长虹"推出"以产业报国、民族昌盛为己任"的形象广告,既展现了国有大企业的勃勃雄心和民族责任感,又展示了自己的实力,为形象工程的启动作了铺垫,而且还引起广大受众的心理共鸣。体现中华民族的根本价值观,会得到国人的认同和赞赏;背离这一价值观,则将遭到国人的摒弃和批判。1998年7月飞利浦的一幅广告和2000年7月佳能香港有限公司制作的免费促销品——"百变赵薇"光碟便犯了这类错误。受众认为,这些广告宣传行为侵害了中华民族的尊严,严重伤害了中国人民的感情,从而触怒了国人。

(2)传统思维方式对现代广告的影响。具有现实性取向和实用性取向的唯伦理性思维是中国传统的思维方式。这种唯伦理性的思维方式的特征具体表现为:直观而非思辨性的思考方式,重实际而轻玄想的务实精神,充满人文色彩的现实生活态度以及看重经验缅怀历史的怀旧心理等。肖建春用了一些具体的广告实例来说明传统思维对广告的影响。例如《三分钱与三毛钱》的解放胶鞋广告。

如果有两双解放胶鞋外表看起来差不多,一双卖15块钱,另一双卖12块,你买哪一双呢?或许你选择了便宜货,可能刚穿了几个星期就坏了,因为它是假的。

正宗解放胶鞋是按军品质量标准生产的,使用寿命至少有一年,穿得省点儿,能穿两三年。让我们一起算一下,买一双12块钱的假解放鞋,就算能穿六个星期,平均每天花3毛钱;真正的解放鞋,按一年的寿命计算,每天也只花3分钱。你说买哪一双值?

肖建春认为,这则广告使用实实在在的对比方式,非常直观地把真假解放胶鞋的质量显示给受众,把买真解放胶鞋实际上更值得的细账算出来摆在受众面前。

这种思考问题的方式,就是中国老百姓的直观而务实的思维方式。再如"兰陵喜临门酒"的电视广告:"逢年过节、新婚贺喜、全家团圆、祝寿馈赠、访亲探友、开业庆典,办喜事。中国人的喜酒——兰陵喜临门酒。"这则广告罗列了中国人"办喜事"的六类典型场合,再配以民族音乐和电视画而,具有浓郁的人文色彩和喜庆气息,非常符合中华民族的现实生活态度。还有"南方黑芝麻糊"的电视广告,则更是体现了国人缅怀往昔和憧憬温馨生活的思维定式。

(3)传统理想人格对现代广告的影响。肖建春认为,中国传统的理想人格主要是重义轻利、安贫乐道的孔颜人格,其精髓在今天仍然潜在地左右着人们的思想行为,决定着人们的价值观念,也深层次地影响着现代广告。肖建春认为,泸州老窖集团1999年9月的"拍卖颁奖"和"赠酒大典"这两次公关活动就是因其重义而乐道,起到了胜似广告的宣传效果。

(4)传统道德情感对广告的影响。在道德情感上,中国人重视亲情。在情感诉求广告中,如果能恰到好处地渲染亲情的温暖、家庭的和睦,那么,就一定能打动受众,获得成功。特别是孝道,可以说是确定家庭伦理观的一个不朽的因素,也是中国广告不朽的主题。"威力洗衣机,献给母亲的爱",就是以"孝顺母亲"为主题而获得成功的典型例子。与亲情联系十分紧密的是对家和故乡的眷念之情。国人对家和故乡的情感从来都是十分强烈的,在第四届中国广告节上获得金奖的"孔府家酒"电视广告,就是以此情感为诉求而获得成功的。

(5)传统礼仪风俗对现代广告的影响。礼仪风俗在中国传统文化中占有很重的分量，其范围十分广泛，涉及饮食起居、服饰打扮、待人处世、聘娶婚嫁、丧葬祭祀和年节岁时诸方面内容，是中华民族特定社会长期形成的礼节、风尚、习惯等的总和。随着社会的进步、文化的发展，这些礼仪风俗有些为现代人视为陈规陋习，加以批判摒弃；有些为现代人视为优良传统，加以发扬光大。现代广告要想得到人们关注和喜爱，其策划与创意就得顺应这一变化发展的趋势。如当代的中国妇女冲破传统礼仪习俗对女人的束缚，开始敢于大胆展示自己的曲线美，热烈期盼情和爱。顺应这一发展趋势，表现妇女美好形象或体现关爱妇女深情的现代广告大都获得了成功。例如"做女人挺好"(美乳霜)等广告，以反封建的现代审美角度大胆追求女性的丰胸美乳效果而获得了不少姑娘、少妇的青睐。再如"女人是月亮，有变化才更完美；女人是天鹅，有变化才更高贵；女人是音符，有变化才更可爱"(清妃化妆品)，通过丰富的联想和比喻赞扬了女性的完美、高贵和可爱。广告充满诗情画意，新颖而高雅，不但女孩子喜欢它，就是男性也颇感愉悦。又如重庆奥妮"百年润发"(洗发液)电视广告，则是着眼于日常生活中洗发这一细节，演绎了男女主人公从相识、相恋、分别到结合的一段感人至深的爱情故事。广告突出了丈夫对妻子的浓浓深情和精心呵护，洗发已融入到"青丝秀发，缘系百年"的意境之中，从而升华了"100年润发"的品位，打动了无数受众的心。

(6)传统文学艺术对现代广告的影响。中国传统的文学艺术主要包括诗歌、散文、小说、戏剧、音乐、舞蹈、书法、绘画、雕塑以及乡土艺术等。中国现代广告从各个方面都受到了传统文学艺术的影响。从体裁上看，诗歌体、散文体、小说体、戏剧体等广告，皆直接取之于文学艺术；从表现手法上看，比喻、比拟、象征、映衬、渲染、悬念、通感、白描等，也都是直接借鉴于文学艺术；从内容上看，现代广告吸收文学艺术精华而获得成功的例子举不胜举。特别是文学艺术韵味强的情感诉求广告，不是有诗歌的意境，就是有小说的情节；不是有音乐的旋律，就是有舞蹈的姿态；不是有绘画的美感，就是有雕塑的形象。

总而言之，从广告的实际情况和上述几位研究结果来看，传统文化对广告的影响带有两重性。传统文化对广告既有正面的积极的影响，使广告取得了较好的效果，也有负面的消极的影响，使广告创意平凡，甚至因为广告传播了一些腐朽庸俗的传统观念而遭到广大受众的非难和批判。

二、广告对社会文化的影响

在关注广告与社会文化关系的问题上，广告研究者似乎更加重视广告对社会文化的影响。殷东升在《广告文化的传播》中说，广告传播产生的影响"从更深一层的意义上是对整个社会的影响"，这种影响表现在这样一些文化现象之中：(1)广告文化的融合，即两种以上不同社会的广告文化彼此借鉴、吸收、认同并最终融为一体。它是广告接受者经过甄别和选择，把那些适合本民族的先进的东西吸收进来。(2)广告文化的增殖。这是广告文化的放大现象，当一种文化原有的价值或意义在传播过程中产生出新的价值或意义，就是广告文化的增殖。例如，西方某些高品位、具有审美价值的广告作品，在向中国传播中与中国的广告文化融为一体，这种现象相对于其原有文化实际上已形成了一种文化增殖。(3)广告文化的分层。由于信息社会广告信息量的迅速增长，广告信息的传播反而扩大了一些不同群体间的文化差异。商品经济的迅猛发展，增加了西方广告文化的传播频度，于是扩大和加剧了“喝茶一代”同“可口可乐一代”群体之间的代沟，这类由于传播而使社会文化分层加剧的现象还表现在不同职业群体之间信息沟通的增强。[1]殷东升所说的这些现象表现出广告对社会文化的影响是广泛而深远的。

陈宏军和江若尘认为中国的广告研究主要是属于经验学派的研究，这种研究贯穿于整个当代中国广告研究之中，但在20世纪90年代中期，出现了从批判的视角进行的研究，从而也就有了新的广告批评的方法、理论和成果。他们认识到了中国广告研究的这种现状之后，提出应把广告放在整个社会大系统中加以考察、分析和研究，以便从全新的角度(人、社会、广告)去进行系统的研究。[2]在他们的研究中，他们实际所关注的正是广告对当代中国社会的影响问题。

首先，陈宏军和江若尘认为，广告在人的世界观、人生观、价值观、人格、生活方式的定型化的过程中会产生很大影响，既可能有助于上述诸方面向着有益的方向发展，也可能会造成不必要的误导和伤害。而且还认为，当代人的社会化进程，就是人的广告化的一个过程。

其次，他们认为，广告能激起受传者的角色意识，进而诱导他们采取角色行动。因为广告总是通过独具匠心的创意，把商品、消费者和人性组合在一起，不断地强化现实生活中的人们的角色意识。不管人们是否自觉地意识到这一点，但事实表明：社会学中角色的社会理论，早已经在我们着意创造和表现的广告中普遍使用。

再次，他们认为，通过与社会的互动，广告能改变人们的价值观念。广告传播的最终目的是广告主使广告受传者产生购买行动，这一过程，在社会学上被称为社会互动。而广告正是广告主通过大众传播媒介而与广告受传者产生互动的一个过程。1986年春节后的一天，合肥电容器厂在合肥市百货大楼前举办新产品——塑料蒸汽电熨斗熨衣表演，其中大红横幅上的广告语是：“做给你看，让你动手干”，横幅下面是一字儿排开的桌子，放了多种有皱折的衣料衣服，表演者边表演边回答观众的提问，同时还邀请观众自己动手，并当场散发《新一代电熨斗——塑料蒸汽电熨斗》的文字资料，随后又采取这种方式到北京、天津、南京等地促销，取得了年销十万多只的成绩。实际上，这一广告的精心策划，就是在不自觉地运用社会互动理论，让消费者在证明这一过程中，乐滋滋地掏钱去买。

---

① 殷东升.广告文化的传播[J].中国广播电视学刊，1993(5)：26-28.

② 陈宏军，江若尘.关于广告的社会学思考[J].财贸研究，1995(5)：33-35.

在陈宏军和江若尘关于广告影响社会的批评中，特别关注广告在人的社会化过程中的作用。这样,广告对人的价值观的影响就不是将人的价值观改造为广告所倡导的价值观,而是引导受众调整自己的行为去适应社会,使其具有社会所要求于他们应该具有的价值观念。

对于广告改变价值观念和生活方式这个问题,张金海在《试论商业广告的文化传播性质与功能》中也有深入的论述。[①]他认为,现代广告传播不仅有商业功能,还有文化功能。商业广告的文化传播性质与功能,并非仅出于社会上层建筑意志的一种外在强制,更是由其自身所具有的意识形态性或观念形态性所决定的。

首先,作为社会生活的一个组成部分,广告必然会综合体现出一定社会阶级和阶层的精神状态、生活意趣、生活理想。张金海说,“一曲‘当太阳升起的时候,我们的爱天长地久’,传达和唤起的不就是一种崇高的生活理念吗？孔府家酒、南方黑芝麻糊、中华牙膏的电视广告,散发和激荡起的不就是一种浓郁的乡情、亲情和怀旧之情吗？‘一旦拥有,别无所求’、‘贵族风范’、‘王者气派’,渲染和引发的不也是另一种生活的旨趣和追求吗？”

其次,商业广告通过创造消费、引导消费,从而影响人们的思想观念。商业广告对超越现实的富裕生活方式的着力描述，对五光十色、流光溢彩的享乐世界的尽力展示，对充满诱惑力的超前消费的尽情渲染等，显然已经超出单纯商业信息传播的范围,而具有某种观念形态的意义。张金海认为,也许广告传播者只是为了赢利,或者说为赢利而投合某些消费者的癖好,然其背后依然有其思想基础:赢利至上的利己主义和享乐至上的生活追求。所以,所谓“纯”商业广告其实并不“纯”,它在传播商业信息的同时,实际上也在传播着具有确定文化意义的生活方式和生活观念,既影响人们的消费行为,也影响着人们的思想观念。

张金海指出,由于商业广告的意识形态性或观念形态性相对较弱,并且在其商业功利的掩饰下,常表现得较为间接、曲折、隐蔽和模糊,容易导致对商业广告传播非意识形态的错误认识,使人们疏于防范。同时,由于商业广告传播的大量性、重复性,及其对时尚的巨大影响,更由于商业广告的商业性特点,常使其文化负面效应大于正面效应,对人们的思想行为,对社会文化的建设,具有较大消极影响和潜在危害。

显然,张金海的观点和前两位批评者的有所不同。张金海认为广告传播的是商业社会的价值观念,这种价值观念和传统价值观念在很多方面都是相互冲突的。相对于传统价值来说,广告的影响当然是负面的,而批评者对商业社会的价值观也基本上持否定的态度。

正是由于广告对社会文化的巨大影响，王剑锋和陈蟒开始考虑广告的文化伦理责任问题,他们说:“众所周知,广告是通过社会舆论的形式来实现其作用的。在大众传媒日益发达的今天,商业广告已成为一种独特的社会文化,而且,这种社会文化正

① 张金海.试论商业广告的文化传播性质与功能[J].江汉论坛,1997(8):53-56.

以其强大的冲击力影响着大众的心态和日常生活。毫无疑问,不健康、不道德、不文明的广告倾向势必会给社会造成很大的危害。广告的社会责任问题已成为一个越来越突出的社会问题。"他们认为,商业广告肩负着传递优良的民族传统的责任、助长健康的社会风气的责任和培育现代的观念意识的责任。[①]关于广告的伦理责任问题,将是广告批评的永久的话题之一。

第二节 广告文化

宋维山在《广告传播与文化传播的互动作用管窥》中说:"广告传播越来越不只限于传播商业信息,而且起到了创造文化形态,营造文化氛围,促进文化信息传播、文化认知,建立和强化文化价值观念,创造流行文化时尚的动力作用。广告传播在现存的文化上,又添加了另一种文化,促进了原有文化的结构性变化及巨大进步。在社会文化的整体系统中,一种以广告为构成要素的亚文化——广告文化,在悄然诞生。"[②]90年代末期,关于广告文化的论题提到了广告批评的议事日程。然而,我们会从广告批评中看到,在批评者眼中,广告是慢慢变成文化的。我们先来看姚文放《作为广告文化的当代审美文化》中的相关观念。[③]

首先,姚文放认为,广告与文化有着相互转换的互动关系。他认为,眼下广告正在深刻地改变着普遍的社会心态,造成了广告意识的盛行一时,导致广告走向文化,文化走向广告,在广告与文化之间呈现出一种双向互动之势。

一方面,广告正在全面渗入文化机制之中,不仅成为文化的形式,而且成为文化的内容本身。姚文放区分了三种广告类型渗入文化机制之中的运作方式。第一种是"硬广告"的运作方式,他认为,"硬广告"游离于文化体制之外,只是在时间或空间上与文化本体构成一种松散而随机的关联,或者说只是一种吸附于文化之上的寄生物,例如电视剧的片头、片尾广告,报刊上的广告块面,电影院放映的广告幻灯片,运动场上的广告牌等。其次是"软广告"。他认为,"软广告"把广告形象变成作品的情节、布景、道具等构成因素,让人在欣赏作品的同时无形中接纳了这些广告形象,这时广告已进入了文化的体制之中,成为其不可分割的组成部分,例如电视剧《编辑部的故事》中编辑们使用"百龙矿泉壶",身着"天马服装",出入于"四同百货商店",都给观众留下了印象。第三种是"超前广告"。他认为,"超前广告"的运作方式最为巧妙,它依据市场行情进行形象创意,先向一定的文化形式如影视制作投资,借以超前扩大影响、制造时尚,发挥艺术形象潜在的广告效应和促销功能,进而获致可观的盈利。

另一方面,姚文放指出了当前社会中文化对广告的渗透。他认为,这种渗透是通过文化人涉足于广告圈来表现的。他指出,近年来,越来越多的明星、导演和作家等兼

---

① 王剑锋,陈蟒.论商业广告的文化伦理责任[J].商业经济与管理,1997(2):11-13.

② 宋维山.广告传播与文化传播的互动作用管窥[J].兰州大学学报(社会科学版),1997(1):8-11.

③ 姚文放.作为广告文化的当代审美文化[J].江苏社会科学,1998(6):36-38.

有商品广告的出演人、策划人、撰稿人和制作的身份,为企业、商家或广告公司效力。众多笑星、歌星在酒类广告中展示魅力,不少功夫之星、武术之星在VCD广告中一显身手,香皂、洗面奶、洗发水广告让一流国际影星献上万种风情,冰箱、空调、洗衣机广告让演艺界大腕使尽浑身解数。这些广告往往出自名家之手,甚至就是一流名导演、名摄影的大手笔。而在背后,往往有一群造诣不凡、头脑活络的作家、编剧、音乐人、摄像师、美术家组成的智囊团在出谋划策和操刀捉笔。

姚文放认为,广告与文化的这种双向互动其实只是一种表征,在其深层所进行的正是布尔迪厄所说的商品化时代"经济资本"与"文化资本"之间的相互转换。广告向文化的扩张体现着经济资本向文化资本的转换,文化向广告的位移则标志着文化资本向经济资本的转换。在此,我们看到,在姚文放的阐述中,广告和文化似乎分属于两个领域。

其次,姚文放认为,广告具有很重要的文化功能,能激发欲望,引导习俗风尚,改变价值观念。

广告是一种促销形式,为了激起消费者的购买行为,往往采用一种心理策略,即对于消费者心理的积极诉求,特别是对于消费者欲望的巧妙诱发。姚文放认为,广告对于消费者欲望的诱发是在三个层次上展开的:一是消费者消费欲望的层次;二是消费者自然欲望的层次;三是消费者群体欲望的层次。而在每一个层次上所运用的广告策略都表现出某种文化意味,例如在第一个层次上对于激发人们消费冲动的商品的展示,总是通过柔和的光线、饱满的色彩、丰富的画面和动人心弦的音响塑造一种现实形象而实现的;第二个层次将商品与人们潜在的欲望冲动相连,致力于用潇洒靓丽的人物、戏剧化的情节和如梦如诗的氛围营造一种超现实的梦幻境界;第三个层次则将商品与积淀在人类集体无意识中的有关生命、力量、青春、健康、自由、幸福的概念相对应,调动所有艺术手段来创造一种令人神往的乌托邦境界,以满足人类永恒的乌托邦幻想。总之在这三个层次上,广告的文化意味不仅在于它所运用的手法带有强烈的文化色彩,而且在于它的诉求对象常常是人类恒久不息、累积深厚的文化心理。

更加深入一步的是,广告不仅激发人们的欲望,而且对一个时代的习俗、趣向产生诱导作用。现在各种各样的电视广告、广播广告、报纸广告、刊物广告以及街头的霓虹灯广告、灯箱广告、橱窗广告、条幅广告等,每日每时都在告诉人们应当穿什么款式的衣服,应当选择什么品牌的化妆品,应当喝哪一种饮料,应当吸哪一种香烟,应当如何装修居室,应当使用什么家用电器,等等。当然这首先是在推销商品,但其意义却远不仅止于此,它所推广的更是一种生活方式和消费习惯,是一种趣味和时尚,因为它恰恰是在引导人们如何吃喝,如何打扮,如何休闲,如何享受,是在指导人们如何生活。这就使得广告常常成为流行之始、时尚之源,对整个时代的文化氛围和精神气候产生显而易见的诱导作用。

姚文放认为,比起激发购买欲望和引导习俗风尚来,广告还有一层最为深刻的文化功能,那就是推动人们价值观念的改变,虽然这并非广告的本义,但却是广告实实在在的结果。在现代商品社会中,广告正在通过刺激消费欲望和引导习俗风尚静悄悄地发动一场价值观念的革命,这场革命正以空前的广度和深度在我们的眼前上演着。广告是不分对象的,在市场上人人平等,在金钱面前人人平等,不管是显贵还是大众,不管是长辈还是晚辈,也不管是男人还是女人,都是独立的消费者,都有消费同样档次的商品、获得同样级别的享受之权利,在这里没有高低贵贱之分,没有上下尊卑之别。许多广告鼓励妇女在公开场合像男士一样抽名贵烟、喝名贵酒,肯定她们在消费和享受问题上享有与男子同样的独立性和支配权,这件事本身就已对传统男性意识提出了挑战,暗含着一种关于妇女地位的提高乃至妇女解放之类的崭新概念,与女权主义不无相通之处。更多的广告将青年人作为主要对象,把青年人提高到拥有稳定收入的成人消费者的水平,例如名牌服装、高档车辆、先进的通讯工具、高级的视听器材的广告,都在以挡不住的诱惑倡导一种流行的"青年文化",这也就以消费和享受的独立形式对一般家庭建立在经济供养关系之上的家长权威实行了潜在的消解。广告对于大众化、青年性和女权主义的潜在倡导无疑有利于增强和拓宽整个社会的民主气氛和自由空间,促进价值观念的现代变革,与社会进步时代发展相合拍。但是,由于广告对于整个社会价值观念变革的推动是通过人们的消费行为而实现的,与之相连的是消遣、休闲、娱乐、享受之类概念,这不能不在对传统价值观念实行消解的同时造成另一种偏执,诸如拒绝勤勉节俭而注重享受的享乐主义,逃避社会责任而讲究实惠的实用主义,放弃长远目标而只顾眼前利益的短期行为,不思励志进取而安于守成的人生态度,疏于独立思考而一味消极从众的惰性心理等。另外,对于成功、荣誉、才能、信用等价值范畴也因此而有了不同的标准和含义,发财就是成功,致富就是光荣,出有车、食有鱼就是有能耐,门面堂皇、排场阔绰就是有信誉,等等。姚文放认为这种价值观念的流行,广告对于消费欲望和流行趋向的诱发作用不能辞其咎。

在这里,我们看到广告和文化就离得很近了,广告文化的概念也就呼之欲出了。在以后的广告批评中,批评者已不再单纯地把广告作为经济活动,而是把广告当作文化,即广告文化。如我们从崔德群《再探广告文化的民族性》的文章标题中就可以看得出来。当然,这篇文章谈的并非广告文化的特征这样的抽象问题,而是探讨中国广告文化的民族性以及如何民族化的问题。①崔德群认为,根植于儒家文化这片土壤的中国广告,与其他亚文化一样,无一例外地要打上华夏文化的民族烙印。就改革开放以后的电视广告而言,近年来口碑甚佳的成功作品确有不少是以中华民族的文化观念为负载,在弘扬民族道德意识、伦理观念的同时,来淳化人对物的心理需求,达到义利并举的广告效果。如"威力洗衣机"(母亲篇),"南方黑芝麻糊"(小巷篇),"孔府家酒"(回家篇),"小霸王学习机"(望子成龙篇),"奥妮皂角洗发浸膏"(长城篇),等等。

那么,什么才是中国广告的民族化呢?崔德群先从几个否定的方面进行了说明:(1)民族化不等于"古化"。在中国文化的历史观念中存在着"今不如古"、"新不如旧"、

① 崔德群.再探广告文化的民族性[J].中国广告,1999(3):29-30.

“动不如静”的历史观念。这种历史观念对于今人的影响,只要提到民族文化,自然要推开今天,远溯上古。体现在“极高文化品位”的广告中,便是前起春秋秦汉,后至清末民国,只要能以历史陈迹寄托于现实的种种,论人则不分朝野,论事则不分雅俗,论物则不分贵贱,都被拿来为当代广告所用。或借古人之口传达商品信息,或将产品置于历史中以表现其源远流长。其实,真正的民族化不能用古代文化来生搬硬套,只有找到文化意义上的古今交汇点,才能上下五千年,纵横八万里,随手拈来,运用自如,否则真的是生吞活剥、食古不化了。(2)民族化不等于“僵化”。一种旧有的文化或由于走向极端而成反动,或由于长期注入新的文明因子而改变或重塑,文化并不因为冠以“民族”的符号而成为不变的僵化模式。历史在改变,文化在发展,若仅仅死抱住民族的观念去套用广告策略的谋划,那便无异于削足适履刻舟求剑了。(3)民族化不等于“俗化”。崔德群指出,前些年国内广告界民俗化气象兴盛,大有黄土高坡东风西渐,吹遍华夏大江南北之势。黄土地、安塞腰鼓、长龙火把、陕北民谣等,在电视屏幕上频频亮相,已成为民族国货的符号象征。于是驰骋全球的万宝路至此落下“马”来,小心翼翼地把万宝路的双足和着腰鼓的节奏踏进东方泱泱大国的国门。这几年民族文化更演化为黄河、长城、乡间农舍,福、喜双挂的形象写照。民俗成为民族的模式化,也许根源在于我们的广告创意、编导包括广告主在心目中对于传统文化的理解是有定势的,这种思维的局限性,使其不能真正领略或是难于把握我们民族走过几千年文明路程之后积淀下来的文化精髓。同时,又缺乏对新时代东西方文化在中国大地上交流融汇,而呈现出的多姿多彩的社会生活的观察和思考,创作时流于一种想当然的肤浅演绎,既容易表演体现,又可以对客户敷衍塞责,表面文章做得味道十足,消费者品尝起来却是千汤一料,味同嚼蜡。其结果是你俗我俗他俗,最终俗不可耐罢了。

崔德群也指出了民族化的方向,他认为,民族化要现代化,更要人化。首先,我们不能以偏概全地执着“本土化”是解决地区差异的灵丹妙药,而需要对当时当地的社会背景、思潮以及消费观念作切实周密的调查研究。其次,广告文化民族性的观念更应在“人性化”的基础上来探讨。只有真正尊重人性的需要,才能真正理解民族性的需要。倘若广告策划者少从自我的立场来思考事物,多从理解的角度去体察人性,少以功利的手段赚取市场,多用尊重的眼光对待文化,那么自然会懂得怎样以文化塑造品牌,又如何以品牌赢得市场。崔德群说,只要是健康的,向上的,文明的,博爱的,便是全球人民的共同理想,东方西方,“此心同,此理同也”。

在建立当代广告文化的时候,如何对待传统文化,也是当时广告批评的重要话题。冯宋彻认为,传统文化是属于历史的。[①]重精神轻物质,重社会轻自然知识,重人情轻法治等思想,都不利于当代社会和市场经济、科学技术、民主法制的建设与发展。儒学的根本缺点是缺乏现代社会与现代化所需要的民主与科学精神。这和机械化、社会化大生产的市场经济所要求的平等、竞争、法治精神是格格不入的,这是二者对立的

① 冯宋彻.广告意识对传统文化的扬弃[J].现代传播,1998(5):9-10.

一面。广告意识是现代社会的产物与反映,是面向世界、面向未来的。所以现代广告意识与中国传统文化在总体上是背离的,广告意识本质上是反传统的。但冯宋彻也认为,广告意识与传统文化是一种扬弃关系,是既克服又保留的辩证否定,这是二者统一的一面。冯宋彻认为,传统文化能从政治与文化等方面为市场经济发展提供有利的条件,中国文化传统与民族凝聚力是中华民族认同的根基,儒学强调的“德化”、“礼治”及权威,有利于形成和谐稳定的社会政治秩序,而社会政治稳定便为市场经济的迅速发展提供了根本保证。儒学是以人为本位的人文道德文化,传统道德中以民为本的思想、注重群体利益的思想,理应是市场经济广告意识中的指导思想。由此可见,传统文化为市场经济和广告意识提供了许多宝贵的经营哲学,把广告经营提升到广告文化的人文层次,使广告人与文化人结合,在更高层面实现广告的目的和追求,促进社会经济的发展。规则化的市场经济要求人们具备的相应精神品质,如进取精神、勤奋精神、节俭精神、诚信精神等,都能与传统文化相结合。冯宋彻认为,我们完全可以吸收传统文化中的积极思想,作为市场经济的人文价值导向,来构建一种融通中西文化积极方面的,以实现“人的全面而自由的发展”为最终价值取向的自觉的市场经济思想体系。

在中国社会向市场经济社会的转型中,传统文化的命运会是怎样的呢?当代中国广告批评者从广告批评的角度审视了中国传统文化在将来的市场经济社会中的地位和作用及其可能产生的嬗变。批评者希望,中国的传统文化将会对中国广告产生深远的影响,而广告对中国传统文化的影响也会促使传统文化走向未来,融入到新的商业社会之中,成为新文化的重要成分。即使在对广告文化的阐述中,我们仍能看到广告批评者的这种乐观态度:中国的广告文化将是民族化的广告文化,传统文化中的积极因素将成为市场经济的人文价值导向。之所以会出现这种思想,一个主要的原因就在于“去其糟粕、取其精华”的思维模式在起作用。广告批评者认为传统文化中的精华部分将会融入新的文化之中成为其主要的组成部分,甚至成为广告文化的主导因素。实际上,“文化本没有糟粕与精华之分。每一种文化都是人类群体在特定历史条件下为增强自己的生活能力而创造出来的行为选择标准。在此时此地是糟粕,在彼时彼地可能是精华;在一些人是糟粕,在另一些人则是精华。从来没有统一的标准能对文化进行这种两分区别。”[①]即使是人们所称誉的传统文化中的尊老爱幼和家庭亲情观等,仍包含着本质上的不合理性。尊老的观念中时常包含着君臣父子的盲目服从。在合法婚姻和家庭的美妙面纱下常常包藏着压迫妇女、摧残人性的悲剧因素。那些被我们奉之为精华的东西往往正是需要改造或扬弃的对象。因此,如果总是用精华与糟粕来决定文化取舍,就永远不会找到文化变迁的真正途径,也就无法找到传统文化在商业社会中的合适位置。其次,关于传统文化的乐观主义态度的产生还在于一种美好的愿望,即以我们自己的传统文化来为我们的市场经济文化塑型。因为,在广告批评者看来,

① 刘云德.文化论纲——一个社会学的视野[M].北京:中国展望出版社,1988:147.

市场经济文化是西方的,如果让它占据主导地位,我们将会丧失自己的传统,从而被西方的价值观念、生活方式所同化,将会"被西方文化殖民"。但是,市场经济文化并不是专属于西方的,它是市场经济社会所特有的文化,无论西方东方,只要进入市场经济社会,就不可避免地出现属于自己的市场经济文化,就像每个民族都有自己的游牧文化,农耕文化一样。

当我们的社会由计划经济社会转向市场经济社会的时候,文化的转变或转型就势在必行。但首先必须弄清楚,市场经济文化本身不是专属于哪个国家的,它是属于市场经济社会的。市场经济文化有自己的价值基础,"市场经济的文化价值基础应是一种真正的个体主体性精神,这种精神不仅与虚假的集体主义、个人主义毫不相干,而且要同它们进行针锋相对的斗争,才能适应市场经济体制对文化性状的要求。"①因此,在文化转型过程中,无论是传统的还是现代的、是西方的还是东方的文化因素,只有受到当代中国市场经济体制所要求的文化价值观念的洗礼,才能成为当代中国商业社会文化的有机构成成分。

第三节 消费文化与网络广告的互动关系

"今天,在我们的周围,存在着一种由不断增长的物、服务和物质财富所构成的惊人的消费和丰富现象,它构成了人类社会环境中的一种根本变化。恰当地说,富裕的人们不再像过去那样受到人的包围,而是受到物的包围。"②这是鲍德里亚描述的一个被物包围,并以物(商品)的大规模消费为特征的社会。这种大规模物(商品)的消费,不仅改变了人们的日常生活,而且改变了人们的思维方式和消费习惯。中国自实行市场经济体制以来,消费在社会经济和文化生活中日益重要。正如托夫勒所预言的,消费社会已经到来,这是一个生活同质化与多元化并存的社会,感官享受取代了理性反思,社会理想行为的标准不再是工作劳动本身,而是人们的"生活方式"。如今,科技日新月异,社会生产力迅速发展,网络技术被广泛应用,使得人们的物质生活和精神生活日益丰富。物质丰富了,新技术可以使人们有更多的时间休闲、娱乐,消费占据了人们生活中的重要部分,我们也明显地感觉到了消费主义思潮正在中国社会中涌动。

"消费文化是人们在长期的经济生活中所形成的对消费的一种相对稳定的共同信念,即约束居民消费行为或消费偏好的一种文化规范。"③今天,消费已不仅仅是一种行为,更是一种理念,一种文化传承,消费文化正是在这种环境下成长起来的。可以给消费文化下这样一个定义,即消费文化就是在消费领域中呈现出来的文化表现、表象和表征。"消费文化在一定程度上反映出一个国家、一个地区、一个时代的社会文化。一个社会的文化形式和文化发展过程,与这个社会的消费习俗、消费形式有很大

---

① 吴秀生.社会转型的文化约束[M].太原:山西教育出版社,1999:9.

② 让·鲍德里亚.消费社会[M]刘成福,全志钢,译.南京:南京大学出版社,2001:1.

③ 邓向明.消费文化与消费需求政策探讨[J].学术论坛,2003(3):8-9.

的关系。”①每个国家、每个民族都有自己独特的文化,随着时代的变迁,消费也呈现不同的时代特征和民族特征。

当前,伴随着政治经济和社会面貌的巨大变化,消费文化开始日益深入到人们的日常生活中来。消费水平越高,文化的消费比例就越大,这是社会发展规律,也是经济规律之一。当代世界消费社会的基本形态对中国的消费文化产生了重要影响,消费主义的扩散和在新的经济基础上的发展、符号语言的不断更新、时尚的不断变化,都对广告设计提出了新的要求和挑战。著名的人类文化学家马林诺夫斯基曾指出,在人类社会生活中,一切生物的需要已转为文化的需要。旧的消费秩序因受到新的动态消费理念的强烈冲击而解体,现代网络广告的设计理念和设计策略正面临着史无前例的考验,趋向于消费场所、审美情趣及生活方式等众多因素的整合,使得网络广告设计的视觉传达、技术的应用、表现形式、运作模式等呈现出全新的面貌。②

一、消费对网络广告设计的需求

美国心理学家马斯洛提出了关于人类需要的层次论,将人类需要从低到高划分为五种层次,即生理的需要、安全的需要、社会的需要、自尊的需要、自我实现的需要。马氏认为人类低层次的需要获得满足后,便向下一个高层次的需要发展。这生动地说明了人的需要是从低级向高级发展变化的,首先是追求满足生理上的需要,然后才是追求精神上的需要。人类设计由简单实用到除实用之外蕴含有各种精神文化因素的人性化走向,正是这种需要层次逐渐上升的反映。

我们知道,人的需要是受社会条件、消费习惯、社会科技发展的状况等条件影响的。由于科技日新月异,社会生产力迅速发展,电子信息技术的广泛应用,消费环境发生了极其深刻的变化。人们生活在一个同质化与多元化并存的社会,各个厂家生产的物质产品之间的差距越来越小,而消费者对满足他们条件的产品的要求却越来越高。作为宣传产品的信息载体——网络广告承担着更为艰巨的任务。网络广告设计只有满足受众心理、精神、文化上的需要,才能吸引更多的受众浏览广告,从而促进产品的销售。

二、网络广告设计对消费的促进

网络广告作为一种传播手段,其目的是借助网络平台进行有效的劝服和沟通,通过广告创意和广告策划,把所承载的内容传递给目标受众。网络广告设计的优劣是影响浏览与点击率的重要环节,从而影响潜在的消费者。厂家或商家借助网络广告来宣传自己产品,其目的是吸引消费者购买自己的产品,促进销售。网络广告设计对消费促动表现在以下几个方面。

---

① 任小琴.城市青年消费文化解读[J].渤海大学学报(哲学社会科学版),2006(2):19-21.

② 顾琛.现代消费文化与设计的互动[J].大众科技,2006(5):11-12.

1.多媒体技术对消费的促动

网络广告利用先进的多媒体技术，采用灵活多样的广告投放形式，吸引消费者的注意，促进消费的增长。由于网络广告可以提供无限的空间，广告主便可以花很少的钱在网上提供关于企业本身和产品(服务)的百科全书式的信息，也可以通过三维动画和多媒体技术展示产品的外形、结构以及使用方法等。比如，传统媒体做汽车广告，其表现手法往往是一幅汽车的照片上加上简短的说明文字，也许加上性感女郎的照片。而网络广告可以通过三维动画全方位展示汽车的外观、内部结构，可以将新旧款型进行对比，甚至可以向用户提供模拟驾驶，让消费者体验驾车的方便和舒适。并且企业还可以通过文本技术，把公司历史、销售业绩、产品说明、客户反馈等广告信息组成一个多层面的递进结构，引导消费者层层阅读，使不同消费者可以根据自身需要在不同层面上获得相应的信息。[①]与传统媒体广告相比，在网络广告中，多媒体技术的运用无形中有力地推动了受众消费。

2.网络广告的互动性有利于与目标消费者沟通

网络广告的优势是受众群体明显，覆盖面广，受众是主动的，广告主与目标受众之间互动性高。广告主投资做广告的目的就是为了促销，在网上可以高效实现这个目标。广告主可以根据消费者的需求，发送用户感兴趣的、依用户口味定制的广告。商家可以跟踪了解用户对自己商品和服务的反应，了解用户和潜在用户的兴趣所在。消费者可以远程浏览产品、查询产品及公司信息，从而全面了解，并最终购买商品。随着这种交互作用的深层次展开，市场进一步细分，可以形成企业与客户一对一的营销关系，在市场竞争中占据有利的地位。

3.网络广告中色彩设计对消费的推动

色彩为第一视觉语言，它的视觉作用先于形象，色彩对消费者的“购物欲念”有着直接的影响。因此，网络广告中的色彩设计要考虑消费者容易被情感感染的作用。色彩通过视觉冲击，影响人的感官，直接左右我们的感情和行动。正如马克思所说，对于色彩的感觉是一般美感中最大众化的形式。美的色彩具有美化和装饰的效果，它影响着人的感觉、知觉、记忆、联想、感情等，对人产生特定的心理作用，产生共鸣和吸引力，在视觉艺术中具有不可忽略的作用。成功的广告色彩设计，不仅能引起广大消费者的注意和兴趣，正确地传达商品和劳务信息，而且还能激发消费者的购买欲望，进而促进消费，给企业或商品创造无形资产。网络广告中色彩设计的价值亦是如此。[②]色彩是网络广告设计的关键因素之一，因为打开一个网络广告，用户的第一印象就是广告的色彩。色彩既是网络广告作品的表述语言，又是视觉传达的方式和手段。研究表明，好的色彩设计是网络广告设计成功的保证。

三、消费文化背景下网络广告设计理念的转变

多年来，中国的网络广告一直或被吹捧、或被批判、或被误解，理论纷争从未停止

① 张海鹰，滕谦.网络传播概论[M].上海：复旦大学出版社，2001：194-195.
② 朱健强.广告视觉语言[M].厦门：厦门大学出版社，2000：212.

过,其自身也处在矛盾与裂变之中。网络广告带有经济上的依附性,它是社会经济发展的晴雨表,同时也带有文化上的依附性。可以这样说,网络广告观念的嬗变不是凭空发生的,而是有其特定的社会经济、文化背景和内在的逻辑自洽性。网络广告观念的嬗变具有丰富的内涵,从总体上来看,体现着一种与时俱进的品格。

1.从传者中心转向受众中心

长期以来网络广告以传者中心主义为指导思想来传播广告,不顾受众接受意愿如何,接受效果如何,甚至用技术来强迫受众关注广告。对传者来说,发布广告是天经地义的事,然而对于网民来说,他们本能地对网络广告存在着反感,因为人们的一贯心理是,当他们从事任何活动时,都不愿意被活动目标之外的事情所打扰。结果造成了许多网民在网上遇到广告时自觉不自觉地采用逃逸、忽视的方式。这种逃逸使传者的广告发布计划与营销宣传计划落空,于是广告的经营者、策划者开始站在受众的角度考虑,采取更多的适合受众心理的网络广告形式。网络广告的最终目的是让广告对象在心理上接受,只有达到此目的才是真正的成功。网络广告设计不仅仅要考虑吸引广告受众的注意,还要考虑是否能让他们记住,更要考虑是否能符合他们的需要,使广告受众产生某种广告所期望引起的情绪、情感。因此,网络广告的设计者要力求从满足受众的需求去考虑。

2.从理性诉求到情感诉求

广告策略中一直存在着理性诉求和感性诉求两种模式,这既是广告表现形式上的差异,也是广告观念上的差异。随着科学技术的进步,产品的同质化现象日趋严重,产品的数量和种类也日趋丰富,人们的消费品位也逐渐上升。在这样一个消费文化的大背景下,越来越多的人的需求正从功能层面渐渐减少,转而趋向情感层面。面对消费者的感性选择,随之而来的是网络广告设计策略的转变。网络广告设计策略不从产品的具体功能出发,而是转向诉诸购买产品带来的独特的消费体验以及消费者形象。从情感层次发掘商品与消费者的连接点,运用文化的魅力来释放消费者的情感。[①]情感诉求网络广告主要有三种表现手法:一是变商品味为人情味。人情味是人间的一种共通语言,富有人情味的广告就像朋友间的对话,能增强彼此之间的相互认同感,有助于打破种族、心理、地域或文化上的隔阂,更好地传达广告信息。二是变灌输式为诱导式。起初的网络广告宣传观念多从广告主意愿出发,带有强加于人的话语霸权色彩,缺乏亲和力。当代网络广告创意视角正由俯视转为平视,由理念灌输转为情感诱导,给人们留下丰富的想象空间。三是变推销型为服务型。推销型网络广告体现的是单纯的买卖关系,以商品的出售率为标准;服务型的网络广告重在为消费者排忧解难,急消费者所急,想消费者所想,是企业的一种长期的战略性情感投资。

3.从争夺购买力到争夺注意力

由于时代意识的变更,消费大众的需求心理也发生了变化。过去的广告以推销商

---

① 张莉莉.感性消费时代的广告设计策略[J].广告研究,2001(2):59.

品争夺购买力为目标，新型消费文化下的网络广告则以争夺受众的注意力为目标。1996年,高德赫伯在他发表的《注意力经济:网络的自然经济》一文中提出了这样的观点:经济由稀缺的东西所决定,而信息(尤其是网络信息)不仅是丰富的,而且是泛滥的,所以,信息并不稀缺。同时,注意力是一种固有的稀缺资源,获得它比较困难,所以新经济的核心是注意力而不是信息。我们生活在一个信息环境中,注意力之所以成为重要的资源,成为消费品,是因为它具有使用价值,而且具有广泛的使用价值。注意力之所以重要是因为它引导行动，如果我们拥有一个人或一群人甚至整个社会的注意力,我们就有可能把它引导到其他事物(如商品)上去。在商业广告活动中,媒体的等级是以注意力的获取来划分的，注意力意味着影响力。广告的目标是拥有更多的受众,拥有更大的影响力,广告把注意力作为一种商品出售,这是一个彻底的观念转变。

乔治·法克兰认为,以网络传播为支撑的新经济的出现,进一步把注意力上升到资本化的高度。媒体成为可依赖的投资对象,它们已经发展成初步具有像银行、金融信用机构以及股票市场一样性质的行业。根据经济规则,如果新型经济中注意力是最稀缺的资源,那么它就可以被定义为货币——整个广告业就是这么做的。[①]在这个注意力经济时代,网民的注意力是广告主(或企业)之间竞争的主要目标,受众的注意力是商品销售和消费所必需的,没有受众的注意力,就没有购买行为的发生,就不会有真正意义上的消费。受众的注意力是衡量一个广告成功与否的重要尺度。在网络广告层出不穷,物质产品和信息产品都严重过剩的情况下,网民的注意力变得特别稀缺,广告商或企业对它的争夺必然会不断加剧。因而,网络广告主或企业把争夺注意力作为创意思考的基点和取向。

4.从物本观广告到人本观广告

广告即销售。自20世纪初肯尼迪提出“纸上推销”后,广告销售观便成为普遍共识。1923年,霍普金斯在《科学的广告》一书中就强调“广告是推销术的一种,它的基本原则是推销术的原则”。从伯恩巴克的“说服”观、李奥·贝纳的“戏剧性”理论、罗瑟·瑞夫斯的“USP”,到里斯与特劳特的定位理论,再到舒尔茨的整合行销传播,尽管理论色彩不同,但在强调推销这一点上是基本一致的,广告即销售是20世纪的主题。[②]他们的核心理念仍然是以推销商品为本体的“推销主义广告”,其理论视点依然聚焦于物本广告观。

不可否认,20世纪物本观广告对社会的进步、经济的发展作出了巨大的贡献。但物本观广告的负面影响同样不能忽视。历史学家阿诺德·汤因比曾对广告发出警世之言:“我们西方文明的命运将取决于我们和麦迪逊所代表的一切作斗争的结果。”[③]他们并不是在危言耸听,物本观的广告至少有传播虚假信息、污染环境、强化享受、误导

---

① 孙瑞祥. 新闻传播与当代社会——一种传播社会学理论视阈 [M]. 天津：天津社会科学院出版社,2003:147-149.

② 崔欣,孙瑞祥.大众文化与传播研究[M].天津:天津人民出版社,2005:246.

③ [美]大卫·奥格威.一个人的自由[M].林桦,译.北京:中国友谊出版公司,1999:148.

儿童,诉求失当、诱发恐惧、媚俗跟风、传播低俗信息、消解经典文化、助长模仿抄袭等几个方面的副作用。[①]销售观以侵犯、说服、诱导等诸多方法和手段推销产品,大多表现出片面宣传物质利益和追求物质享受的导向。销售观所产生的负面影响正是人类共同面临的导致社会和生态出现危机的多种复杂因素之一。

“信息社会”的来临使网络广告设计面临着一个重要的机遇和挑战。在这个各种数据网络贯穿的世界中,人们无需对距离做出过多地考虑,电子技术、信息技术正在弱化人与物、物与物之间的相互约束(时空距离、条件限制等),人们被数据流、电子幻影所包围。信息社会给人们带来了种种便利,但同时也带来了担忧,人们甚至要问, 高技术的现代生活是否正在以人性的缺失和疏离作为代价? 阿尔温·托夫勒认为:这使人们面临“旧心理环境”——“心理环境的崩溃”,其中的要点是解决人的三种(心理)需要,即“集体生活、生活秩序和生活意义”的需要。[②]由此可见,崩溃源于人造物(电子技术和设备)带来的心理失调,要解决这些问题还需要从缓解和解决人造环境与人的需求之间的矛盾入手。广告是社会、经济和文化不可缺少的一部分。新世纪的广告正在发生着巨大的变革, 一种迥然不同于20世纪主流广告的网络广告人本观念正在崛起,呈现出新世纪网络广告发展的一个重要走向。人本观广告是与物本观广告相对而言的,物本观广告强调广告是销售的手段,所有的广告活动都是为了销售,以物为本。[③]人本观广告就是广告以人为本,广告活动以受众的利益为出发点和落脚点,人本观广告关注人的生存状态,正视人的价值,满足人的整体需求,关注人的个性发展。在信息社会时代,网络广告正是以人本观作为其核心精神导向。我们应当看到,人类正面临着许多社会问题,如失业、战争、疾病、资源匮乏、生态破坏、能源危机等,因而网络广告也应关注人类的生存环境,提醒人们清醒地意识到各种问题,使商业行为和人文精神融合为一体。

第四节 消费文化背景下的网络广告设计策略

随着网络的普及和技术的不断更新, 人们的认识能力和欣赏能力也在大幅度提高,平庸的网络广告设计不可能再满足现代人的需求,企事业单位也不会把资金浪费在平庸的网络广告上, 因为他们运用网络做广告是为了更好地销售自己的产品,获得更大的利润。这就需要精品广告的大力支撑。一则好的广告能让人记忆犹新,但它也需要设计师们从多方面考虑,了解市场并体验生活,了解目前人们的消费趋向,懂得广告设计策略及表现手法的运用,从而制定出相应的广告策略。纵观国内优秀网络广告,其设计策略的运用大体上可以分为视觉策略、心理策略和传播策略。

---

① 吕尚彬.广告传播的消极功能[J].兰州大学学报(社会科学版),2001(5):19.

② [美]阿尔温·托夫勒.第三次浪潮[M].朱志炎,潘琪,译.北京:三联书店,1984:460.

③ Al Rlse and Laura Rles.The Fall of Advertising and The Rise of PR[M].New York:HarperBusiness,2002.

一、视觉策略

广告的信息传播是以视觉和听觉的形式进行的，而网络广告的信息传播则主要是靠视觉形象进行。据研究分析,人们从外界接受的信息85%以上是由视觉获取。网络广告要传达某种信息,必须运用文字、形象、色彩、构图等视觉元素,使用合理有效的方法,也就是说,要用科学的视觉语言策略进行传播才能取得成功。视觉策略主要包括文字、图形、色彩、编排布局,等等。

1.文字设计

在网络广告的视觉传达设计中,文字不仅起到解释说明的作用,而且文字的形状自身就非常具有视觉表现能力,文字的设计是一个重要的设计内容。在网页上我们可以看到有些公司直接以文字造型的设计来投放广告，如中国电力技术网和第十四届中国上海零售业博览会的条幅式广告。(参见图5-1和图5-2)

这两幅条幅式网络广告都较好地运用纯文字进行设计，文字简洁明了、优美清新,达到了少而精的语言传递效果。在这个信息爆炸的时代,网民更愿意浏览那些设计独特新颖,信息一目了然的广告标题。

图5-1 中国电力技术网条幅式广告

图5-2 第十四届中国上海零售业博览会的条幅式广告

网络广告的设计过程中,在文字设计方面,我们应把握好以下几个要点:

其一是文字的易读性。文字是网络广告信息传达的基本工具,在向受众传达各类信息内容和意图时要准确、鲜明,才能符合现代广告信息讲究速度、效率的要求。因此,文字应避免繁杂零乱,必须简明易懂,否则在沟通上会产生障碍。

其二是文字的个性化设计。不同特质的文字在不同的画面中有不同的个性和视觉效果。在同一网页中,各式各样的广告充斥着页面,那些将文字进行个性化设计的广告往往比一般的文字广告视觉宣传效果好。依据广告信息经营理念、文化背景和行业特征等因素,创造不同个性的字体,能很好地展现和阐述相关产品和服务的个性。

其三是造型统一性。网络广告中文字的设计要根据广告的整体设计风格来确定。广告字体是通过自身的造型特征来传达产品信息，因此它必须具有视觉上的整体美感,力求做到美的传达,美的形象的塑造,吸引受众的眼球,提高传播效益。

2.图形设计

图形是网络广告主要的构成要素,它能够形象地表现广告主题和广告创意。据研究,文字信息在表达和理解上很容易出现错误和失真。另外,文字语言的不同往往容易造成交流障碍,并且其信息量远远不如广告图形,广告图形的信息容量是文字信息的900倍。总之,对于信息传播活动而言,广告图形形式具备很多优势。[①]日本语言学家时枝诚记说过:“通过语言得到的印象是抽象的,易逝的,可能只有一般价值,掌握它需要时间。而通过照片得到的印象则是具体的,能够看到确定的例子,瞬间就可以记住。”[②]可知,与语言表达相比,图像告诉人们的信息往往胜过千言万语。

运用图形的视觉语言来传播信息具有形象化、直观化、具体化的特点。视觉语言是一种世界性的语言。在现代网络广告的设计中,如何运用简洁的视觉形式,使之快速而准确地进行信息传播,而又能包容丰富的信息内容,是当今视觉传播设计的重要课题,也是现代人们的消费文化和快节奏的现代生活对广告设计提出的要求。尤其在这个信息爆炸的时代,人们对于信息的接受都是浅尝式的,过于复杂的图形往往缺乏强烈的视觉冲击力,所以图形设计要简洁明快、通俗易懂,便于受众对广告信息的认知、理解和记忆。如“北京秦风唐韵有限公司”的网页广告。(参见图5-3)

整个广告页面设计是运用具象图形来传达信息的,画面形象真实生动,富有美的感染力,给受众以强烈的视觉印象。尤其是细腻逼真的彩色图片再现对象的原貌,创造了特定的销售氛围,容易从视觉上激起人们的需求欲望,使受众产生追求向往之情,发挥了良好的促销作用。

图5-3 “北京秦风唐韵有限公司”的网页广告[③]

---

① 朱健强.广告视觉语言[M].厦门:厦门大学出版社,2007:245.

② 朱健强.广告视觉语言[M].厦门:厦门大学出版社,2007:13.

③ 图片来源于 http://www.qinfeng.net.cn/photos.asp.

3.色彩设计

色彩在网络广告中运用时,要表现出广告的主题和创意,充分展现色彩的魅力。

首先,要分析、审视广告的宣传主题,选择合理的色彩表现手法。每一种色彩都有其情感效果与象征,设计师可根据实际情况进行选择,可以依据主题来选择合理的色彩去表现,利用色彩自身的表现力及情感效应,使内容与形式结合起来,借助色彩来体现广告的主题及风格。如宝洁公司润妍洗发水2000年末在国内著名生活服务类网站投放的Cascading Logo的网络广告。(参见图5-4、图5-5)

图5-4 润妍洗发水的网络广告之一

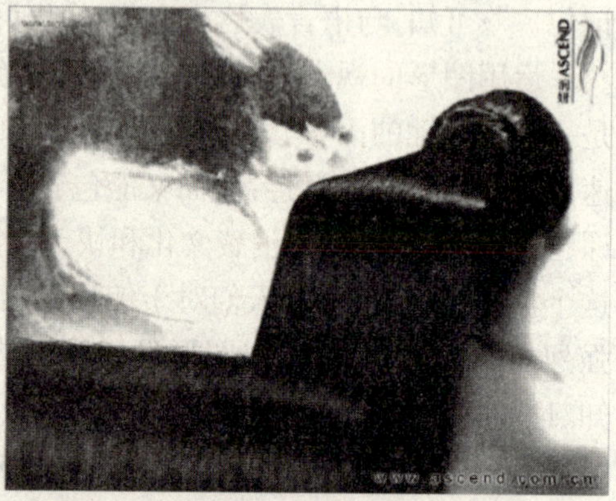

图5-5 润妍洗发水的网络广告之二①

宝洁公司润妍洗发水网络广告投放的代理商是知名的网络广告代理公司Media999,该代理公司立足于“润妍”倍黑中草药洗润发系列产品,它是宝洁公司在全球的第一个针对东方人发质发色设计的中草药配方洗润发产品。广告从设计的角度上只采用了黑、白、灰、绿这几种颜色,以黑、灰为主,这样画面显得很干净,有东方韵味。广告以一个具有东方风韵的黑发少女来演绎东方黑发的魅力。通过Flash技术,以飘落的树叶(润妍的标志)、飘扬的黑发和少女的明眸将“尽洗铅华,崇尚自然真我的东方纯美”表现得淋漓尽致。色彩的运用和广告的主题恰到好处,网络广告的单日点击率最高达到了35.97%,创造了网络广告投放的奇迹。

其次,要个性鲜明。在网络广告云集的互联网上,广告的色彩只有与众不同,有自己独特的风格,才能显示出鲜明的个性化特征,给浏览者留下深刻的印象。广告的色彩不但要符合此类产品的用色特点,还要有独到之处,这样的网络广告才能具有吸引力,获得更好的宣传效果。

第三,要与浏览者的审美情趣相统一。人们的生活经历、年龄、文化背景、风俗习惯、生理反应、民族、宗教信仰等存在着很大差异,审美角度、审美能力有很大差别,不同的浏览者对色彩的联想和理解不同,对色彩的喜恶程度也不一样。所以设计师给网络广告配色时应尽量采用符合浏览者的审美倾向的色彩,同时还要关注特定时期内社会风行的时尚色彩。因为时尚色具有很强的诱惑力和冲击力,必能促进更多的受众

① 图片来源于 http://image.baidu.com.

浏览,网络广告也就能产生更佳的宣传效果。

4.编排布局

网络广告的视觉传达设计,要受到受众的客观条件、受众的接受心理等方面的综合影响,所以要重视网络广告版面编排的科学性、实用性和艺术性。网络广告是一种视觉和听觉的语言,需要讲究版面的编排与布局,这一点在全屏式的网络广告中显得更加突出。要充分运用对比与调和、节奏与韵律等手法在空间、文字和图形之间建立一种相互关系,从而产生和谐的美感。例如"北京福兴宝厨具公司"广告。(参见图 5-6)福兴宝厨具公司广告页面的编排体现出了一种节奏感与现代气息,具象图形配上有方向感的直线,再配上公司醒目的广告语,显得格外引人注目,具有强烈的构图形式感和视觉冲击力。

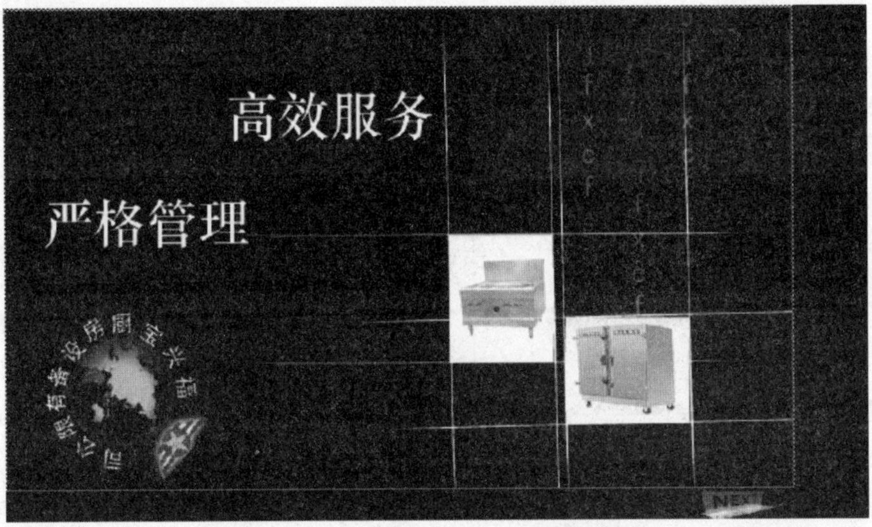

图 5-6 福兴宝厨具公司广告页面的编排[1]

二、创意策略

广告创意策略指的是为了表现广告主题而进行的新颖独特、带有创造性的构思。网络广告创意策略可以理解为广告人员对确定的广告主题进行整体设计构思,利用相关的多媒体技术和网络技术,充分发挥图、文字、色彩的力量,调动受众的情感,以达到宣传产品的作用。网络广告创意策略是影响广告宣传效果的关键环节,它不仅决定着网络广告所要传达的信息内容,而且还要确定其表现形式。在市场经济的今天,在广告与商品日益同质化的形势下,要根据网络广告的目标和受众群体,立足于现今的消费文化趋向,进行全面分析和创意设计,确定广告的内容主题诉求及表现方法等。

1.关联性策略

网络广告关联性创意策略指的是广告的创意与商品、服务或广告的目标对象之

① 图片来源于 http://www.bjfxcfsb.com/index.asp.

间存在着一种自然的内在联系，人们在接受广告创意时能自然而然地联想到相关的企业、商品或服务、特定的消费群体等，产生有利于广告主的心理反应。找准了产品与消费者的关联性，实质上就是寻找到了广告的创意点。如果广告宣传的是白领阶层的时尚消费品，你就必须研究这一消费群体的消费特征，才能投放出他感兴趣的广告，吸引他们点击这则广告，进而产生购买欲望。

如“伊利老年奶粉”网络广告。其所宣传的产品是老年人的一种营养品，呵护老年人肠道健康，让营养有效吸收，增强机体免疫力。广告本身的创意独具一格，把 2006 年 5 月 11 号母亲节和正在办公的牛头人身的卡通人物形象放在一起。广告创意找准了产品与消费者的关联性。此系列广告告诉了人们，母亲节送给母亲的礼物应该首选伊利老年奶粉。（参见图 5-7、5-8、5-9、5-10）

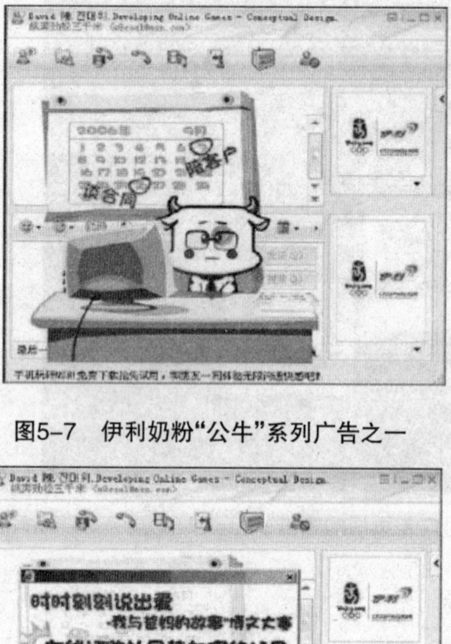

图5-7 伊利奶粉“公牛”系列广告之一

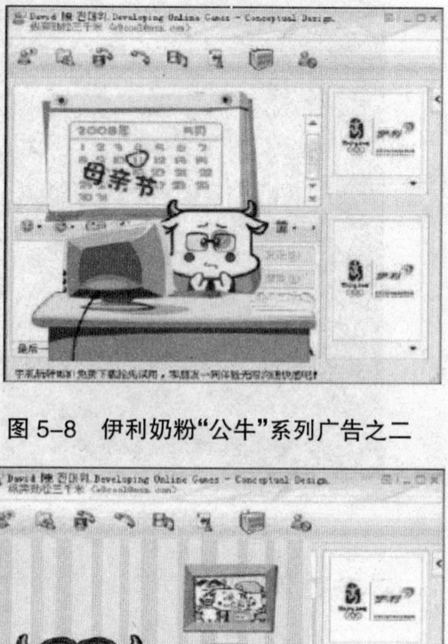

图 5-8 伊利奶粉“公牛”系列广告之二

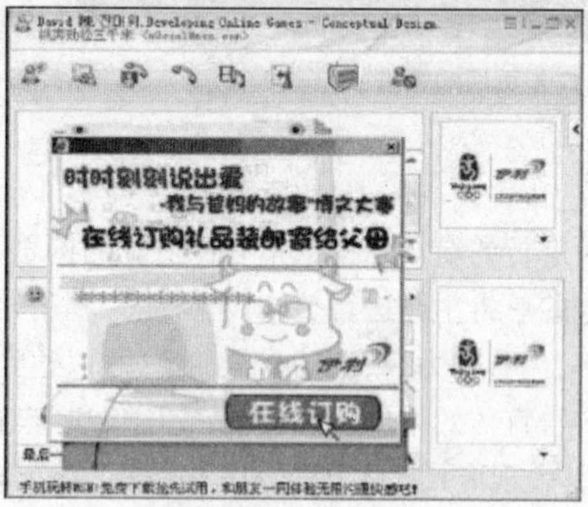

图5-9 伊利奶粉“公牛”系列广告之三图

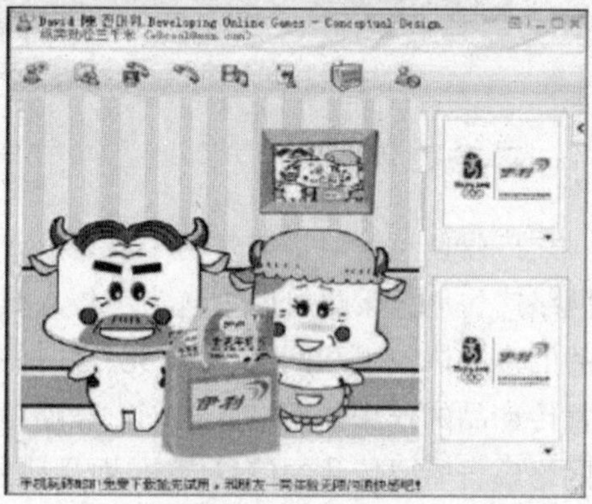

5-10 伊利奶粉“公牛”系列广告之四①

2.互动性策略

互动性是网络广告的一大个性特征，在网络广告中，通过 Java、Flash 等技术手段，可以使广告的目标受众参与到广告本身的互动中，有利于消费者减少无用广告的骚

① 图片来源于 http://www.adcis.cn/4/8/0514122512007.html.

扰,而只对他感兴趣的内容深入接触,其需求和意愿得到充分尊重。广告主可以根据消费者的兴趣、爱好来改变网络广告的投放,制定出适合受众口味的广告。网页上的互动设计与效果直接影响到网络广告的信息传播,所以在进行网络广告创意时,针对广告传达的信息,充分利用网络广告的互动特性,有利于提高广告的点击率。

如万科朗润园星际售楼中心在网上投放的广告,其创意设计较好地发挥了网络广告的互动性,使点击率及用户参与互动的几率大大提高。(参见图 5-11、5-12)万科朗润园星际售楼中心的广告创意策略是将休闲游戏与售楼中心的创意相结合。从整个页面设计上来看,整体风格传承了朗润园的基本色调和像素风格的设计元素,设计上简洁大方。它专辟网上洽谈区,通过视频可与专属售楼人员直接沟通,快速及时答疑,获得最新信息。还设计摆家具的 Flash 小游戏,用户可选择一款自己中意的户型,沙发、桌椅、电器等三维家具,可根据自己的爱好设计并摆放,提前感受未来居住的效果。进入星际售楼中心,多角度的户型和沙盘实拍图片、品牌宣传片、项目 3D 动画片,不需插件即可直接播放。Flash 电子楼书可在线观看或下载。独特的网络社区模式,使得人们可在互动售楼部自由活动,与一起看房的人交流经验。这些活动无形中就增加了用户的停留时间,也加深了用户对产品的进一步了解。

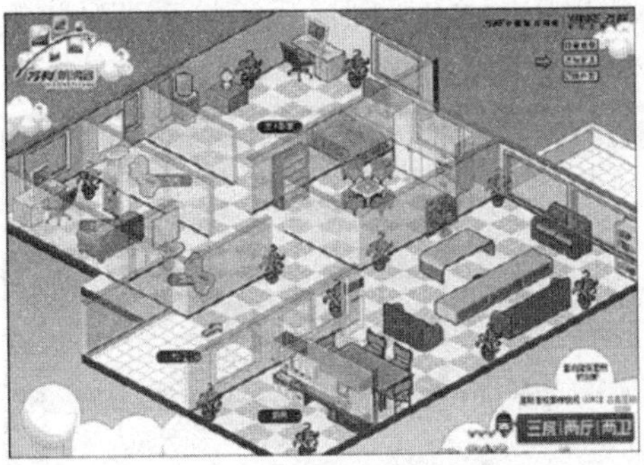

图 5-11　万科售楼中心的广告之一

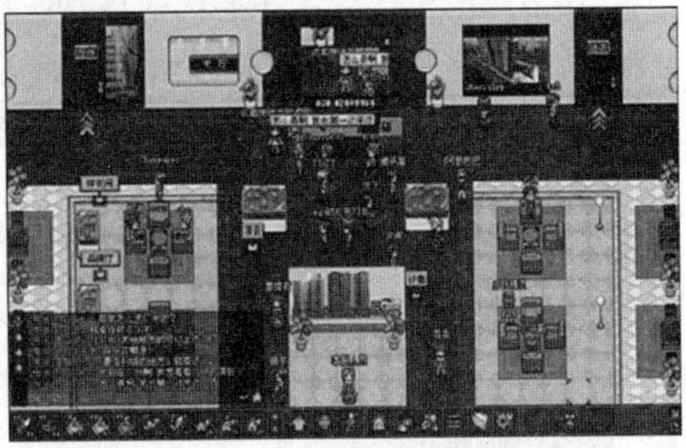

图 5-12　万科售楼中心的广告之二

3.美感性策略

在进行网络广告设计时,必须强调广告页面中各个组成部分的共性,同时也要体现出部分的个性特征,以求得广告页面设计形式的整体完美。这需要从色彩、风格、版式设计等方面入手,以周密的组织和精确的定位来获得广告页面的秩序感;还要注意在图片与图片之间、图片与文字之间、文字与文字之间建立一种相互关系,从而产生和谐的美感。创造完美的广告设计意境,给人们带来视觉享受。对美的渴望与追求是人类的天性,网络广告艺术常以优美、壮丽、崇高等美的形态,把商品和服务的信息传递给消费者。例如“戴梦得珠宝”广告,画面色调柔和,给人以清新淡雅的美感。创意表现技高一筹之处在于把女模特和首饰完美地融合在一起,项链在女性白皙皮肤的衬托之下,显得更加光彩夺目,借助女性的性感和服饰之美,首饰更显得高雅华贵。整个表现以局部特写的方式呈现,使得美的感染力得到了最大程度的发挥。(参见图 5-13)

图 5-13 “戴梦得珠宝”广告

4.亲和性策略

亲和性网络广告以一种让人乐于接受的方式,给消费者一种亲切、友善的心理感觉,让消费者体验到一种平等、真诚、可信的感情氛围,在这种感情色彩的氛围中无形地传达了商品和服务的信息。现代网络广告创意十分注重情感的运用,尤其是那些具有浓厚感情色彩的网络广告主题,更是着力在创意表现中渲染感情色彩。广告画面使消费者沉醉于广告形象所给予的欢快愉悦之中,自觉地接受了广告的劝说。现代社会紧张、快节奏的生活方式让人感到身心疲惫,所以闲暇之时,网民乐于接受那种极具亲和力、娱乐性强的网络广告。如“三星笔记本电脑”广告系列图。

图 5-14 “三星笔记本电脑”广告系列图

上面三副广告画面讲述了一对青年男女是一墙之隔的邻居,男孩暗恋着女孩,女孩也默默地喜欢男孩,但是却各自放在心底,把那种酸涩的感觉写在三星笔记本里,用三星笔记本来记录自己的心情日记。新年之夜,突然而来的瑞雪和新年的钟声把两个人吸引到了窗前。浪漫的故事,唯美的画面,新年的钟声,怎能不使人感动呢?整个广告片情节紧凑,音乐舒缓流畅,使受众在欣赏情感故事的过程中自觉接受广告信息。三幅广告极具亲和力,有着浓郁的人情味和感情色彩。

5.品牌形象策略

品牌形象是人们对广告宣传的商品品质及个人情感反应的联想,包括外在的、内在的,其中有知名度、美誉度、流行趋势等。在现代消费行为中,随着人们观念的改变与更新,大多数人总是有意识或无意识地去适应时代的变化,以显示自己是与时代同步的,是符合时代潮流的,因而在消费领域中出现了一种相互仿效、追逐时尚的趋势。[①]现代网络广告常聘请名人作品牌代言人,唤起受众的消费激情,也可以激起受众对品牌产品的消费欲望。如商务通请李湘做形象代言人,理由是在以轻松快乐为主题的娱乐节目中,李湘是人气最旺的主持人之一,主持过湖南卫视强档娱乐节目《快乐大本营》,颇具人缘,喜爱其清纯可爱形象的观众大有人在。以她作为代言人的商务通广告保持了品牌形象的一致性,实在是明智之举。请她出任商务通的形象大使,就是要把她身上的轻松快乐因子与商务通的产品理念结合起来。“商务通科技让你更轻松”的理念与她快乐活泼的性格和节目形象很合拍,在商务通的推广上,起到了很好的功效。

6.震撼性策略

网络广告的创意要具有震撼性,给人以强烈的心理冲击力。创意的表现要有独特鲜明的个性,才能给人以新感觉,使广告作品外射出一种独特的形式美感,才有可能引起受众的注意和兴趣,产生强烈的感染力和震撼力。例如“Bit Copa 啤酒”广告。广告画面活泼奔放,极具冲击力,令人过目难忘。这一网络广告借助人体艺术作为其独特的表现手法,其经典创意与人体艺术的结合既震撼人心、出人意料,又自然贴切、和谐完美,二者交相辉映,融为一体,可谓网络广告领域中的上乘之作。(参见图 5-15)

图 5-15 “Bit Copa 啤酒”广告[②]

三、传播策略

网络广告的传播策略基本上分为定位策略和互动策略。

1.定位策略

网络广告定位策略是指网络广告商针对特定的用户发布感兴趣的广告主题,它包含时间分配定位策略、地域分配定位策略和目标受众定位策略。

① 李巍.广告设计概论[M].成都:西南财经大学出版社,2002:200-203.

② 图片来源于 http://www.yxad.com/Article/HTML/29877.shtml.

时间分配定向策略是指广告主根据用户不同的上网时间或特殊日期发布信息而采取的一种策略。网络广告之所以要注意时段，首先是因为不同时间内上网的群体是不一样的，为了让更多的目标受众点击或浏览网络广告，保证广告的有效性，就要进行合理的时间分配。一般说来，时间分配定向最常用的方法是将一天分为工作时间和非工作时间，在这两个时间段进行不同的广告投放。在工作时间段适合投放与工作有关的广告信息。在非工作时间内，大多数人喜欢网上冲浪，这个时间段可投放一些休闲、娱乐性的广告，尤其是在周末的时间段里较适合投放商品打折和促销活动等类的广告。另外还应关注特殊的节日，如圣诞节、元宵节、情人节、中秋节等，依据不同的节日投放不同的广告，真正体现了网络广告针对性强的特点，其精确度也非常高。

地域分配定位策略是指广告主依据 IP 的定向技术或不同区域的用户要求投放相应的网络广告。现在，越来越多的网站为了避免广告投放资金的浪费，会根据对受众市场的分析，针对不同地域的受众投放他们所需求的广告信息，这样的投放方式实现了在地理上的定向传播。例如，区域性消费强的消费品，像空调、消毒柜等电器类的商品信息广告较适合在南方市场投放，北京的房地产广告投放必须锁定在北京这个区域内，否则，广告投放无效。

目标受众定位策略是依据受众市场细分原则，通过市场调研，把某种产品的受众市场整体划分为若干个消费群体，找出符合产品特性的基本顾客类型，利用网络媒体双向传播的优势，建立起详细的受众背景资料，并在细分受众群体的基础上设置符合不同要求的网络空间，然后根据目标受众有针对性地传播广告信息。[①]目标受众是广告信息所指向的特殊人群，而对关于这一人群的各种信息的界定对广告策略的选择和运用有着重要影响。所以网络广告在发布之前要对受众市场进行分析。受众分析包括年龄、性别、职业、收入、家庭、婚姻、教育程度等详细情况。

2.互动策略

对于网民来说，新颖独特的表现策略能够引起传播的互动性，如悬疑式策略、诱导式策略、体验与娱乐互融式策略、游戏式策略，它们就是借用网络互动的优势来吸引网民，从而达到宣传产品的目的。

悬疑式的网络广告是基于人们的好奇心和对神秘事物探索解答的欲望，它依赖的不是娱乐式的猎奇动力，而是寻求问题答案的驱策动力，倾向于理智型。悬疑式的网络广告往往先勾起受众的疑惑，再以解谜方式展现商品的特性。悬疑式策略往往很容易引起消费者注意，使受众从不自觉的被动状态变为自觉的主动状态，最后达到促进受众积极查询讯息、提问、注册等互动效果。故意制造悬疑的例子如腾讯网上的一则悬浮广告，框内仅 6 个字："十万重赏寻人"，颇具悬疑，令人关切。点击细看，原来是工行"金融 @ 家"全国大学生电子商务竞赛于 2006 年 10 月 12 日正式开幕！总奖金

① 朱川燕.网络广告策略初探[EB/OL].传播学研究，http://www.cucssi.org.cn/chuanbo.asp.

20 万元。这则网络广告将受众的目光很快转移到了这六个醒目的字眼“十万重赏寻人”,广告语耐人寻味,达到了吸引受众眼球的目的。

诱导深入式网络广告是指利用有奖问卷、问题、提示,甚至夸张比喻的手法将目标受众吸引过来,诱使他们继续深入了解。为了达到目的,可以让受众来参与设计广告标志、广告图案、广告语,然后对其中有用的少量部分进行奖励。如果你在搜索引擎上键入“广告语”,你就会发现许多有奖征集广告语的广告。[①]据 CNNIC 调查表明,59.1%网民最能接受的网络广告内容就是“有奖促销”活动。利益是最好的驱动力,对于网民来说,实实在在的好处来自于网络广告活动中得到的实惠。诱导式策略就是在网络广告活动中,设置即时可以获得的“奖励”,以诱导目标受众主动参与,从而达到深度诉求的效果。从广告心理学的角度分析,需要一旦被意识所驱使,就以活动动机的形式表现出来,它激发人的活动朝着一定的方向,追求一定的对象以求得自身的满足。需要越强烈、越迫切,由它所引起的活动也就越有力。[②]由此可知,网上互动要有驱策力,比如通过赠品、优惠、奖品、积分获奖、会员卡、荣誉等这些“奖励”诱导目标受众主动参与。诱导式的互动策略是网络广告活动成功的法宝。例如淘宝网的广告以低廉的价格、具有诱惑力的折扣价、让目标受众看了怦然心动的让利空间去驱使众多消费者通过点击参与行动。又如长虹在 www.chinaren.com 上的一则广告,画面上有一大大的“奖”字,但在页面中对如何中奖没有任何说明,只有在你输入了自己的 E-mail 地址后,它才告诉你如何中奖,这种广告很能诱使受众参与。

在现代消费社会中,消费者在注重产品质量的同时,更加注重情感的愉悦和满足,他们关注的是在哪里获得这一产品,如何得到这一产品,也就是消费者消费时的体验与情感诉求。在这种消费体验中,消费者寻求的是一种即时的体验、欲望的表达和自由的情感宣泄。体验与情感融合的消费日益成为社会主流的消费行为。[③]因而,伴随这种消费之风,广告商或企业运用“体验与娱乐情感融合的策略”在网络上大量发布广告,有针对性地对产品做相应的广告宣传。并提供超值服务,同时注重消费前、消费时、消费后的体验,让消费者形成强烈的记忆,产生难忘的体验,从而掀起一股产品的消费风潮。最早提出“体验营销”概念的是美国战略地平线 LLP 公司的两位创始人派恩(B.Joseph Pine)和吉尔摩(James H.Gilmore)。1998 年,他们在《哈佛商业论坛》上发表了《欢迎进入体验经济》一文,提出了“体验营销”的概念。他们认为随着产品同质化的提高,消费者在选择产品时,情感需求的比重不断增加。消费者在一如既往注重产品品质的同时,更加注重情感的愉悦和满足。他们购买商品的目的不再仅仅出于生活必需的要求,而是更多地出于满足情感的需要,甚至出于追求某种特定产品与理想的自我概念相吻合的目的。因此消费者往往会更偏好那些与自我心理需求引起共鸣的感性商品。体验营销更注重消费者的参与和体验。它的核心观念就是不仅为顾客提供

---

① 刘友林.网络广告实务[M].北京:中国广播电视出版社,2003:66.

② 余小梅.广告心理学[M].北京:北京广播学院出版社,2003:110.

③ 曾杨,杨雪.后现代主义影响下的消费文化解析[J].经济师,2007(1):13.

满意的产品和服务,还要为他们创造、提供有价值的体验,也就是在为消费者提供产品的过程中同时提供美好感觉和个性化感受。[1]例如汽车的全方位展示以及个性化的赛车比赛、数码相机的模拟、照片演示等。这种利用网络广告体验性的创意,容易调动受众的积极性和主动性,利于品牌形象的塑造,使受众产生直接的购买行为。广告主运用此策略的目的是为了达到这样一个境界——让消费者身处在一个图文并茂、内容新颖、趣味性强的虚拟空间,让他们能够以一种更轻松、更快捷的方式感受到公司或企业的特性以及其专业背景。这个空间排除了地理、时间和交通等真实世界中存在的干扰,使消费者能直接面对产品和服务的提供者。

游戏广告策略是以娱乐为诱因,以互动游戏为载体,在受众参与的过程中传播广告信息。游戏广告预先设计在网上的互动游戏中,在一段页面的游戏开始、中间、结束的时候,广告都可随时出现。网络互动、自主的传播特性,使受众可以"点击"他们感兴趣的广告,这就要求网络广告更加具备服务性、娱乐性,或两者兼备。按照广告内容和游戏的融合程度,游戏策略分成两个层面:第一是在网站提供的免费游戏广告的开头、中间、结尾,或者游戏的四周发布广告。品牌(产品)特性与游戏内容无明显关联,广告成为"免费游戏"的"附带条件",由于受众比较投入,对广告的注意值也较高。第二是互动游戏技术,将品牌(产品)讯息嵌入游戏环境当中,通过网民的互动游戏,产生更强的说服效果。如雀巢定制的休闲娱乐游戏案例,图 5-16 是它的游戏界面一和游戏界面二。雀巢选择了与可乐吧携手采用"网络+娱乐+营销"推广方式。清华同方可乐吧为雀巢专门定制了以品牌形象为主的休闲娱乐游戏,在游戏中,客户也可以加入自己的广告并随意更换。把雀巢的品牌形象加以专业的策划和设计嵌入可乐吧娱乐营销平台,相当于把雀巢的品牌形象概念深深置入用户的网络生活之中,在娱乐互动中让消费者主动了解品牌,在娱乐互动中彰显品牌的鲜明个性。事实证明,品牌信息有效地避开了传统网络广告对用户的强行注入,它通过潜移默化地向用户传达,并深入人心,取得了良好的效果。

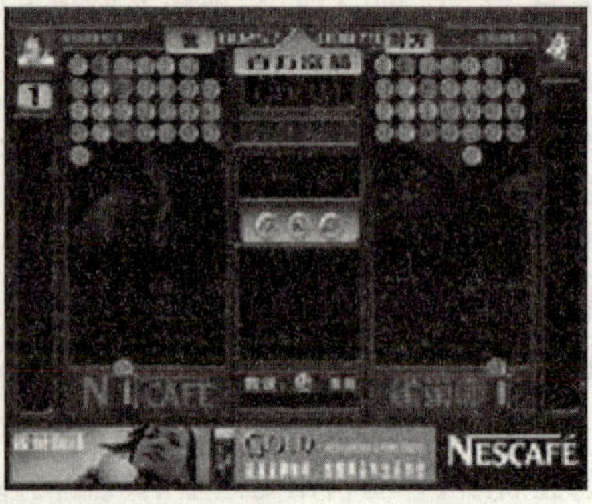

图 5-16　雀巢定制休闲娱乐游戏界面一和界面二[2]

① 薛媛.以"互动"为核心取向的网络广告创意策略分析[J].广告大观 2005,(5):32.

② 图片来源于 http://www.iadchoice.com/new/adinfo.asp?id=344#ircomment.

第六章　受众与设计:受众心理与网络广告设计

第一节　网络广告传播的心理效应及创作要求

广告心理效应是指广告对消费者的心理所产生的影响。它可以是认知方面,也可能是情感方面,还可能是行为方面。网络兼具报纸、杂志、广播、电视等大众传媒的许多特点,如报纸的阅读主动性,杂志的重复性和视觉表现力强,广播的传播面广和方便性,电视的刺激多面性和娱乐性等特点。网络传播的技术特性、优势如何转化为胜势,是我们重点关注的问题。网络广告独特的传播环境促成网民接触广告的心理期望和倾向。网络广告能够产生鲜明的、多样化的网络广告心理效应。

一、主动性

网络搜索、超链接、数据库功能和互动的传播特性,使以受众为导向的传播观念得到最充分的表现。网络传播模式灵活多变,进一步增强网民的主动性。传统媒体的广告传播都是"点到面"的传播,网络广告传播从传受双方身份来看,可以分为一对一、一对多、多对多、多对一;从传播与接收广告信息的时间上看,网络广告传播模式包括同步传播(网上聊天、广告活动直播)和异步传播(如大部分的广告传播)。网络广告传播模式的灵活多变使网民在接受广告信息时有更多的自由性。网民乐于更自由地选择自己需要的信息,包括选择信息的内容及接收信息的时间与方式。网民在广告传播过程中始终处于主导地位,形成广告心理说服历程中不同层面的主动心理效应。具体包括:

第一,自主选择广告信息。网民在广告传播过程中可以凭个人的爱好、愿望、情绪自由地选择接触、交流广告信息内容、信息量和广告形式。网络广告信息的非线性呈现方式,使任何形式的网络广告总是处于网民的潜意识控制之中,他可以选择看或不看。当网民对网站主页或网站频道上的某一广告产生兴趣时,可以通过点击该广告链接到企业或品牌产品的网站,进一步了解广告或相关的服务信息。有时网民想要了解某一品牌某种产品的具体情况,也通过搜索网站(如百度、谷歌、3721 等)和一些大型的门户网站(如搜狐、新浪等)搜索该品牌或产品信息发布的网站或网页,然后进入这些网站或网页去了解产品的属性。网民对网络广告的主动性与报纸不同,就单份报纸而言,广告受众只能在一张报纸上才可以主动选择;而网民可以自由浏览所有网站的全部各类广告。

第二,自由参与广告过程。网民在自主选择广告的基础上,根据个人的意愿和网络运行条件决定是否参与广告传播活动和参与的深浅程度。CNNIC 调查结果表明,我国宽带用户数量仍然保持快速增长势头, 因此越来越多的网民将具备互动的使用条件,网络广告的发展空间将不断扩大。

双向传播是任何传播活动的理想效应,交互性是网络广告的独特的本质优势。在网络传播中,所谓互动的概念应理解为直接的沟通,这种特点是大众传播媒介梦寐以求的,但又是自身所不具备的。网络传播之所以超越大众传播正在于这种互动性,可以说,互动是网络传播的本质,网络传播的其它特点都基于这种互动性。[①]然而,网民参与广告机制的激活主要依赖于网络动机、信息真实性和网民对广告的喜好程度,否则自由参与难以产生或出现参与的不完整性。

第三,随时接触广告。网民根据需要可以在任何时点上网接触任何一条广告,享受 7×24 全天候式的广告服务。在网络广告传播中,定时发布的广告则被认为是典型的"跟踪型"广告。获取信息的自由主动性,既有利于信息的有效获取,又可以促进消费者的购买决策过程。因此,这一特性使网络成为网民决策的重要"外脑",借助网络广告进行消费决策,日益成为消费者的决策方式(见表 6-1)。

表 6-1 不同类型广告对网民的影响比例[②]

广告类别	电视广告	电台广告	报纸广告	杂志广告	网络广告
影响比例(%)	56.1	1.5	12.3	1.8	18.1

第四,行为便利性。网民充分利用网络的超链接功能、超文本的信息呈现方式,通过点击广告、回答问题、注册会员、参与游戏等形式进行直接信息请求或发出信息传播许可信号,与品牌产品实时交流,实现获取信息的快捷性、方便性和充分性。同时,根据相关资料表明,网上模拟商店、网上直销越来越受到网民的喜爱,随着网上销售的技术、安全、认证、配送、监管等逐渐完善,网上的个人交易将日益得到市场肯定。不论是各类广告信息的易获性,还是消费过程的一站式,都是网络平台提供的本质性服务,这些使网民的行为冲动性自然浸润生成,并呈现充分的主观随意性。

主动性心理效应对网络广告创作提出了新要求。一是要求网络广告要发挥互动传播的优势,有效激发网民的网络动机,增强广告的点击吸引力。只有这样才能在自由的网络信息海洋中,瞬间吸引网民的眼球,引导他们进入深度诉求中。二是设置方便、醒目的参与窗口,使网民能够快速、便捷获取下一层广告信息,这样网民参与广告活动更显自由性。参与窗口包括互动提示、交流、下载设置、反馈查询等。参与的自由性是网民作为网络广告传播中心的基础与前提, 是互动乐趣产生的保障。三是广告传播要充分尊重网民的个人意愿,是否参与和参与的程度完全由网民自己决定。

① 陈刚.新媒体与广告[M].北京:中国轻工业出版社,2002:14.

② 资料来源:中国互联网络信息中心(CNNIC),《中国互联网络发展状况分析报告》,2004 年 2 月。

二、刺激多样性

网络广告传播的表现空间可以无限延展，这一特性使网络广告表现的多媒体特性和信息呈现的丰富性得到立体化的实现。网络广告一方面可以通过层层点击页面达成纵向的深度渗透诉求，另一方面利用网络的搜索、超链接功能实现横向的比较分析说服。在“冲浪”的自由行为意识控制下，追求刺激的多样化和充分性成为网民的强烈期望；同样，加强网络广告的刺激立体化和多样性成为创作的重要任务。

1.追求多媒体信息

在不断发展的新技术支持下，网络广告视觉表现的变化越来越丰富。网络广告在表现方式上，成为一种富媒体(Rich Media)，变化多端的形式成为吸引网民的重要诱因。富媒体广告也带来了比一般的GIF形式的Banner大得多的点击率(1.5%VS4.5%~15%)”[①]。

网络广告先进的富媒体技术出现已经在一定程度上改变旗帜广告单一的“乏味”状态，并将成为将来通行的“网络创意语言”。用富媒体技术制作的网络广告具有可与电视广告相媲美的音画效果，同时又具有电视广告所没有的互动性和交易功能。其表现形式可以是非常丰富的，包括文字、图像、声音、动态影像、动画、三维空间、虚拟现实等各种形式。在同一品牌产品的网络广告传播中，丰富媒体的表现技术特质，使横幅广告、弹入广告、品牌网站内的各种广告和模拟商场的产品体验传播等的创意表现形式变化多端。在目前以窄带上网为主，窄带、宽带并存的网络使用环境下，网络视频广告(ICAST，简称网视广告)的出现，解决了大容量广告与带宽之间的矛盾，为网络广告的创意提供了新的技术平台。影视广告可以在任何带宽的条件中，非常流畅地播放。ICAST是一种不需要受众安装任何插件就可以播放的整合视频、音频、动画图像、双向信息通信和用户交互功能的新一代网络广告播放器。CIAST广告管理平台集成了广告下载模块、广告播放模块、广告统计模块等3个主要功能模块。

另外，一则网络广告发布一段时间之后，广告主可以及时更换新的广告设计，以避免网民的熟视无睹，增加受众的广告意识和品牌意识。相关调查表明，网民对网络广告的注意力保持时间不长。“在网络广告中，相同的创意版本广告的暴露频次和点击率与标准遗忘曲线是基本吻合的，因为传统广告中的‘看到’和网络广告中的‘暴露’是基本相等的，那么根据DoubleClick的研究总结，广告的暴露频次(播出次数)和点击数是基本成反比关系的。”[②]网络广告发布的灵活适时性和制作的简便性，使网络广告的表现形式和主题内容的及时更新方便、可行，以此保持品牌与广告的新鲜感和趣味性。

2.立体化信息诉求

借助于链接的强大功能和超文本的层层信息展示，信息的全方位、立体式实时深

---

① 陈刚.新媒体与广告[M].北京：中国轻工业出版社，2002：144-145.

② 冯广超.网络广告[M].北京：中国友谊出版社，2001：52.

度诉求成为网络广告传播的独特优势，这一信息传播方式不论对有意或无意注意者而言,都具有极大的实用意义。在潜在消费者看来,“一站式”、360 度接触品牌产品是网络广告人性化的重要表现和增强吸引力的特色所在，信息收集和购买决策成本也因此达到最低。品牌产品信息的组合式持续刺激,极大增强了广告的说服力。立体化信息传播主要从两个方面分析:

(1)品牌产品信息的组合传播。网络传播的互动特性,解决了广告信息诉求的单一性和整体性的矛盾。主题信息集中的旗帜、弹出式、按钮、网视等广告形式,与信息综合多样的网站型广告、网上商场、产品的动画展示、虚拟使用体验等有效组合,使品牌产品得到全触觉式沟通交流,有效激发潜在消费者的购买兴趣。同时,从传播内容来说,广告主提供的信息容量是不受限制的。广告主或广告代理商在提供相当于数以千页计的广告信息和产品说明时,不必顾虑传统媒体上每分每秒增加的昂贵的广告费用。良好的发布费用条件(特别是网站型广告),使海量信息得以全天候传播。

(2)信息的多层心理刺激。广告心理原理表明,受众的广告心理历程由低到高依次为:认知、态度,行为。①在不同心理阶段,受众有不同的广告接触行为习惯和信息内容要求。在传统广告中,我们通常采用不同媒介的手段来着重传递不同的广告信息。网络广告的多媒体特性和层层递进式说服的优势，使不同广告形式可以同时组合发布;不同说服层次的广告信息内容,既可以依次出现,也能够被自由地“拉”出来,最后还可以自愿在线交易。互动的趣味、虚拟使用体验的快乐和信息详尽等,极大增加网民的广告喜好度和品牌产品的亲和力。从认知、了解到喜好态度的形成,以及在网上商店采取购买,网民都可以一气呵成。网民在瞬间接受多层面、各类别的信息冲击,广告说服力无疑会得到极大增强。

从以上分析得知,网络广告信息诉求要注意立体化、多样化和多变性,以满足网民的心理需求,实现网络广告持续、立体化的冲击力。立体化是指品牌产品的信息传播要做到全方位、一站式诉求,使潜在消费者快速认知目标品牌产品,为消费者购买决策提供较为全面的信息服务,真正发挥传统的多媒体组合传播优势;多样化要求信息诉求要注意多角度传播品牌产品信息,这样一方面使广告更具说服力,另一方面使信息传播保持新鲜性,延长广告的有效期;多变性指信息传播形式要充分发挥网络传播的多媒体传达的特色。在不同层面的传播中,要有侧重地发挥广告刺激,保持网民对网络系列广告的持续关注度。另外,信息诉求多变性要注意不同层次广告的信息量的合理安排,以符合大众由易到难、由感性到理性的认知规律。信息诉求的递进式变化,使广告能够更有效满足网民不同层面的心理认知要求,这样才能达到理想的广告效果。由此可知,实现刺激多样化的心理效应的前提,是有效引导网民深度参与广告传播活动。

---

① 马谋超.广告心理学原理与实务[M].北京:中央电大出版社,2002:3.

三、时尚性

网络是新时代的产物,网络经济是知识经济的集中性、典型性代表,网上冲浪是年轻人的个性化表现。数字化会改变大众传播媒介的本质,“推”送信息给人们的过程将变为允许大家“拉”出想要的信息的过程。[①]

网络传播的高智力门槛、自由文化语境、网络广告的自主性和表现空间的充分性,使网民时尚的广告心理特点得以自动生成。时尚反映了消费者求新、求美、渴望变化和自我表现的心理,不新奇的东西不会成为时尚。网络传播行为本身具有时尚特征,“冲浪”成为新时代的城市生活方式。从目前的网民年龄结构来看,我国网民主要分布在年轻层,40 岁以下的网民占 72.4%。网民的年龄层具体分布如下(见表 2):

表 6-2 网民的年龄分布[②]

年龄	18–24 岁	25–30 岁	31–35 岁	36–40 岁	其他
比例(%)	36.8	16.8	11.5	7.3	27.6

网民主要分布地区在我国的东部和其他大中城市,这种分布态势符合时尚潮流的流动规律。随着网络传播技术应用环境的完善、ICP 服务商经营能力的不断增强,时尚的内涵日益充实,时尚魅力将得到更好地保持和发展。网络文化的晕圈效应,使网络广告的时尚涵义不断丰富。

网络广告的时尚性主要表现为追求个性化广告信息服务、信息获取的便捷性、传播形式的新奇多样化。网络广告的发展,正日益改变着人们购买决策和休闲娱乐的方式。

1.追求个性化广告信息服务

彰显个性、表现自我是时尚的重要内涵和目的。没有个性,时尚则无从依存。借助于网络寻找个人需要、感兴趣的信息,是网民的主要网络动机,这也是网民接触网络广告的主要目的。对商品广告信息的主动搜索一直是网民对电子商务网站、企业品牌网站和综合网站中分类广告的使用态度;网站可以向付费的目标网民提供信息定制服务,网民可以轻松获得满足个人需要的商业信息;通过免费邮箱申请注册和会员注册,网民可以收到可能需要的各类电子邮件广告信息;定向广告发布技术可以使广告只呈现在潜在目标消费者的屏幕中;通过点击,网民自由选择广告进行交流,甚至可以直接参加广告创作活动来增强广告的个人色彩。许可行销必须在预期之中满足个人需求,并且有关联性。随着制作与发布个性化广告信息环境的逐渐成熟,人性化广告服务成为网络广告传播的特色优势,这也是网民在传统媒体广告传播中难以真正享受的。

2.新奇多样的广告文化

网络广告独特的传播环境和社会发展,逐渐浸润形成鲜明的网络广告传播文化

① 尼葛洛庞蒂.数字化生存[M].海口:海南出版社,2001:103.

② 资料来源:中国互联网络信息中心(CNNIC),《中国互联网络发展状况分析报告》,2004 年 7 月。

氛围和表现形式。网络广告有两点值得研究:体验式广告和卡通化广告。体验式、卡通化网络广告包含了娱乐、情感、互动等因素,极大满足网民的自我意识,使点击广告的网民享受参与的时尚体验。

体验营销理论认为,信息经济的核心是体验经济。从心理学的角度来看,体验是对某些刺激所产生的内在反应,它大多来自于直接观看或参与某事件——无论是真实的还是虚拟的。网上市场和品牌产品网站的超大容量,使网络广告的虚拟技术得以充分发挥。网民通过点击选择,可以自主观看产品功效的演示效果,模拟"亲身"参与产品的购买情形,感受使用情景,激发情绪和情感。比如在某一汽车网络广告中,目标网民可以自主观看一周中每天的汽车使用与生活工作的情形,可以据此"感受"有车一族的工作生活模式。通过体验式广告活动进而激发消费动机,是一种新鲜的市场活动。体验式广告文化日益成为目标网民的新需求,体验广告是企业和顾客交流感观刺激、信息和情感的集合点。

网络卡通文化的盛行催生了卡通化网络广告。"阿贵"、"火柴人"等网络卡通明星的流行有力地证明了网络文化的魅力。利用 Flash 二维技术创作的网络广告,具有情景式、戏剧化、幽默、娱乐效果,其所占的容量不大,下载、播放方便。富媒体技术在旗帜广告中的有效应用,让 Flash 广告发挥的空间得到无限扩展。Flash 广告既可以是多种游戏形式的,也可以是系列故事形式的。在网络卡通文化的潮流中,Flash 广告成为网民新的兴趣点,网络广告的卡通化成为创作趋势。

3.获取信息的便捷性

网民接触广告的自由性、信息提取储存的方便性、广告信息更新的快捷性、交互反馈的实时性等,这些特性使网民在获取目标广告信息时既方便又快捷,铸造了全新的信息沟通方式。随着网络信息传播综合成本的进一步下降和网络广告监管的强化,通过网络便捷地获得广告信息服务的方式,逐渐得到网民的认可。近几年的相关调查结果表明,越来越多的网民依据网络广告信息进行购买决策。

网络具有电子和平面媒体的传播特性,拥有不断发展的多媒体表现技术手段。网络广告信息可以实时的横向比较,又可以纵向的分析说服;文字、画面的心理说服与品牌产品的虚拟使用体验同时结合,进行立体式综合诉求。综合来看,在信息时代,获取信息的便捷性是网络广告传播的本质性优势体现,也是网络广告传播的魅力所在,同时也是促使网民点击广告的时尚因子。

上述分析结果对网络广告创作产生深刻的影响。网络广告创作要更加个性化,采取差别化策略,针对不同的细分网民群体,使广告信息资源得到合理构建。利用网络的超文本表现特性,广告按需呈现,满足个性化的时尚需求。强化网民的品牌使用体验,特别对于高卷入度和时髦型产品,其模拟使用和购买的体验感觉,对潜在消费者具有极强的诱导和劝服效果。同时广告要符合网络广告语境,使其具备浓厚的网络文化氛围,增强广告的接受性;广告可以适时利用网络传播中的时尚元素,提高吸引力,体现新潮感;要巧妙运用最新制作与发布技术,不断丰富广告的创意表现和发布形式，给网民新的感观享受，使其对网络广告形成一定的期待心理倾向。

四、广告接触的高黏度性

网络媒体在传播功能上，主要表现为信息传递范围广、数量大、表现形式多样化；在传播方向上，突破了以往大众传播单向信息传输的方式，使信息传播同时具有双向传递的特性；在传播机制上，受传者由被动接受信息变为主动挑选、索取信息。[①]这些特征为网络广告的信息含量增大、形式的可观性、交互内涵的完善提供了必要条件。网民（特别是目标潜在消费者）在接触广告时，呈现出高黏度性的心理效应。相对于平面广告中的二次阅读效应，网民在点击广告或进入品牌产品网站、垂直型网站和网站频道后，参与广告传播的时间更长，接受丰富、完整的品牌产品信息的倾向意识强烈。电视、广播广告通常只有15~30秒，而看一则平面广告最多也只有一两分钟，然而互动性强的网络广告可以将接触广告时间延长到10分钟，甚至20多分钟。在这么长的时间中，受众可以进行一次完整的品牌产品体验，从观看、选择广告到参与游戏，进而了解更详细的产品信息，再到模拟试用，一直到订购。

网络广告的高黏度性与其诉求针对性强有直接关系，这主要表现在两个方面：

第一，网站、频道、网页的细分化、个性化带来网络广告投放目标性更明确、内容更相关。在大众媒体“碎片化”的浪潮中，网络媒体“个人化”色彩浓厚，传统媒体中的“撒网式”发布逐渐被“一对一式”的许可传播取代，也使广告内容与媒体信息融合程度加强，广告的无意注意力和潜移默化的说服效果极大增强，网民的广告抵触情绪降到最低。比如网民在新浪网站的汽车频道的聊天室中畅谈汽车的生活方式时，在该频道可以看到某品牌汽车展示现代时尚的周末家庭旅游生活模式，品牌主张得到自然的传播和认同，汽车频道与汽车厂商共建的经营模式也得到市场的认可。网络媒体信息与广告诉求的高关联性，使网络广告的阅读价值得到最大提升。

第二，基于网络的各种定位技术越来越精密，网络广告发布针对性日益增强。Dart、Ad Force等定位技术可以保证品牌产品广告在成千上万的网民中自动识别目标对象，定向广告发布系统可以根据若干变量瞄准潜在消费者：地理区域、性别、年龄、职业、收入、个人爱好等，当目标网民进入特定网站首页和频道时同步呈现广告，并且24小时监测网络广告活动，而且自动生成报告。另外，网站可以根据注册会员资料和网民接受信息提示，向目标网民发送电子邮件广告。精确的定位为个性化的品牌传播创造了基础，强化了品牌的亲密感。有针对性的发布，使广告的浏览兴趣得以提高，阅读深度有效增强，品牌与网民的“交流”时间进一步延长。

黏度性高的心理效应要得到有效发挥，广告就要具备较高的持续接触意义。这要求广告除了要提供综合的、多角度表现、满足不同心理阶段的信息内容以外，创造广告兴趣点也是一种有效对策。比如提供使用产品的愉快经历、幽默诙谐的语调、个性

---

① 米切尔·舒德森.广告，艰难的说服[M].陈安全，译.北京：华夏出版社，2003：121.

化的二维情景剧广告,以及设置游戏、有奖问答、免费下载、意见反馈等互动方式,这些都可以产生交流乐趣,以保持网民参与广告活动的热情。对于绝大多数的网民来说,必要的娱乐刺激是不断与品牌产品沟通的必要条件,否则,参与广告的过程可能半途而废。

第二节 网民的广告认知心理习惯及其创作对策

网络广告的不断发展,使网络广告价值的增益问题日益成为人们关注的焦点。在"眼球经济"时代,依靠过度刺激而引发的广告点击,难以真正实现网络广告深度的心理诉求效益和品牌塑造。科学、有效的广告是以受众传播心理规律为基础的。消费者所以点击广告,心理因素是主要动因。[①]网络媒体使用环境、网络广告传播特性和网民接触广告的情境等使受众形成独特的广告接受、认知心理习惯,表现出有别于传统的广告行为状态,而这些对网络广告创作产生巨大的深层次影响。广告是否成功,决不只是简单的文学、美术、摄影、表演技巧问题,更重要的是取决于它是否符合广告对象的心理。[②]在网络广告策划时,充分而有效地与消费者沟通、知晓消费者的心理和需求是关键。

在网络广告传播过程中,网民具有传统的广告认知心理特点,也具有基于网络传播环境的广告认知心理习惯。

一、个性满足意识

追求个性和实现自我是网民的显著心理特性,主要包括:获取能够满足个体需求的信息;参与张扬个性的广告传播;因瞬间兴趣而选择广告的自由冲动心态。一人一台计算机的上网方式造就网民冲浪时的"个人空间感",网络传播在自由、主动、平等的情境中,可以实现传受角色的互换。有学者认为,选择个性化传播是21世纪消费者的特征,他们要求有高度弹性的选择权。由于拥有了信息传播的"说话权",网民能够根据个人的兴趣、爱好、品位、需要,去浏览、点击广告,并向广告主实时提出信息请求。

在"猎取"满足个性需求广告的主导意识控制下,网民对"非个性化"广告表现出极强的忽视效果,而且可以自由地采取实质性、具体的广告拒绝行动,比如可以随意地从众多网站中下载广告拦截软件,使各种干扰式广告自动消失(而这种强迫式广告是传统媒体的"立命之本");网民可以很方便地对自己不喜欢的电子邮件广告建立拒绝设置,轻松清理"垃圾邮件"。

在这样的心理环境下,要求我们在策划创作网络广告时,坚持以网民的个性信息需求为出发点,按需、分类建造信息库,做到有求必应,并设置方便的反馈系统。在创意表现方面,要有效执行吸引力策略。横幅类广告必须具有极强的吸引力,吸引网民层层阅读品牌产品网站;活动类微型网站的各级网页设计,要采用纵向系列的广告创

---

① 陈培爱.广告学原理[M].上海:复旦大学出版社,2003:10.

② 冯浩羽."依情境"对广告记忆策略的扩张[J].现代广告,2004(3):17.

作手法,强化不同层面的网络广告个性魅力,不断保持和增强广告的"拉"力,而不能满足网民的个性要求,又想与他们进行有效接触和沟通,是一厢情愿的事。

二、"链接式"阅读心理习惯

即网民运用组合联想的思维方式,将旗帜类引导广告和网站类主体广告自动链接为整体信息的心理习惯。网络信息的超文本呈现方式打破受众的已有阅读习惯,代之以跳跃式的快速阅读;互联网的超链接功能使网民不能按传统的一次性连续地、完整地接触广告,而是逐层翻页形式浏览广告和参与行动,对引起注意的某个广告往往按片段式思维去阅读理解,形成对后程广告的期望和联想倾向。

针对这种心理习惯,我们在创作广告时要执行关联性原则,追求同一品牌广告的集中诉求力。一是广告信息诉求与引发的利益主张要有位置上的接近性,以使目标网民获得一次性的完整说服过程。信息的编辑、制作、发布顺序要方便网民提取阅读,有利于连续认知。二是目标广告网站中的各组、各层网页的主题相对独立,又要具有内在相关性,方便网民联系与理解,最终形成完整的有效诉求和引发行动。如果各个广告之间关联性不够强,网民越看越混乱,最后不但会调头就走,还可能会对品牌产品广告产生不良印象。

三、复合信息求知欲

网民对网络广告信息的获取呈现综合、系统性的状态,即在单次广告行为中,对品牌(产品)个性、娱乐和服务等信息同时具有强烈的获取意向。据CNNIC调查,近68%网民经常或有时浏览广告,超过75%网民以"获取信息"和"休闲娱乐"为主要上网目的,这有力地说明网民对广告信息获取呈现复杂性和多样性。而它们主要形成于四个方面:一是网络传播的"信息海量性",使信息的多种传播和多样信息的同时在线传播具有可行性;二是我国仍然以拨号上网为主,网民需要电话费和网络信息费的双重付费。这种在线行为的"秒秒付费"特征,使网民的娱乐补偿心理强烈;三是网络广告通常与网上商店一体化,使虚拟消费体验和购买行动成为实时性的可能;四是网络传播以超媒体的方式发送信息,既可以单个广告保持单纯,又可以使多类广告信息系统呈现。

复合广告信息的获取愿望只有得到足够满足,才能保证网络广告说服优势的有效实现。我们可以采取以下对策:一是网络广告要注意娱乐和奖励因素在主题诉求中的融合,最大限度增加广告接触的补偿价值。必要的娱乐和额外的物质或精神奖励,容易调动网民接触广告的持续热情,创设良好的心理情境。二是引导型的横幅类广告和网站的销售信息服务要有联动效应。这主要是指引导型广告除了完成品牌形象或产品主题诉求外,还要有足够的互动吸引力,或作销售服务获取的提示,促使网民点击进入目标网站进行综合信息诉求的沟通。另一方面要求目标网站要注意发挥其网上营销功能,提供有效的虚拟使用、虚拟购买、电子定购、咨询反馈、信息请求等销售服务,让目标潜在消费者感受到优质的品牌服务,最终实现网上营销传播。

四、自由参与倾向

网络为受众提供了最具有自由形态的传播方式，而网民也是所有传播人群中最具有自由、民主意识的群体,他们是传播的中心。网络传播的互动性,赋予了网民充分的信息选择、获取、使用权和传播过程的控制权。在网络广告传播中,自由参与意味着网民拥有充分的广告信息自由选择权、随意发言权和网上消费的完全决策权。网民具有独立的人格自由意识,广告的互动引导必须以自愿、平等、满足自尊为前提。在一般情况下,网民对网络广告的互动号召往往以是否符合个性化需求、参与过程是否具有自由平等性为判断依据,即时决定是否参与和参与程度。

网民自由参与广告活动的心理倾向,对创作提出了新要求,即网络广告要符合网络传播的独特语境。在互动引导阶段,广告文案注重体现平等的对话、交流关系,文案可以是对话式、讨论式、提问式等,语调则要突出轻松、诙谐、幽默,符合自由冲浪的心境;画面要以吸引网民点击后面的目标广告为目的,要舍弃那些为片面追求注意力而采取刺激过渡的方式。在目标广告网站的创作中,当涉及销售服务方面的诉求时,则要使信息清晰、承诺明确,也可以设置网上咨询窗口,供目标网民进一步了解和求证。

第三节　网络广告互动心理需求与互动传播策略

网络改变了世界,带来了一场新的传播革命。网络广告作为一种新广告形态,其运作形式和内容发生了很大变化,即互动性是网络媒体的主要特征。网络本质上是受众驱动型媒体,在其自由的语境中,网民受到自主的心理意识支配,参与期望强烈,对传播过程的控制权利也得到史无前例的扩大。进行网络广告策划时要求紧紧抓住这一核心优势,满足网民的心理需求。

互动性即传播者和接受者在广告信息流动过程中形成实时的、直接的双向沟通。"互动"使广告真正实现了双向选择的信息传播,使之具有人际交流的特征。广告主可以向广告受众传播广告信息，广告受众也可以在线向广告主进行适时咨询、提出问题,并得到及时解决,最终达到品牌体验或直销行动反应的目的。传播的本义是"交互"、"双向",是信息的双向流通过程。任何广告传播的最终目的是说服目标消费者的心理和行动倾向一致。在"后广告时代",网络广告具有先天的异于传统媒介广告的特质——互动。有学者称互动的核心概念就在于控制,就是指具备互动这一特征的媒体使用者可以不仅影响媒体信息呈现,而且还可以影响媒体体验的形式和内容。网络广告集文字、图像、图片、音乐、动画、图表等技术手段于一体,具有多感官、立体式传播的效果。正如许多学者和业内人士指出,网络引发并实现媒体革命动因的核心就是互动。互动不仅仅是媒体成功的最关键的因素,同时也是广告走向的焦点。

北京大学的陈刚博士在《后广告时代——网络时代的广告空间》一文中,首次提出了"后广告"的概念。在我们所熟知的"广告"前加一个"后"字并不意味着一种决裂。

我们之所以提出后广告的概念,只是为了表明作为一个怀疑者、思考者,同时也希望是一个建设者的态度,那就是在受到网络时代各种新的因素不断渗透与影响而不断变化的广告空间里寻找并探索一个新的世界秩序与生存逻辑。全球第一家网络广告公司 CKS Interactive 总经理 Pete Snell 认为:“网络广告最根本的特性是互动性,互动性广告的重心应在于互动信息的传递。”[①]网络广告必须改变传者单方面宣传的模式,真正为受众提供参与的广泛空间。奥美集团差异化行销全球总裁葛斯·哈伯认为:“高程度的互动性能力,绝对会帮助厂商大幅度改善让消费者融入、结合品牌的能力。”[②]互联网实验室高级研究员,中国信息经济学会电子商务专业委员会副主任梁春晓认为网络广告的互动特性主要体现在两个方面:一是不仅可以发布广告信息,也可以通过网民点击搜集和统计客户的信息,不断改善网络广告的发布;二是可以采用趣味、娱乐的方式吸引网民,网民点击行为可以影响和改变网络广告的发布内容或发布形式,在网络广告和网民之间形成相互影响的机制和效果。[③]

一、网络广告互动传播的两个理论

1.使用与满足理论和网络广告行销

传播学者认为,网络传播的主导模式是使用与满足模式,即受众主动去寻找自己所需要的信息,而不是被动地接受。使用与满足模式认为:(1)人们接触传播媒介的目的,是为了满足他们的一些基本需求。这些需求有着特定的社会和个人心理起源。(2)实际接触行为的发生需要两个条件:其一是媒介接触的可能性;其二是“媒介印象”,即对媒介能否满足自己的现实需求的评价,这种印象是在以往媒介接触经验的基础上形成的。(3)根据“媒介印象”,人们选择特定的媒介或内容加以接触,接触行为可能使他们的需求得到满足,也可能没有得到满足,但不管怎样,这一结果将影响以后的接触行为,人们会根据“满足结果”来修正既有的“媒介印象”,在不同程度上改变对媒体的期待。“使用与满足”模式考察了受众的媒介使用形态的多样性,强调了受众需求对传播效果的制约。

不难看出,基于节约高昂上网费用的需要及对网络的媒体期待,网民上网冲浪具有较强的目的性,个人用户一般是主动地搜索信息,因此网络广告的创作、投放等必须考虑到目标网民的心理需求。基于网民上网的目标和商家期望借助网络广告进行有效促销的目标发生错位的现实,兼顾网民心理,一味追求“点击率”是不可取的。

2.网络广告传播的许可特性

传统媒体上,广告是以插播的方式吸引受众注意,强迫其接受广告的受众鲜有“许可”媒体向他们散发广告的权力。广告在这时是征服消费者的一种“硬”手段,是对消费者的一种强制性灌输。美国广告研究者米切尔·舒德森就公开呼吁:“我希望广告

---

① 周鸿铎.网络传播与知识经济论文集[M].北京:中国传媒大学出版社,2001:196.

② 葛斯·哈伯.言论[J].国际广告.2002:6.

③ 梁春晓.专家访谈[J].现代广告.2003,(10):9.

业界人士能考虑我的建议:减少自己所从事的工作的破坏性。”①

1999年雅虎直销行销副总裁塞思·戈丁在《许可行销》一书中提出许可行销(permission marketing)这一突破性概念。“许可行销”简单地说就是先征得顾客的“许可”,再对其进行产品宣传介绍,和消费者进行深度的个性化沟通与互动,把“许可”作为一项资源。“许可行销”让受众选择要不要收到广告,营销人员可以更精准地触及更有购买欲望的受众,进而有效地运用广告预算。与传统行销相比,许可行销的关键在于过程,这种许可是在过程中培养的。

网络的技术特性增加了“许可行销”的可能性。在传统媒体上执行“许可行销”,消费者表达“许可”要经过复杂的程序。例如常见的明信片回邮,消费者需要撕下卡片,填写信息,到邮局寄送才能完成。由于过程繁琐,营销人员往往要提供高额诱因,才能吸引消费者参与。而在网络上,消费者只需轻点鼠标即可完成,其便利性是传统媒体无可比拟的。

就网络广告而言,由“强迫传播”走向“许可传播”,首先是要切身考虑消费者感受,除去种种干扰性的广告形式,如弹出式、浮动式等,让网民改善对网络广告的印象。比如,新浪、搜狐等主流网站近期开始取消弹出式等扰人式广告,就是顺应网民的要求,这一举措同时得到广告主的支持。其次要充分利用网络的实时互动特性,使营销人员与消费者在对等交流中建立起一对一的关系。

塞思·戈丁描绘了利用网络广告进行许可行销的几个步骤:

(1)利用网络广告让顾客有一个心甘情愿去做的动机;

(2)利用消费者的注意,营销人员提供一套课程,让消费者了解自己的服务和产品;

(3)加强诱因,以确保潜在顾客继续维持许可;

(4)营销人员提供更多诱因,以得到消费者更多的许可;

(5)经过一段时间,营销人员可通过许可改变消费者的行为,然后让自己获利。

二、网络广告互动传播的表现

我们认为,网络传播的互动性在广告方面侧重表现在三方面:

(1)网民参与的“高强度”性。网民在高强度的娱乐取向、求知欲、成就欲、利益驱动等环境中,直接参与广告传播活动,且具有非强迫性。“高强度”的参与,并不仅仅是一般的“页面浏览”,随意的广告点击,达到“接触”,或仅仅心理上的参与,更是带着鲜明的关心点,或强烈的兴趣点去参加,这时广告成为一种必须和乐趣。游戏型和个性化等互动型广告备受青睐便是有力地证明。

在广告的互动过程中,通过连续观赏二维、三维以及网络视频广告,网民可以获得视觉刺激的满足感;游戏式旗帜广告、情景式 Flash 广告、故事式三维游戏广告等带给网民极大的兴趣,也给网络广告赋予了丰富的情趣,符合网民“娱乐”的主导网络动

---

① 李世丁.广告文案写作——顾客导向的沟通之道[M].广州:中南大学出版社,2003:8.

机,得到了传统广告中所梦寐以求的“持久”深度诉求,增强品牌的亲切感,加深消费者与品牌的情感。

(2)传受角色的互换性。指在点点互通的情况下,传者与受者界限模糊化,传者既发布信息,又同时接受信息。传者可以选择针对不同受众的需要制作和发布不同的信息,受众也可以根据自己需要有选择的接收信息或实时地反馈信息。正所谓“传者即受者,受者即传者”。网络大众化的先进互动传播技术,使网民获得了前所未有的信息控制权,主动选择和发布信息的欲望普遍强烈,网民正扮演着越来越重要的传者角色。网民自发形成的舆论正日益受到社会的重视,它是民意调查的重要途径;网民点击广告、参与网上调查、注册会员、下载信息等行动效应一直是网络广告主重点关注的。网络广告传播要强化网民的主动传播意识,网络广告的有效性才能得到有力保证。

(3)效果反馈实时性。指传者可以随时获知受众对广告信息的反应状况,而受者也能够将意见或行动信息迅捷、方便的反馈回给传者。实时反馈是否发生,取决于几个方面:发送者是否要求、接受者是否主动、反馈的简易性。在网络广告媒体的环境下,知名、了解、态度、信息咨询、行动可以同一时间完成。反馈简便激发网民积极性,信息自动发送系统使广告主可以及时做出反应。基于满足网民反馈迅速的需求,网络广告策划要求设置足够参与窗口和反应回馈机制。

三、网络广告互动传播的动因分析

从网民的角度说,首先,网民对网络广告的心理认可度较低。虽然大部分的传统媒体受众对插播广告已默许,但网民上网是自费,试想有谁愿意花钱去看可有可无的广告信息呢?其次,在网络“免费服务”主导的形势下,点击广告成了“额外的支出”。上网主要是查找资料、通讯联络、娱乐,广告信息只能是可有可无的副产品。在目前中国的网络服务并不全面、网上消费尚未成气候情况下,人们可能更习惯于免费使用网络资源,而不是那些并不提供实在服务、还要刺激人花钱买东西的广告。第三,目前上网速度一般不是很快且需要费用,在“自由式冲浪”的行为情况下,点击广告进入企业网站对网民来说更多的是一种附加行为。因此,网民主动点击广告的积极性不高。要吸引网民的“眼球”,促使他们做出主动、深度的关联行动,我们要提供互动的内容和形式,简单“移植”传统广告最终是行不通的。

对广告主而言,网络广告的核心是传播效果的互动性和目标消费者反应的准确、及时可测性,这也是网络广告的不可替代性。网络广告主除了关注点击率、点透率外,更想准确获知访问者点过之后对目的地页面显示出来的兴趣有多大。交互性可以用访问者浏览广告的时间、浏览目的地页面的深度(精读度)、浏览页数甚至购买行动率等指标来衡量。网民在看过广告之后,对感兴趣的广告“点选”,进入广告主的网页或网站;接受了广告信息,对产品的“兴趣”转化为“购买欲望”,必定会仔细阅读网页,寻找足够的决策讯息,进而实行网上的“转换”(网民的浏览网页的动作,转换为某种切合广告目的的行动,如填写问卷参加抽奖、网上刷卡消费等)。越来越先进的广告管理系统和超链接功能,可以适时、准确地记录网民网上广告行为,甚至网民可以与广告管理人员及时在线对话。这一切以网民的主动性、互动性为前提。

网络广告属于空间性形式,是非强迫性传播,网民掌握主动权,呈现“人选择广告看”的形态。但网络广告由于屏幕小,不能以大取胜。网民是否阅读广告,只能根据页面的浏览量大概估计。如果网络广告未能采用新颖的形式和针对性的关心点或娱乐式的兴趣点,即互动的诱因,广告往往被规避。

另外,网络媒体要改变网上广告主结构单调的局面,吸引更多的传统广告主大力投资网络广告,提供广告的实效证明是最有说服力的。现在除了CPM(千人印象成本)、CPC(千人点击成本)的收费模式通用外,CPA(每行动成本)、CPP(每购买成本)等新的计价模式迅速受到国外厂商的青睐,这说明广告主对网络广告的要求更趋于“互动实效”。互动传播是网络广告媒体的竞争性优势,互动是网络广告深度、持续发展的核心动力。

四、网络广告互动传播策略

网络广告传播的本质优势在于互动性,但是,目前的网络广告点击率不理想,“颠覆性”的广告效果难以呈现,简单“移植”传统广告的运作方式受到网民抗拒,影响了网络广告的深度发展。越来越多的网络媒体和广告主意识到不对互动营销传播的结构和方法进行根本性的改变是很难突破现状的,因为可以被衡量的品牌传播和销售促进永远是广告主追求的核心目标。互动效应的产生是网络广告传播成功的关键。

众所周知,根据广告目标的不同,广告可以分为两大类:一是促销广告(又称直效行销广告),二是品牌广告(又称品牌行销广告)。在网络广告中,直效行销广告的有效性凭借其成本、销售效果、点击数等数据统计直观性而受到市场肯定。在“360度品牌塑造”的观念主导下,网络由于拥有品牌梦寐以求的受众资源而成为品牌塑造的重要阵地。品牌塑造从本质上来说是要在品牌和其目标消费者之间建立并维持一种亲密关系和对话。网络广告独特的互动品质,把品牌塑造的能量发挥到极致,与品牌塑造的本质要求相呼应。互动广告不仅使品牌能够像在传统媒体广告中那样说话,而且能够聆听目标受众的声音、善解人意,更加人性化,从而能够在消费者和品牌之间激发并维持一种对话关系,使消费者积极介入品牌塑造,建立起情感的纽带。

北京大学的陈刚博士等认为,网络广告的互动性会带来趣味性,可提高品牌信息的亲和力,并可产生移情作用,增强受众对品牌的好感;可使品牌广告与目标受众的接触时间延长,为传达丰富、完整的品牌讯息赢得宝贵的受众注意力;使品牌提供优质贴身服务,更多的情感附加值使品牌升华。

具体的互动策略主要有以下几种:

第一,个性化策略。个性化策略指以目标网民为中心,根据其需要、品位、兴趣取向、上网习惯、消费习惯为个人特别定制和定向发布特定广告的策略。“使用与满足”

的理论认为,受众是基于特定的需求动机来接触媒体的,接触媒体的过程就是满足需求的过程。按照“我需要才点击”的逻辑,网络广告只有符合个人需要,才有可能促使网民产生互动的可能,否则必被漠然视之。另一方面,广告要适应个人习惯,互动要简易方便。当然前提是要有相关的个人资料。个性化互动策略表现在广告的定制和定向发布两方面。

定制广告通常是根据个人提供的资料,归类配出广告内容套餐,实现自动的“分众化”,甚至类似“个人化”创作的广告,一般同时设置“参与”的窗口。例如,在 Parent Time 网站上,凡是输入小孩年龄的家长,在得到相关的育儿信息的同时,还会看到专为这个年龄段所作的广告,如此能得到极好的反馈效果。在电子刊物和电子邮件广告中,可以根据网民的需求和个人资料定期传播“量身定做”的广告。

定向发布广告是根据不同类型广告主的不同需求,准确地收集并判断网民的行为特征,选择最适合的对象投放相关广告,从而最大限度地提高广告的到达率和转化率。“定向”实际上是对受众的筛选,即根据访问者的不同情况决定广告的显示。如果一位注册会员登录新浪网,那么他的个人资料立即通过一种广告管理系统被广告商获知。根据资料和他正在浏览的网页内容,广告商可以从备选的横幅广告中选出他乐于接受的广告并发送出去。如果这位访问者是年轻女士,她所看到的页面上闪动的广告是玉兰油系列化妆品广告,广告会诱导她主动查询免费提供的美容技巧。若是一位男士,摆在他面前的可能是飞利浦剃须刀的广告。个性化广告能够迅速抓住网民的关切点,激发好奇心和参与欲,诱发行动。

第二,体验式策略。体验式策略指通过利用虚拟现实等技术,引导网民参与使用品牌(产品或服务),以预先获得消费体验,对该品牌(产品或服务)产生了解、认同和共鸣,从而达成广告目的。在网络广告中,这种“感受”是多感官立体式和实时的。这种策略可以完成从知名到试用再到进一步说服甚至购买行动的多层次交互效果,并通常具有娱乐性。市场营销理论认为,“求新”是消费者的基本购买动机。新的品牌、产品或服务,容易激发试用欲望,网上免费的、带有趣味性的“使用”,自然会引发互动效应。比如柯达胶卷的旗帜广告中显示一群儿童运动的照片,广告中的镜头取景框能随着鼠标移动,当移动到适合位置时,取景框中的画面会变成彩色。此时,只要按下鼠标,就能完成摄影,并及时显示效果和销售信息。又如某一面粉在广告中引导网民体验使用面粉做馅饼的感觉,网民利用鼠标控制每一环节,既有趣又切合主题。

体验式策略要让消费者体会到品牌或商品的优良品质,享受附加的心理价值;另外,体验模式要有多种选择,满足其自主和娱乐需求。

第三,游戏式策略。游戏式策略以娱乐为诱因,以互动游戏为载体,在受众参与的过程中传播广告讯息,从而达到潜移默化的广告效果。网络互动、自主的传播特性,使受众可以只“点击”他们感兴趣的广告,这要求网络广告更加具备服务性或娱乐性,或者两者兼备,只有这样,才能增强网络广告的黏合力和吸引力。按照广告内容和游戏的融合程度,游戏策略分成两个层面:

在网站提供的免费游戏的开头、中间、结尾,或者游戏的四周发布广告。品牌(产品)特性与游戏内容无明显关联。广告成为“免费游戏”的“附带条件”,由于受众比较投入,对广告的注意值也较高。

用互动游戏技术,将品牌(产品)讯息嵌入游戏环境当中,通过网民的互动游戏,产生更强的说服效果。可以特别定制,也可以改编已有游戏。如可伶可俐护肤品把油脂比喻成虫子,把产品比喻为快枪,通过游戏(枪打虫子)来吸引网民,突出产品功效。互动性、趣味性的游戏,使网民不仅从网页上简单获得产品讯息,还能在游戏和游戏后出现的动画的过程中加深对产品的印象。又如雀巢纳斯魁克巧克力饮品的推广围绕品牌偶像纳斯魁克兔展开,网站为纳斯魁克兔每天都安排了探险活动。例如其中改编一家游戏公司的“巧克力大挑战”游戏,内容是小兔子在一座巧克力山上滑雪,在潜意识中塑造品牌形象。

第四,激励式策略。激励式策略在网络广告活动中,设置实时可以获得的“奖励”,以诱导目标受众主动参与,从而达到深度诉求的效果。从心理学的角度来看,行动源于需要而发于诱因,网上互动要有驱策力。“奖励”诱因是目标受众对行销活动产生行动的原动力。比如免费赠品、优惠、奖品、会员卡、荣誉等。据 CNNIC 调查,“有奖促销活动”是网民最能接受的网络广告。网民“点击广告”其实是消耗成本,需要“奖励”作为回报,否则,互动难以实现。这“拉”式的互动策略是网络广告活动成功的法宝。比如,福特汽车为了测试电视广告片的效果,举行“积累点数赢得奖品”的活动,在这次活动中,网民可以访问福特公司的主页,通过回答一些选择性的问题,网民可以选择自己认为合适的福特汽车的电视广告的脚本。根据大家的选择,将有四个脚本被选出并陆续播放,在每一则广告片播放的中间,参加此活动的网民可以继续登录网页,对播放过的广告片进行投票,同时还可以提出自己对下一则播放的广告片的设想,网民还能够通过参加这次活动累积点数从而获得奖品。电视广告在网上的有效“移植”,不但使广告达到很好的接触率,还实现“选择—投票—参与创作”的交流式的、递进式的、深层次效果,这一切主要归因于福特的品牌价值和奖品的吸引力。这种策略适用于新产品广告、收集资料、测试等。

第五,悬疑式策略。悬疑式策略是指通过设置疑问,为受众创造行动导向,实现层层递进诉求的广告目的。它的核心是利用受众的好奇心、参与欲望和解惑的需求,广告提供的讯息恰好能够满足这一切。它依赖的不是娱乐式的猎奇动力,而是寻求问题答案的驱策力,倾向于理智型。一般有疑问型、欲语还休型、邀请行动型等。悬疑策略使受众从不自觉的被动状态变为自觉的主动状态,最后达到促使受众积极查询讯息、提问、注册等互动效果。如当网民把鼠标移到 IBM 四个颜色各异、不断上浮着透明气泡的标志广告时,会分别出现四个与公司相关的电子商务的问题。点击后,“答案尽在下一代的电子商务”进一步的引导信息出现,并自动链接到 IBM 网站,访问者可以查询更多产品讯息、解决方案及在线注册(会员能下载更多资料和获得线下的免费权威报告)。IBM 使用几种网络广告形式和多层导向,通过“解惑”实现互动,达到扩展与推广深层的宣传讯息，创造出品牌与顾客之间的一对一的沟通关系，引发对品牌的兴趣。悬疑策略的有效实施,关键在于要能提供确实的解决办法和足够的讯息。

网络广告的双向互动传播特性,要求我们在策划创作和发布网络广告时,以互动效果为出发点和终结点,特别注重运用开放参与性和创新性思维。随着网络的逐渐普及,使用环境的日益合理完善,网络广告的策划创作水准不断提高和管理技术的不断发展,互动策略将更加丰富,网络广告必然得到更长远发展。

五、互动策略在网络广告文案创作中的应用

在网络广告创作中,语言、画面(图像)、音乐是三大核心创作要素。文案如何有效激发网民的参与意愿和激励其参与行动,是网络广告互动效应产生的关键因素,文案的互动效应则是我们创作网络广告时致力追求的主要目标。有调查表明:大部分的网民点击网络广告主要是被广告的创意所吸引，多种语言的立体说服构成了网络广告的创意表现符号环境。在网络广告中,虽然亮丽的色彩、精美的图片是吸引网民点击的重要因素,但广告中的文字语言也有着它不容忽视的一面。广告中的语言文字的主要作用是运用语言文字艺术直接或间接地向消费者传递商品或劳务信息，激发参与传播热情,吸引网民注意力,从而引起兴趣,继而产生需求欲望。如果画面是通过视觉效果引导网民,那么文案内容就是决定广告是否能够锁定目标网民关注、引导参与行动的因素。

1.网络广告文案创作的心理吸引法则

(1)链式文案诉求。围绕同一广告主题诉求,利用网民的瞬时记忆规律,多个片段式短文案"链接"成完整的长文案,从而达到深度诉求效果。每个文案一般不能独自完成诉求,各句之间环环相扣,缺一不可,逻辑关系非常强。网络阅读容易疲劳,网络广告面积比较小,因此,在网民普遍的"链接式"阅读心理状态下,网络广告的文案诉求,特别是引导式文案应该句式短而意未穷,通过层层诱导,使网民对广告由无意接触转为主动参与交流。比如菲利浦纯平彩电旗帜广告的三祯画面中,第一句文案是"未来电视处在动感的新一代",明确提出电视的消费潮流主张,以此与目标高端消费群体认同和共鸣;接后两句为"拥有菲利浦纯平彩电,确保画面动感流畅"、"100Hz 数码扫描,确保观看舒适",分别作出产品利益承诺和技术支持理由。三句文字连续出现,自动组合为整体,一气呵成,使人产生信服。

链式文案诉求的突出特点是瞬时组合连接，多层信息的递进式传播更能符合网民的急切求知心态和求知逻辑。实施时要确保句与句之间清晰、严密的逻辑关系,第一句要与后面的文案保持内在的内容关联,否则,断裂式文案使人不知所云。

(2)自由行动导向。在引导网民参与广告信息传播活动中,以个体自愿、自主为出发点,以人性化的、坦诚的沟通策略为核心,创作网民拥有自由选择是否参与号召行动的文案。互动性和主动性是网络广告的主要特征,互动意味着网民的行动,这也是我们追求的主要目标效果。网民的广告参与行动导向应该建立在尊重个体、满足期望

基础之上，而不是强制的或“善意欺骗式”的、或依赖过度刺激产生广告点击的诱导，不然，受众容易产生失望甚至逆反的心理。自由行动导向包含两层含义：

一是文案要能够刺激受众参与的欲望并产生实时行为的冲动。如果只有欲望，而没有实时行为的冲动产生，网络广告从注意、兴趣、信服到行动“一站式”的独特传播价值难以实现，也没法调动网民与品牌的“对话”沟通。如宝洁公司的 reflect.com 化妆品网站的网络广告语是“美容的条条框框有成千上万，但他们都是错误的”，首先给爱美的女性一个心理震撼，有效吸引消费者到网站上看个明白；品牌网站在挑选美容用品方面给女性自己的声音，与受众进行以服务为前提的对话交流，树立了“美容顾问”的良好品牌印象。

二是行动的号召、诱导文字要以网民为中心，实现传受双方平等、相互尊重，与网民自由选择的心态相吻合。这一方面指上一层的广告引导诉求要与下一层的品牌（商品）信息内容保持一致性，不能“题文”脱节。另一方面指诱导、邀请的文案语态符合网民自由、民主、平等的心境，否则，广告必将被规避，网民产生厌恶心理。

（3）符合网络广告语境。融合了印刷媒体和电子媒体沟通优势的网络广告传播，具有独特的、以目标网民为中心的个性化沟通的语言特性，因此，文案的语言形式创意必须营造和适应这一语境。网络广告语境主要表现如下：一是口语交流感，即文案具备交互式的、一对一式、“面对面”的人际交流特性，尽量脱离书面语言制约，增强口语化和生动性。口语化的话语特性使广告很好保持网络中生活的原生态，广告语境和网民的情境得到相互渗透。二是满足个性张扬和平等需求。在线广告行为的自由性，首先网民习惯按信息需求选择广告来阅读，即所谓“拉”出信息；其次是对体现自我个性、风格的广告情有独钟；再次则是要求广告具有阅读的非强迫性，尊重网民的自由选择权利。三是语调的调侃性。调侃语态营造出轻松与娱乐的氛围，有效激发兴趣，增添情趣，便于广告的渗透影响。发现和创造快乐是文案的中心。如李宁舞蹈鞋旗帜广告中，“安装”了螺旋桨的舞蹈鞋不停飞翔，三帧画面轮替跃出的文案依次是“来抓我呀”、“更轻的运动感受”、“李宁有氧舞蹈鞋，更轻盈的设计”。“来抓我呀”充满着调侃和口语意味，极具生活化。文案创意与画面表现浑然一体，既巧妙表现产品的年轻个性，又激发网民潜在的“生活游戏”兴趣。网络广告传播最具温馨、人情味和人性化，是最接近人际传播层次的沟通。又如“尝试网上‘堆’雪人，网上如何去堆？有雪吗？是游戏？哈哈！”点击后看到的是 Intel 公司的雪人贺卡，文案充满鲜明的调侃性和交流语感，激起网民的极大兴趣。由此可知，网络广告文案只有以个性化、生活化、口语化的语境为创作基础，才能获得有效的广告接触、沟通和劝服效果，互动效应自动形成。

（4）文案信息多向性。主要指文案信息传播包涵主题诉求、社会生活形态、娱乐、购买服务等信息，强化整合性。网络广告的物理空间受限制，这给文案创作提供了广阔的场地，网民仍然是从文案中来接受主要的广告信息。

为了突破消费者接触广告时的预先处理态度，广告文案内容除了主题诉求，还应加入更多社会形态和娱乐体验信息，与消费者在其他意识流中达成默契，这样才能形成主题信息与消费者深入沟通并被有效接受,最终达成广告的劝服效果。在线的购买服务信息则把广告效果快速地转化为销售效应,发挥网络广告诉求的注意、兴趣、欲望、行动的整合优势。比如移动公司的“动感地带”广告活动中,在“M-zone 年轻人的通讯自治区”的品牌概念指导下,首先以引导广告语“我的地盘,听我的”鲜明地张扬品牌魅力,充满个性甚至反叛性。其次,品牌网站做成虚拟的年轻人“自己”的卧室,内容包括“自选套餐”、“八宝箱介绍”、“专卖指南”等消费导向信息。最后,为了强化品牌,“移动鼠标观看第十套广播体操”、“移动鼠标三分钟学会太极!”为主题的多媒体广告,以目标受众在初中时非常熟悉的广播体操和太极拳,通过其生活中熟悉场景,来唤起他们的认同感,并把品牌主张巧妙地融入其中。广告活动创造的三万多个注册用户的效果说明多维信息整合的有效性和必然性,这既满足了网民的心理需求,也体现了网络广告信息传播的独特优势。

随着网络广告创作和发布技术的不断发展,网民对广告的态度日趋成熟,传统广告创作技巧在网络广告的心理环境下应当变化和发展。文案在与图像、空间、声音等创作构成要素组合时,必须以网民的广告心理状态为创作依据,才能突显和提升网络广告传播的优势。

2.横幅广告语的互动创作技巧

(1)横幅广告的互动导向功能。横幅广告(也称为标题广告、旗帜广告)是最早的网络广告形式,也是目前的主流广告样式。CNNIC 多年调查结果表明,横幅广告一直是网民最能接受的主要网络广告形式,网络广告主使用横幅广告的比例达到 88.5%。由于各种形式的横幅广告具有传统媒体广告的强迫阅读效果(而且 CNNIC 调查结果证明网民已经接受横幅广告的合理出现),横幅广告可以为品牌带来梦寐以求的品牌认知度和注目率。随着富媒体技术的充分运用和宽带的日益普及,网民可以在横幅广告上进行直接的互动,延长广告接触、交流时间,增强品牌情感。横幅广告的品牌形象效果已经逐渐得到认可。在网络广告传播中,横幅广告具有独特的、不可替代的互动导向功能:

①参与窗口功能。这是指在目标网民到达品牌网站进行深度互动的过程中,横幅广告提供点击的方式和参与交流的入口。品牌(企业)网站创建了网民与品牌深度沟通的条件,高强度的互动性是品牌“一对一”个性化沟通的基础,网民通过点击横幅广告中设置的文案或者画面等按钮可以直接链接到目的网站,这成为网民参与品牌(产品)广告传播的主要方式。在大多数情况下,“横幅广告 + 网站”成为网络广告传播中的有效组合策略,横幅广告的互动导向作用不可替代。因此,随着网络广告的发展,虽然横幅广告的样式发生很大变化,但是横幅广告连接广告网站的作用越来越大,尤其是广告互动性方面,其提供了极大便利性服务。介入传播越方便,网民互动意愿越强烈。

②行动导向功能。这是指横幅广告以个性化、相关性的信息和独特创意表现形式,激活网络动机,引导、刺激网民采取行动,实现理想的互动效应。信息的个性化是指广告信息与目标网民的需求相吻合,符合目标网民个性化的消费特征;信息的相关

性是指横幅广告与目标广告(通常称为广告网站)之间的相关性。信息的个性化和相关性越高,广告的互动性就越强。

有效的横幅广告语应具有清晰的行动导向性,对目标网民的行为方向进行引导,使他们能按照广告策划者的意愿进行动作。横幅广告语具有品牌认知和互动引导或两者兼有的功能。例如,强生婴儿护肤柔湿巾的旗帜广告中,两帧广告中嘴里含着奶嘴的卡通婴儿小屁股由红变成光亮,广告语依次为“和红屁股说 byebye”、“宝宝妈妈都 happy”。此广告一方面突出了强生婴儿护肤柔湿巾的品牌品质形象,另一方面激活了宝宝妈妈解决“红屁股”问题的动力,驱使她们通过鼠标点击进入广告网站,寻求问题全面解决的方案。

随着富媒体技术在横幅广告创作中的运用,定向广告发布逐渐得到广告主的接受和认可,宽带用户的日益增多,横幅广告的互动性能得到极大强化,横幅广告注意力不断提高,互动导向功能的发挥空间将无限延伸。

(2)横幅广告语的互动心理情境。互动心理情境是指网民接触横幅广告时,与广告主进一步互动交流的情绪状态。积极的互动心理情境容易触发互动意愿,相反,不良的互动心理情境往往难以激励点击行动。

在传统广告中,广告策划创作者力图激起消费者的某种积极情感体验,以引发与品牌相关、能促使消费者产生共鸣的心理参与效应。网络广告的互动性包括心理参与和行为参与两个层面,其中后者是重点、难点。在网络广告传播过程中,横幅广告的接触率不等于参与的行动率。广告语的创作要能切合受众心理需求。从广告效果角度来说,广告语首先要做到体现合意性,产生注意力,其次要能强化受众对品牌产品的长期记忆,形成影响。在网络广告互动传播的环境下,横幅广告语还应达到第三种效果:吸引网民点击广告,促使他们进入广告网站,与品牌产品进行深度的交流。在绝大多数情况下,广告处于无意注意状态,点击广告往往具有瞬间决定性或偶发性的特点。在网络广告的口语交流感、调侃性、个性张扬、平等的语境中,横幅广告语能否创造“即时”的积极参与情绪,对横幅广告的互动导向功能的发挥起着决定性作用。

“依情境”理论认为:信息在不同情境中的表征是不一样的,消费者更可能把信息和特定的地点及情绪状态联系起来,所以特定的情境有利于提取与之相适合的“依情境”存储的信息,即如果消费者在购买时的地点与看广告时的地点相同,或者消费者在购买时与看广告时有一样的情绪状态,将有助于广告信息的提取。这种情境分为物理情境和心理情境,物理情境指看广告信息或购买商品时消费者周边的环境状态;心理情境指看广告信息或购买商品时消费者情绪状态。网民由横幅广告本身引发的积极互动心理情境要与目的广告网站引发的情绪一样,即导向广告与目标广告策略一致性时才能进行有效的、强渗透的沟通交流和网上购买,保证网民在网上品牌(产品)各个接触点的情绪保持相同。

积极的互动心理情境来源于情趣、好奇、参与便利性、奖励易获性、网络时尚热点等,互动行为的发生往往是即时的,因此,横幅广告语的确有其独特的创作技巧。

(3)横幅广告语创作技巧。①体验感觉口语化。指横幅广告语以口语交流的形式，将网民通过虚拟技术从下一层的目的广告网站中可能获得的观看、“使用” 品牌产品的体验感受生动表达出来，煽起跃跃欲试的热情，激励互动行为产生。互动性创造情趣，虚拟观看和使用能带来新鲜感并满足好奇心；口语化的体验感受描述，由于好友分享其美妙亲身经历，广告可信度和吸引力无疑会增强，这些有利于生成愉悦的互动心理情境。如，“动感地带”的娱乐套餐增值业务的几帧横幅广告的画面中依次出现广告语：“想与众不同吗？想秀出个性吗？别在跟头发、衣服较劲啦！这里的娱乐通讯套餐让你像哈利·波特一样自在多变，有了它想玩的没个性都办不到！”广告语好像是一位同学在向大学生讲述其使用娱乐套餐后的自豪感受，体现了该业务的鲜明个性韵味。在广告语中透出的诱惑性，促使大学生们急不可待地点击进入广告网站进行尝试，同时更强化了“动感地带”的品牌形象。又如奥迪 TT 激情上市的横幅广告中，画面展示风驰电掣中的汽车，依次出现的广告语为“这究竟是一部未来的艺术杰作，还是现实世界中不平凡的跑车？都是！圆的完美设计灵感，与速度的终极表现激情被挑逗，请打开全部感官，准备为 TT 惊艳。”在旗帜广告中，网民的鼠标伴随着大自然的声音开着 TT 车，可以从容地加速、加速、再加速；也可以进入网站享受全方位的产品体验感受。广告语以跑车迷的口吻惊叹 TT 车的设计和速度，容易获得目标网民的认同感，再加上“试驾”极其方便，广告诱发互动行为自然水到渠成。

口语化的语言往往显得自然亲切，可信度高，没有压迫感。口语化描述品牌产品的体验感受，具有较强的煽动性，容易引发参与的情境，促成互动效应。为保持感觉细述的流畅自然，一般采取单人自说的形式较佳。

②语调轻松自然。在自主性、人性化、娱乐化的网络传播环境中，横幅广告语用一对一的对话形式，营造平等交流、亲切自然的氛围，以诱发目标网民更深层沟通的愿望和行动。在受众导向的观念指导下，广告接触变成朋友之间的面对面聊天，语气亲切随和，网民可以获得一对一的对话交流的轻松感觉；在良好的预设交流机制中，诱导信息能自然融合其中。自然、轻松的对话感觉往往可以使网民不仅注意广告，而且会使他们更自愿地进入目的广告网站，以获得更多的交流乐趣，从而达到传播目的。如商务通快乐星 808 的横幅广告，在一颗流星滑过夜空的画面上出现几句情景式广告语：“快看，是流星耶！不是，那是一快乐星！”之后是商务通品牌形象语：“商务通快乐星 808”，“信息同步，网络互通”。充满浪漫情调的对话，使人产生情感共鸣、愉悦联想和向往情怀，“快乐星”呼之而出，达到品牌注目和认知的效果；同时，这种“点到即止”的情感利益诱惑，唤起网民进一步共享的急迫情绪，触动往往因此而生。同样的还有亿唐校园情书大赛活动的 Banner 广告，“亲爱的，我爱你就像……老鼠爱大米”，以校园搞笑情话为广告语，令人看后在笑声中倍感亲切自然，留下深刻印象。广告语只是道出了一方的话语，而另一方的反应则需大学生更进一步去点击了。

亲切随和、自然诙谐的语气，营造浓郁的生活氛围和个性魅力，往往容易调动网民进一步交流的愿望；平等交流与分享增强了沟通的黏度和满意度，否则他们会拒绝点击，或是点击后沟通交流不充分，甚至因为过度刺激而点击广告时形成期望值过高,使网民进入广告网站后产生落差感,这样的“互动”效果往往适得其反。横幅广告语可以由双方对话内容组成,以营造完整情景。它也可以由第一方话语形成,以便制造一定悬念或促动网民替代完成。

③行动号召,指横幅广告语以刺激性的易获利益和瞬时“逼迫”手段向目标网民发出互动的倡议、号召,并以足够的促动力诱发网民采取即时的交流行动。利益的易获性指网民互动过程中能够即时享受到期望中的心理利益以及获得物质利益和后程精神利益(如获邀参加活动等)的便利性。网民的互动成本付出,必须产生相应的“利益”回报。在无意注意占主流的广告世界里,网民点击广告的偶发性和瞬间性使点击行为的有效发生必须很大程度上借助适度的、艺术化的“逼迫”手段,否则,单纯依靠网民随意的自愿行为,互动效益难以根本保障。

号召行动可以分为两种形式:

一是显性号召,即广告语以清晰、直接的字句催促网民采取即时点击行动,通常采用祈使句式或疑问句式,以邀请、建议、劝导等语气表现。如康师傅绿茶饮料在“苏有朋票选广告片女主角”活动的网络广告语:“你来选最佳女主角”,在满足网民自由感、自豪感的前提下,直接发出网上投票的强烈邀请。又如 Motorola A6188 网上通广告语:“想率先体验?‘e’试身手赢手机”,以疑问语气强调邀请立即行动,否则无法享受体验快感。其他还有如“开始游戏!移动鼠标来超车,找到奔腾 4 处理器标识”(奔腾 4 处理器游戏广告语)、“输入标题以创造你自己的报纸头条,在这里你就是明星”(麦当劳儿童定向广告)等。

二是隐性号召,指广告语通过描述奖励(奖品)和与行动相关的客观事实,来诱惑、催促网民尽快行动,以免错失良机。这种号召急迫性较弱,故通常辅以其他催迫功能的视觉元素或辅助广告语来强化即时互动效果。陈述句式较为常用。比如 Nikeshox 运动鞋网上推广活动中,横幅广告语是:“临界 Boing 网上激情活动明天 15:30。”画面左边为不断变化的倒计时牌(它的时钟与浏览者的计算机时间同步),广告不断提醒网民现在离最后点击的时间期限,这时的时间提示信息起到“逼迫”作用,广告语的催促效果由此可见。又如二十一体育网大奖活动广告语:“警告:按这里可能获赠汽车选足球先生,中汽车大奖。”直接说明投票活动的奖品,极具诱惑性。同时辅助广告语“现在就来吧”配以鼠标模拟点击的动作,使广告的号召力度急速增强。又如润妍女性电影专场活动的“润妍女性电影专场邀请函”。

④语义模糊。信息内涵在广告语中故意进行不完整、含糊化的表述,以有效激活网民好奇心和求知欲,促动目标网民探究、解惑、娱乐满足的互动行为效果。欲语还休、轻度暧昧、语音模糊等是常用的创作方式。这种技巧主要应用于定向性较强的广告创作,以确保目标网民接触广告时对信息内容有兴趣并可能产生点击行动。如飘柔自信学院广告语“能否今天晚上见个面?哦,好吧!那就在”(左上角依次出现男孩—女孩—男孩的卡通画)。广告采用 QQ 对话形式,关键的见面形式和地点的信息则隐藏起

来。如此神秘而又模糊的对话内容,瞬间激起深度浏览的兴趣。当网民急不可待地将鼠标移到对话框时,下拉式出现了关于自信的问题与谋求解决办法的指引"如果她看不上我怎么办?如果我看不上她怎么办?在这个时候,只有自信能够帮助你!看看飘柔自信学院怎么说……"又如兰范网络游戏广告语"你能用整个山庄的玫瑰找回你初恋的感觉吗?"以设问形式唤起网民寻找初恋的激情,并提出新的而又含糊的"找法",吸引网民尝试接受这一新挑战。有一定暧昧意味的广告语能产生有效的诱导作用,这类广告语如"两人世界,qing嘴很关键!清嘴的情人节"(清嘴含片),"咱俩最好先登记"(中文利网:引导网民注册会员),"它害得我很惨,NISSAN汽车"(NISSAN汽车),"感性游戏,谁与共享——释放你的冲动和激情(马爹利时尚派对)"等。

⑤借用网络流行语和热点信息,指广告语巧妙、及时借用网络热点话题和流行词语,来增强广告的流行感、关注度,从而跃动网民的互动热情。

网络热点话题是指超越于其他传统媒介的、全国性或全球性的、盛传于网络的各种社会热点论题、信息,它是网络时尚文化之一。这种热点诉求具有较强的时间性,要求我们及时掌握网络传播动态,与时俱进。网络热点可以使网民的访问率上升,并成为他们的特殊话题,由此引发此类广告的点击率提升。比如,由于中国足球队第一次参加世界杯赛,故2002年5月在日本和韩国举办的世界杯赛自然成为网络的热点话题,与世界杯赛有关的网络广告容易激起网民的兴趣。雅虎网站的一条横幅广告语及时抓住网民关心的热点:"世界杯决赛阶段2002年5月31日正式开战,请关注世界杯最终决战。"这一热门话题的强烈提醒,使网民眼球快速聚焦。网民点击后,出现了主题广告信息"游韩国看世界大赛,神舟出境游11条线路条条精彩"。这一热点素材同时也被麦当劳巧妙使用。其电子邮件广告中的横幅广告语:"麦当劳球迷优惠券,转射再转射!"利用网民强烈的足球情结和高涨的热情,号召他们不断转发电子优惠券,实现"病毒式"营销传播效果。再如1998年期间,克林顿性丑闻后其是否会被弹劾成为网民追逐的话题,某软件的广告语"该弹劾总统吗?把你的观点告诉全世界",利用网络热点问题诱导网民使用其软件。这种技巧要求旗帜广告语与后程的广告信息必须具有关联性,一般在阶段性的广告或活动促销广告时比较常用。

网络流行词语主要是指在网络传播环境中网民共同认可的、具有网络个性、含有特定意义的词语,包括电子语言和特殊简称词语等,如"e"试身手、@、很"QQ"、3D感觉等,这种词语具有网络时尚感和网上交流语言特征,亲切感和个性化较强,容易激发网民的参与情绪。如某制衣公司T恤衫广告,"e恤说:别碰我,我是虚拟的",网上卖的T恤衫自然是虚拟的,因此"T恤衫"成为"e恤衫"。独特的e恤衫带来全新的购买体验,再加上拟人化的激将法表现,让网民获得乐趣,互动效应由此迸发。

六、互动策略在网络广告画面创作中的应用

网络广告的互动效应要求广告追求并维持最大的注意效果,同时进一步激发兴

趣,培养品牌个性形象,最终促发行动,而这些不同层面的广告效应可以一气呵成。广告画面具有吸引和维持受众注意力、强化受众对语言信息的理解和记忆、边缘说服的功能作用。网络广告的互动效应能否有效产生,画面具有至关重要的引导作用。总体而言,网络广告画面成分构成包括图形、商标、商品名、按钮、轮廓。如果画面具备足够的吸引力,网民不仅会注意到广告介绍的品牌,还可能点击旗帜广告进入目标网站,达到与品牌的深度交流、沟通的目标效果。

由于互动行为的自主性和即时点击特性,网民接触广告时的心理状态对互动效应的产生影响较大,点击率也成为网络广告创意人员的主要目标。网络广告画面,尤其是旗帜广告画面的创作,要求实现其核心的互动功能。要发挥理想的互动效应,不是依赖复杂绚丽的画面或形式,而是贴心、实用却让人出其不意的创意。网络广告画面的创作要注意:一是创设良好的互动环境,包括广告具备足够的注意价值、必要的行动指引等;二是触发网民积极的互动情绪。要求画面提供足够的品牌沟通体验、娱乐感受、审美情趣等,构建适时的互动情境。

网络广告画面互动效应的创作方法:

1.互动提示

网络广告中设计醒目的互动提示,创建网民点击广告、认知探索的窗口和路径,能极大增强即时点击的便利性和促发参与愿望,形成良好的互动环境。在画面的整体创作中,互动提示是一种不可或缺的辅助信息,容易煽起网民的互动热情和行为的心理暗示,往往起到直接邀请和提醒网民采取行动的功效作用。

(1)按钮提示,指将具有行动号召意义的文字和行动指引的图形(如箭头、演示按钮)设计为完整的画面元素,供网民点击进入下一层网页进行互动。按钮是互动视觉提示的主要形式,简单明了,指引清晰。主要有两类:

一是文字类按钮,即将文字图形化处理,文字与边框或色块组合成按钮。劝导、建议的意味较强,提示直接。有些按钮的文字内容与创意没有关联,主要起到马上点击的感召作用。如“点击此处”、“go”、“了解更多”、“详情进入”、“玩玩看”等类似文字按钮。另一些按钮与广告创意具有较强的相关性,是主体画面、文案诉求的有效延伸,劝说行动比较婉转,通常还具有一定的诙谐效果,容易强化网民的点击情趣。如太太口服液在主题为“投入五大洲之旅,赢得心动大奖”的广告按钮是“开始旅途”;又如奥迪汽车利用富媒体技术制作的旗帜广告,设计了以“测试驾驶技巧”为主题的游戏,“立刻出发”和箭头组成的按钮,具有较强的情景性和催促力,网民不自觉地接受了心理提示。

二是图形类按钮,即以各种形式的箭头演示提示为按钮的创作要素。在创作时,要将箭头作为画面的有机组合元素,自然融合为画面的整体。箭头醒目,引导含蓄,催促感不强,网民选择自由,比较适合针对潜在消费者的诉求。“动感地带”网站首页是年轻人的个性化虚拟卧室,在房间地板中间的地毯上,一对小脚丫的前面设计了一个大大的黄色箭头,提示网民由此可以进入另一个期待的新世界。

(2)游戏提示。游戏策略是互动的主要传播策略之一,游戏娱乐是互动的主要心理诱因。游戏提示主要指网民通过一定提示点击时,就直接进行游戏活动,获得品牌认知以及愉快的品牌接触、体验过程。游戏提示与游戏本身是一个整体,即点击游戏提示就是游戏开始;而通过按钮提示再选择开始游戏的,则通常具有两个以上不同功能的程序,即点击提示按钮后,网民可以选择是否开始游戏、哪个级别的游戏。因此,游戏提示能带来更直接的互动效果和更高比率的深度诉求。这种游戏要求简短,可以瞬间完成。比如南方公园的Banner设计为六个方格的拉霸游戏,第一方格为Logo,最后一格是游戏把手(游戏提示)。当网民在"pull the lever"和箭头的指引下拉动把手时,中间四格的图片会滚动。当滚动停止后,打出南方公园在comedy central播放时间,点击以后进入comedycentral.com。

2.制造悬念

悬念能够有效引发关注、好奇、兴趣,激发网民探究、互动的欲望。利用画面语言创造反常视觉表现或情节不完整等,使网民形成解惑意向,并以互动结果让网民即时获得娱乐、成就的满足感。悬念制造要有主题关联性,点击结果要能够及时解开谜底,以满足网民心理需求,这样与品牌沟通、交流显得自然、黏度性强。不然,网民点击广告后会感觉无味,成为无效互动。获得互动大奖的通用汽车横幅广告的整个画面是不断晃动的越野车头。晃动使画面略显模糊,这一反常的表现容易使网民顿生疑问。好奇心诱使他们将鼠标移到画面,此时画面清晰显示汽车优良的驾驶设置,充分表现其良好的越野特性和强劲马力及其支持理由,网民还可以再次点击进入网站进行更丰富的品牌体验。

3.增强动感

运动的画面总比静态的图形更容易吸引人,"动"是网络广告创意表现的主要特点,动感美成为网络广告优于平面媒体广告的独特之处。动画广告吸引目光的效果是静态广告的4倍,动画广告可增加25%的点选率。因此借助动感能够有效加强互动效应。

网络广告画面有两个层面的"动"法,一种是一幅广告整体以运动的形式呈现,主要表现为发布形态的不同,包括弹出式、悬挂式、收放式、漂浮式等。这种"突然袭击"造成较大的视觉冲击,注目率高,但与网民的自主心态不符,容易招致不快甚至反感。现在网站一般都比较谨慎采用。

另一种是一幅广告内各个要素的运动,包括闪动和移动两种形式。在创作中,可以安排广告中的景、物、人、文字有规律的运动,以创造足够的注意和联想效果,促发互动欲望。纵观目前各大网站发布的广告和历届金手指获奖作品都有力证明广告要素运动的有效性和必要性。动感强化必须坚持动静结合的原则。广告创意要注意动与静有效组合,画面闪动不能过于频繁,否则网民眼睛容易疲劳,效果适得其反。在处理画面与文字时,如果画面中的景、物、人是动的,文字就最好不要动;如果文字是动的,画面应该保持相对稳定。一般来说,由于文案在网络广告中起到表述主要信息的作用,宜尽量少动或不动,但是如果组合多种元素有创意的运动则会产生奇特的效果。

比如小生啤酒“曲线上市”主题的按钮广告中,标有“click”字样的红色图标沿着45°斜放的酒瓶滑下,图标滑过之处依次闪现“小生啤酒曲线上市”文案,酒瓶作为画面主体固定不变,强化了视觉中心,文案与点击提示图标组合运动,巧妙把酒瓶与“曲线上市”有效联系,红红的图标加上绿色瓶身使小小按钮非常抢眼,广告生动有趣,有效勾起点击欲望。

画面运动可以采用多帧画面组合和局部变化。多帧画面组合一般由四五个连续的不同画面组成,表达一定的情节和传递较多的信息量。情节往往带来趣味性和动感,多要素插图使广告诱惑性更强,内涵更丰富。类似的广告如中国工商银行网上银行的横幅广告,开始是分别代表“方便、快捷、迅速、高效、安全”的小豆子。这些正是人们在网上支付中最为关注和担心的;然后以一个卡通的形象为主要元素,一个小嘴巴把他们一一吃掉,吃掉之后吐出来的就是中国工商银行网上银行,暗示工商银行网上银行的可靠性和安全性;最后,小嘴巴化为工商银行标志,并出现中国工商银行字样。整个广告画面色彩鲜明,字体醒目,让人一目了然,再加上独特的创意,激发网民探求解惑的欲望,取得较好互动效果。

局部变化主要指整体画面布局不变,主诉求画面要素根据创意而变,以提高注意、强化认知、激发兴趣,使动静有机结合。比如通用汽车防雾主题的横幅广告,灰蒙蒙的画面中间一辆汽车不断晃动行驶,当好奇的网民把鼠标移到车身后,原来看不清的汽车周围的局部画面一下子亮起来,汽车前排冒出两个卡通人头,同时打出的横排广告语令人恍然大悟。不变的夜幕充满了神秘感和诱惑性,鼠标响应下的汽车变化既产生第一层互动效应,又使诉求更为集中。随着宽带的不断普及和富媒体技术在广告创作中应用成熟,网络广告创意将不断发展,画面运动方式技巧得到不断增强,游戏型互动将逐渐流行,二维Flash、三维动画广告、网络电视广告等画面强势广告应用将更为广泛。

网络广告更多是变网民的“无意注意”为“有意注意”,尽量提高网民对广告信息交流的黏度,完成塑造品牌形象的目的。在网络广告传播中,网民是网络广告传播的出发点和终结点,基于网民广告心理特性的创作策略是网络广告深度发展的关键因素。网络广告是指可确认的广告主通过付费在网络上发布的、异步传播的具有声音、文字、图像、影像和动画等多媒体元素、可供网民观看(收听),并能进行交互式操作的商业信息传播形式。网络广告独特的传播环境促成网民接触广告的心理期望和倾向。网络广告能够产生鲜明的、多样化的网络广告心理效应,主要有:主动性、刺激多样性、时尚性、广告接触的高黏度性。这些心理效应要求网络广告创作要有效发挥互动传播的特色优势,满足网民个性化需求;要采取信息差别化策略,建构合理的广告信息资源系统;广告信息诉求要求立体化、多样化、多变性,要有连续的广告兴趣点,不断吸引网民参与广告传播。

第七章　交互与设计：交互动画与网络广告设计

第一节　交互动画概念及其与传统动画的区别

一、交互动画的概念

任何一种艺术形式的出现，都要依赖于当时社会和科技的发展。[①]交互动画的产生是伴随着计算机多媒体、网络技术以及交互技术的产生和发展逐渐形成和发展起来的一种新兴的数字化的动画表现形式。

交互动画不同于传统动画的艺术形式，它是计算机图形学和艺术相结合的产物，它是伴随着计算机硬件和图形算法高速发展起来的一个新方向。它综合利用计算机科学、艺术和其他相关学科的知识在计算机上生成绚丽多彩的连续的虚拟真实画面，给人们提供了一个充分展示个人想象力和艺术才能的新天地。计算机图形学广泛使用于美术和商务艺术应用中。艺术家使用各种计算机方法，包括专用硬件、商业化的软件包、符号数学程序、CAD 软件包、桌面出版软件和动画软件来设计物体的外形及描绘物体的运动[②]。

交互性是交互动画的基本特征。所谓交互（Interactive），是计算机技术中的一个术语，指允许用户与计算机系统进行信息交换。交互式是通过程序来实现人与计算机之间的交互的。人机交互的方式实际上是一种交互式处理（Interactive Processing）的过程，是在设计实现某一功能的程序时，有意在程序中间设置一些用户可以根据自己的需要进行选择或决定的环节。在运行程序时，用户对计算机操作方法全都在监视器上显示出来，用户只要根据监视器上呈现出的提示或建议对计算机做出相应的动作，计算机就可根据用户的操作自动进行与之对应的处理工作，从而让程序按照用户的需求来运行。[③]

交互这一技术的运用使人们的交流与沟通达到了前所未有的广度和深度。数字媒体可承载信息的种类和数量都是传统媒体所无法比拟的，交互技术的发展又使人们的种种行为数字化，通过这些数字化的指令对数字信息加以控制。交互技术的应用

---

① 李四达.数字媒体艺术概论[M].北京：清华大学出版社，2006：3

② Donald Heam M.Pauline Bake.计算机图形学[M].蔡士杰，宋继强，蔡敏，译.北京：电子工业出版社，2005：17

③ 梅克冰.交互式动画片的产生与发展[J].出版与印刷，2004(1)：15

使我们的互动性设计更为直观和便捷。

交互动画是参与者与动画之间通过交互设计产生互动的动画。交互动画中的交互功能具体表现为:参与者在观看动画时,可以动画中的某一个角色直接参与动画的情节发展,而且参与者还可以在某种程度上根据自己的愿望来发展动画中的情节,甚至控制动画中的结局。为了在动画中实现交互功能,在创作交互动画设计时,可以让参与者进行选择并参与其中的角色,在动画内容的某些关键处设置一些选择项,让其参与的这个角色可以根据动画的设计安排或是个人意愿进行选择。不同的选择将导致不同的情节发展,从而可能产生不同的结局。交互动画在一定程度上满足了观众自己来决定动画发展的愿望,使动画参与者可以根据自己的想法来对动画的发展情况进行控制,参与者在观看或者说是参与这种动画时往往表现出相当的兴趣。从现有的一些网络广告的实例来看,很多交互动画作品就已经在某种程度上满足了这种要求,并通过网络进行传播(如图 7-1)。

图 7-1 交互动画 Family Guy

二、交互动画与传统动画的区别

交互动画是对传统动画的一种突破和创新,它改变了传统动画片的线形或循环的叙事方式,互动动画的过程推进可以由观众或是参与者来选择和控制,对于观众或参与者来说不是被动地接受,而是带有一定的可参与性。这种交互动画的创作目的是强调观众或参与者对于动画主题的感受,使人和信息、进而是人和人产生互动。

与传统动画相比较,交互动画在本质上存在着相当大的差异,交互动画的特质在于它艺术表现上的"交流性"。它给观众带来的是从"欣赏"到"参与"的变化。因此可以说,交互性所带来的内容的多选择性、图像的变换性,是交互动画得以吸引目光的关键所在。传统动画和交互动画的区别,主要体现在两者的叙事结构、参与度、应用目的、设计制作、审美和传播媒介等方面的不同。当然对于参与者来讲,所带来的体验感受和娱乐效果也不一样(如图 7-2)。

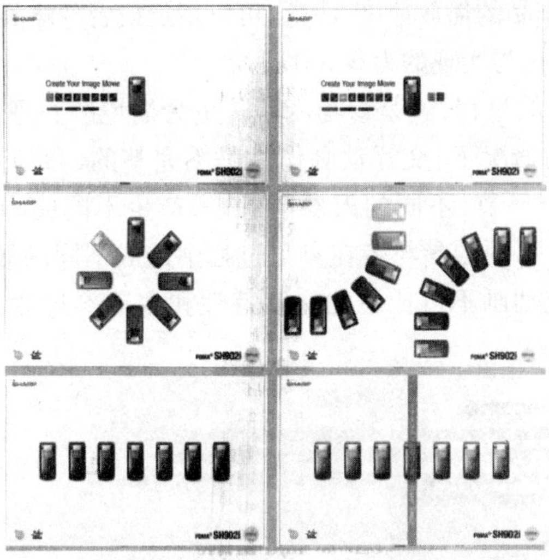

图 7–2 夏普手机广告交互动画

1.叙事方式

首先从动画的叙事方式上来讲，交互动画摆脱了传统动画线形叙事的方式和故事脚本的禁锢,仅仅提供一个平台。这个平台是互动者双方或多方共同进行表演的舞台,其结局具有无限的可能。①

交互性的意义就是放弃视觉安排,让感官自由地参与。传统动画的叙事方式是线性的,即动画的发展是根据动画剧本创作者的思路一步一步进行的。动画创作者总是希望通过尽可能漂亮、真实、自然的动画画面,使观众在观看动画时能完全融入到动画故事的发展中去。但作为观众来说,在观看动画时仅有视觉感官的参与,在观看动画的过程中,观众始终只能作为一个旁观者,被动地接受动画中故事的发展和人物命运的安排。而交互动画改变了传统动画的线性叙事方式,使动画可以非线性的叙事方式出现,故事的发展过程可以是树状的、网状的,交互动画的交互性还丰富了作品的外观风貌,增强了动画作品的不确定性,使动画的过程和结果具有无限的可能。

2.参与程度

交互动画由于其交互特性,使它不同于被动观看式的传统动画,而突出了主动参与性。观众可以用键盘和鼠标到动画画面中的不同部分、移动对象进行选择,还可以执行许多其他交互操作,有较好的开放性和延展性。它可以让欣赏者的动作成为动画的一部分,通过点击、选择等动作决定动画的运行过程和结果。这一点是传统动画所无法比拟的。

交互动画给观众提供了更多表达和参与的机会。在传统动画中,观众只能观看而不能改变动画所讲的故事，而在交互动画中，观众不仅可以根据自己的兴趣改编故

---

① 权英卓,王迟.互动艺术新视听[M].北京:中国轻工业出版社,2007:16

事,还可以改变动画作品的播放速度、段落,可以指定或者忽略某些信息。交互动画赋予了观众一种自主表达与实现的力量。

参与者互动享受的过程,就是参与者获得更为愉悦的心理体验和视觉快乐的过程。在没有参与者的情况下,交互动画作品是不完整的,参与者的参与过程是交互动画不可缺失的一个环节,不同的人参与进来,产生不同的响应,参与者也会得到不一样的个人感受。不同的参与者在参与过程中造成不同的故事和结局,获得不同的体验。它具有传统动画不可比拟的交互特性和主动参与性,因而更具有感染力(图 7–3)。

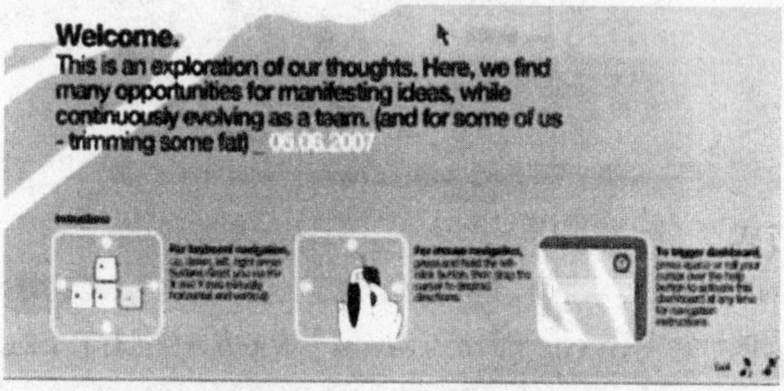

图 7–3 YOLK 网站的交互动画

3.传播应用媒介

在传播的应用媒介方面,传统动画一般只能充当纯艺术作品来让观众欣赏,它的传播一般来说可以通过影院、电视来传播,当然由于互联网技术的发展,互联网也可以作为传统动画的传播媒介,另外由于手机技术的发展,手机 3G 时代的到来,也开始出现在手机上面播放的动画。而交互动画由于它的交互特性,目前它的传播媒介局限在可以进行交互行为的电子传播媒介中,包括了互联网和互动电视,这些支持互动行为的传播媒介,随着手机技术的发展,在手机上面播放交互动画也会成为可能。

另外,交互动画实现了设计者和受众之间的双向互动传播。在这一过程中,观众跃升为主动参与者,传统动画的传授单向线的关系被打破,改变了以往只有媒介组织才能制造大众舆论的传统局面。

4.应用目的

从应用的目的方面来看,随着计算机技术的不断发展,人们不但能用计算机动画技术来模拟动画世界,通过计算机合成画面技术使真人和动画场景同时在屏幕上出现,而且还可以通过运动捕捉技术使真人在幕后自由控制出现在屏幕中的形象的所有动作和表情。能否让观众以其中某一个角色直接参与到动画片的故事和场景中去,让观众自己来扮演这个角色,包括这个角色的动作、表情等,在一定程度上还可以自由抉择角色的命运安排。人们的这种想直接参与到动画片的故事和场景中去的愿望,就是交互动画设计制作和应用的目的,目的就是满足观众想要参与到动画中的要求,给予观众参与动画的途径,使其能够更深一步的了解和体会动画的主题,体味创作者的创作意图和目的,从而增加动画的娱乐和趣味。

5.设计制作

从某种程度上讲,传统动画的创作者和观众在思想方面是分离的,因为在创作过程中，创作者和观众处于完全隔离的状态，即使观众可以通过作品与创作者产生共鸣,也不能逾越创作和欣赏的鸿沟而直接交流,融为一体。交互动画的诞生改写了这些几乎一成不变的现状。在创作上,交互动画更注重观众的品位,作品的创作要从观众的欣赏角度出发进行构思,利用互动及其带来的独特语言方式,在作品和观众之间架起沟通的桥梁,从而也创造了一种新型的语言表达方式。而另一方面,交互动画作品的创作在最大限度地迎合观众的欣赏品味的同时,也在激励和张扬着个性,创作者可以自由地发挥自己独特的、别出心裁的想象力和创造力。

交互动画的创作更具包容性、复杂性,从表面上看,它与传统动画的不同只在于观众选择的增添,而实际上,它对创作者的思维提出了严峻的挑战。创作者不仅要注意突显其交互的特性,同时还要时时揣摩不同观众的不同文化心、不同参与要求、不同欣赏趣味以及可能做出的不同选择,尽可能面面俱到,从而为观众创作出更完备的作品。

6.审美

从审美方面讲,交互动画技术上的可行性,正影响着我们对时间和空间的心理关系的重新定位。如同超链接、HTML 语言等网络技术一样,交互性技术并非为艺术而生的,艺术家只是利用了它们。艺术家要赋予新技术、新媒体以新的思维和新的艺术表现形式,方能将技术回归到艺术的范畴,才能确保技术与艺术完美契合。从真实到虚拟之路应该是无缝隙的,就像无处不在的“人机共栖”的社会形态,在人们不经意间融入我们的日常生活。①

交互动画的交互性的特点，决定了交互动画比传统动画更具有融合性和不确定性。这种艺术形态上的融合性和不确定性引申到美学维度,就是“自由自在”的美学内涵。“自由自在”背后隐喻的文化观念,在虚拟构建的秩序中被无限放大,并重新规范着“人机共栖”的社会形态和人的审美体验。交互动画新的视觉效果,比传统动画更加轻逸、灵巧,更具有流行性,它已经成为一种新时代的艺术表现形式。它的艺术形式比起传统动画更加多样化,许多不可思议的视觉效果都可以实现,这必然会不断地影响着人们审美趣味的变化。人的审美活动是较为复杂的过程,一切艺术形式均要通过人的感官的接受并作用于生理和心理而获得审美的满足。

交互动画作为一类新型动画形式,既具有传统动画的特点,又具有互动的特质,是一种有形与无形相结合的新型动画。从艺术形式上说,具有明显的现代设计风格,体现出很强的艺术特色,有较强的视觉冲击力,可以使读者的感官在欣赏时实现全面的调度。

---

① 王可.网络交互动画的艺术形态研究[J].装饰,2007(4):50.

第二节　网络广告交互动画设计的应用

在现今的网络广告领域中，网络广告交互动画设计已经得到了很多广告主的青睐,在网络广告中交互动画出现了很多应用的实例,并产生一定的社会和经济效益。目前它的应用主要是在企业门户型网站和信息提供型网站中。下面就根据表现方法对几个现有的实例进行介绍。

首先是两则国外汽车广告中的交互动画。

奥迪汽车的一款奥迪汽车的 Flash Banner 网络广告(如图 7-4),设计师巧妙的将奥迪汽车设计在不同的场景里,而且这些场景的下半部分都是一模一样的,浏览者在浏览的时候就要左右移动鼠标,就可以看到 Banner中的上半部分会进行切换,这样在浏览者眼里看来就是奥迪汽车很自然在不同的场景之间切换，并且当鼠标移向车身的正中位置时,图片移动的速度变慢,鼠标到达正中位置,图片上汽车的完整的画面就会呈现出来。设计师的巧妙设计,使每一个场景看起来都是那么自然,令人心旷神怡。一共运用了六个场景,不同的风景,不同的环境,同样的奥迪汽车,带来不一样的体验。

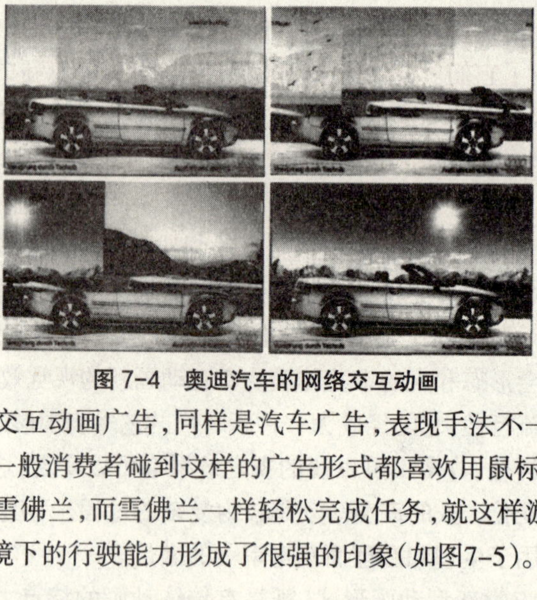

图 7-4　奥迪汽车的网络交互动画

另外一则网络交互动画广告,同样是汽车广告,表现手法不一样,给消费者的心理感受也不一样。一般消费者碰到这样的广告形式都喜欢用鼠标制造出非常崎岖的路线来“折磨”这辆雪佛兰,而雪佛兰一样轻松完成任务,就这样游戏之中,观众对雪佛兰汽车在恶劣环境下的行驶能力形成了很强的印象(如图7-5)。

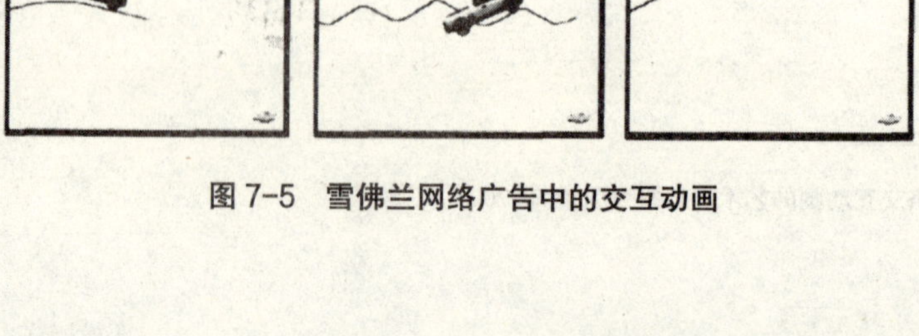

图 7-5　雪佛兰网络广告中的交互动画

Motorola A768i 手机的网络交互动画广告。画面一开始是一幅竹子的画面,还有几乎分辨不出来的草体字。这个时候屏幕有提示你移动手机屏幕，当把鼠标移动了上去,就会发现在手机屏幕下,你被吸引的这些草体字被辨别出来了,由此引出 Motorola A768i 的一个特殊卖点——智能手写识别系统。通过交互动画的设计,突出了广告产品的特点,给人留下深刻印象(如图 7–6)。

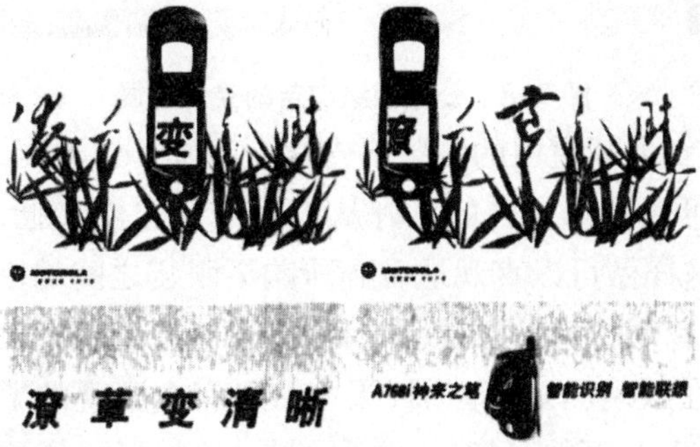

图 7–6 MOTO 的网络广告交互动画

另一则利用虚拟现实技术制作的产品展示交互动画。在这则广告中消费者可以通过鼠点击对笔记本电脑这一款笔记本电脑 360° 的观看,从视觉上来满足对这款电脑的外观的了解，这种广告比传统的网络广告更直观、更真实、更有趣（如图 7–7）。

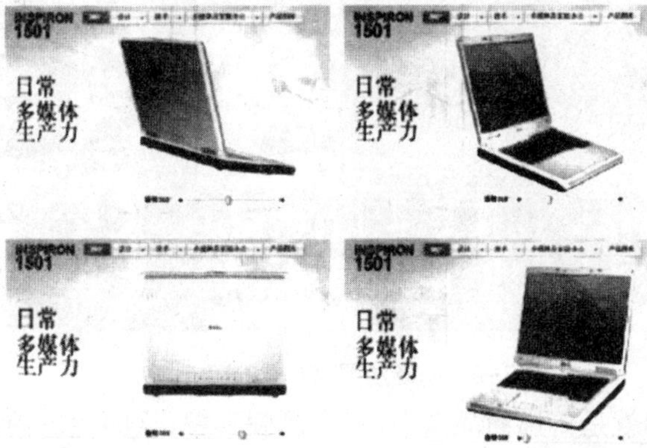

图 7–7 DELL 笔记本网络广告的交互动画

公益类的网络交互动画广告。公益广告的特点就是以情动人,反应社会问题,给人以警示。以一个日本网站的 Banner 公益广告为例。当今的家庭暴力问题严重,儿童是首当其冲的受害人。广告一开始是冷色调的雨天场景,一个小朋友站在雨中,表情沮丧。把鼠标移动到小朋友的头上,背景就会由冷变暖,鼠标同时也会变成一把伞给画面上的小朋友遮雨,这时小朋友会露出笑容,鼠标移开就会回到开始的场景。这则网络公益广告交互动画运用生动形象表现了广告所要表达的主题，体现了交互动画在网络公益广告中应用的优势(图 7–8)。

图 7-8 公益网络广告的交互动画

图 7-9 是在网易女人频道内的服装广告交互动画。这种网络广告形式的互动性更强,网页的浏览者可以根据自己的喜好从衣柜里面选择衣服、外套、裤子、裙子、鞋子服饰给模特试穿,这样做可以直观地看到所购买服装之间的搭配效果,并且每件服装下面都有服装的品牌和价格,在给模特搭配好服装之后,系统会自动生成整套服装的价格,这样不仅是在服装的效果方面,买家可以有个直观的了解,对于价格等各方面的情况也可以有一个全面的了解,更重要的是,这种形式增添了娱乐性和趣味性,网页的浏览者还可以把自己搭配的服装图片保存并上传到网页中,与其他网友的服装搭配图片进行比较,网页的浏览者可以从中获得与其他购物形式不同的体验。

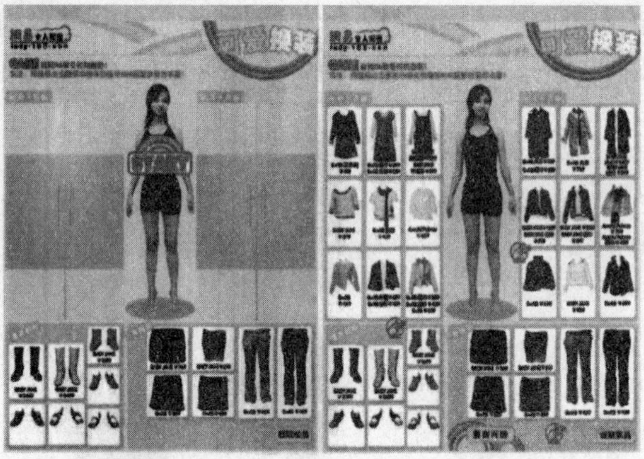

图 7-9 网易的服装广告交互动画

网络广告的目的就是传递商品信息,树立品牌形象,从而促进销售。具体地说,就是通过良好的网络广告的设计来吸引人们的注意力,进而借助多媒体或网络的手段来传达产品自身的各种信息。企业商家利用网络广告交互动画,可以和消费者形成良好的互动,使消费者更容易掌握产品信息以便对产品进行评估,进而促进消费者做出购买的选择。从这些交互动画在网络广告中应用的实例可以看出,交互动画这种动画形式,在网络广告中应用的领域还是比较广泛的。除了以上的这几种类型外,还有食品、日用品、家电、服务行业、虚拟产品都有其用武之地,并且由于它的交互特性和娱乐性,使其比其他的网络广告形式更具真实感、更具趣味。

在网络上,交互动画可以制作出内容更丰富、结构更精妙的网络广告交互动画作品。网络广告的交互动画设计具有美好的开发前景,值得更多的设计师和技术开发人员投身到这一领域。大量具有创新精神的设计师和计算机技术人员的加入,将会设计出更多的具有想象力的网络广告交互动画作品。

第三节　交互动画的实际案例设计

现阶段交互动画在网络广告中的应用已经比较广泛，在充分认识和了解这种多媒体广告推广手段的基础上，把这种网络广告的推广手段应用到以食品烘焙为主题的网站的推广和展示中，利用交互动画强大的交互特性和信息整合能力以及对食品烘焙工具和烘焙成品的展示功能的独特优势，来缓解食品烘焙网站中浏览者对食品烘焙相关信息了解模糊的问题,这是一个具有一定的实际意义和价值的研究课题。本节就交互动画设计在食品烘焙网站中食品烘焙工具和烘焙成品展示的设计应用和实现进行具体研究和论述。

一、设计思路

体验经历独特的表现技巧是获得新灵感、激发创意的原动力[①]。基于对上述问题的分析,本例尝试利用交互动画,针对食品烘焙类网站,包括食品烘焙工具、烘焙成品制作和展示等方面,提出基本的设计思路,并总结出一套切实可行的设计方法,进而论证其应用的可行性。设计思路可分为以下几个方面:

第一,网站主题、功能以及风格定位。针对食品烘焙这一主题、网站的特点以及突出交互性的目的进行网站整体思路分析,初步构建网站框架。因为是以食品烘焙为主题,所以,网站就定位为受众年龄在 25 到 35 岁的年轻女性以及家庭主妇为主的食品烘焙主题网站,网站的色调以粉色、橘色、黄色、绿色、蓝色为主,交互动画的设计主要是从画面的色彩、意境的创造、互动的方式和过程上结合这一年龄段女性的心理特点来完成,尽量做到新颖、美观、简洁、有趣。

第二,网站框架结构分析。根据网站的内容进行分类归纳,确定网站总的结构层次。首先设计具有交互性的主页页面、导航菜单,主页面以动态的由外向内由大变小的旋转的花瓣为动画背景，下一级页面的导航内容也同时伴随花瓣由中间开始向外由小变大扩散,并且花瓣和导航内容的移动轨迹可以随着鼠标的移动而变化。导航的内容包括魔力道具、飘香城堡、诠释完美、心情故事、作品介绍等,当鼠标点击这些内容之后,会链接到各自的下一级页面,出现由一条细线分散开的可以跟随鼠标的移动不规则运动的树状线组，每条线的末端分别是可以链接到下一级页面的单个物品的名称按钮。最后就是网站所要展示的烘焙工具以及烘焙成品的交互动画页面。网站结构一共分为 4 级,共 19 个页面。

第三,细分网站内容。分析各类物品的功能及特点,针对分析的结果进行资料的

---

① 崔美善.网页视觉特效[M].马晓阳,刘娟,译.北京:电子工业出版社,2006:2

整理和收集。根据食品烘焙工具以及烘焙成品的特点进行分类,针对其特点选择使用哪种交互动画方式进行设计制作。例如,烤箱这种食品烘焙工具它有旋转烤叉等功能,就针对它的特点选择使用三维交互动画的方式来实现它的网络展示,而烘焙成品如制作的蛋糕面包成品来说,只能对于它的外观进行展示,因此选择使用二维交互动画的方式来实现它的网络展示。

第四,进行分类设计制作。根据不同类型的物品以及收集的资料,进行初步的设计制作。对于食品烘焙工具的功能用途以及烘焙成品的制作原料、制作方法等相关信息进行收集整理。

第五,网站的整体设计。根据网站的风格定位,制定网站的整体布局、各级页面的版面以及整个网站的交互动画设计。首先是对整个网站页面的交互动画的设计,设计交互的过程和交互方式,通过交互使各页面形成自然流畅的动画。其次是各级页面之间的设计,要有区别又有联系,既统一又有变化。

第六,单个物品的交互动画设计。根据物品的特性设计不同的展示方式尝试不同的交互动画设计方案。对于物品的三维交互动画展示来说,首先对它的外观进行拍照取样,只要大致的形体、材质和颜色特征即可,然后根据图片信息,使用三维制作软件进行建模、覆材质,然后进行交互的设计。对于物品的二维交互动画来说,首先利用特殊工具对其进行全景拍照,然后利用软件进行交互的设计,使其形成带有交互的动画形式。

第七,整个网站和单个物品的整合设计。将单个物品的交互动画整合到整个网站中,实现美观性、舒适性、识别性,并使交互过程符合趣味性和易操作性。

第八,调试与发布。通过实际的浏览体验,进一步完善整个网站交互动画的方式和过程,对不满意的地方进行修改和调整,最后进行发布,并进行效果评估。

二、分类归纳

由于“食品烘焙类”网站内所要展示的物品种类繁多,并且各类工具和制作成品要放在网站的页面中进行展示,所以整个网站的整体规划对网站的交互动画的设计和网站的发布效果也是相当重要的。因此,整体的设计内容按照不同的要求可以分为三部分:

第一,整个网站的页面规划。首先因为网站内的基本内容包括魔力道具、飘香城堡、诠释完美、心情故事、作品介绍等,这些内容构成了网站的主要框架,都是非常必要的信息。食品烘焙这一主题中的各种物品通过以上几个内容进行分类归纳,针对“食品烘焙类”主题网站的特点,对网站风格、特色等方面进行整体把握。

第二,网站内单个物品的展示。针对物品的展示要求,对一些仅通过单一图片和简单的介绍性文字并不能很好的了解其详细情况的物品,使用交互动画的形式,包括全景照片和三维建模导入的交互动画形式,使物品具有真实互动的能力,可以使浏览者通过交互动画,真实、全面地了解和体验。

第三,网站内物品的综合使用。具体烘焙工具的具体使用方面,通过可以参与的交互动画,使浏览者真正地使用商品制作烘焙成品。一方面可以使消费者了解产品的实用功能,另外一方面还可以使消费者体验使用烘焙工具制作蛋糕、面包等烘焙成品的制作过程和制作效果,更进一步增强对各种食品烘焙工具和成品的各方面情况的了解,以及增加对于食品烘焙这一过程的体验的乐趣。

三、实现思路

对整个系统的实现思路总结如下图所示(图 7–10)。

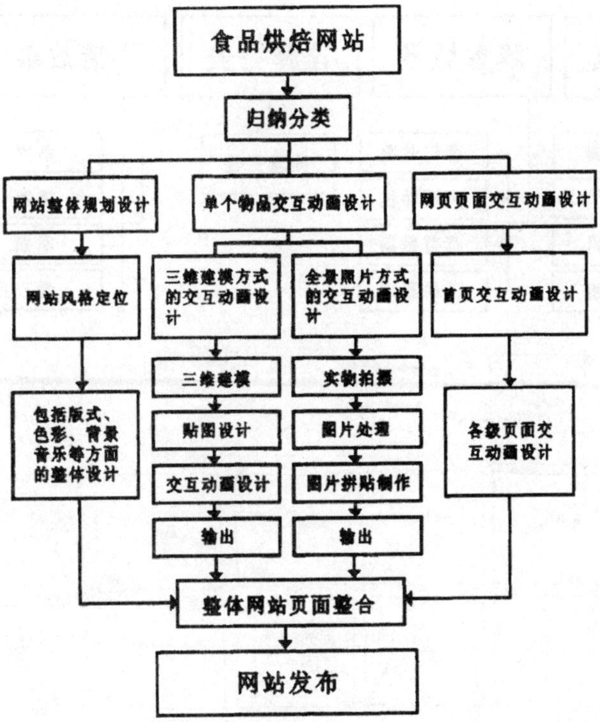

图 7–10 网站实现思路及流程图

四、设计实现

1.网站整体规划设计实现

前面已经提到,对食品烘焙网站内的基本内容包括魔力道具、飘香城堡、诠释完美、心情故事、作品介绍等,这些内容构成了网站的主要框架,在网站页面的整体规划方面,针对网站个性化的特点,对网站风格、网站特色等方面进行整体把握。选择CorelDraw、Photoshop、Flash、Dreamweaver 等网页设计制作软件来实现整个网站的设计,以此作为后面交互动画设计制作发布的平台。

网站的整体版式设计和色彩设计包括标志等元素,首先进行手绘设计和规划,然后在 CorelDraw 和 Photoshop 软件中对网站的标志、网站色调、网站布局、视觉效果进行设计和效果实现,作为网站其他部分的整体设计蓝图,对之后的设计制作起到指导作用。对于网站的标志在制作完成后保存为 Jpeg 和 Png 两种文件格式，保存标志的 Png 格式为的是在之后的 Flash 制作中需要标志的背景更透明，由于页面最后的展示为全屏展示,因此页面的尺寸为 1 264 × 1 010 像素,分辨率为 72 像素。网站结构规划和具体设计如图所示(图 7-11)。

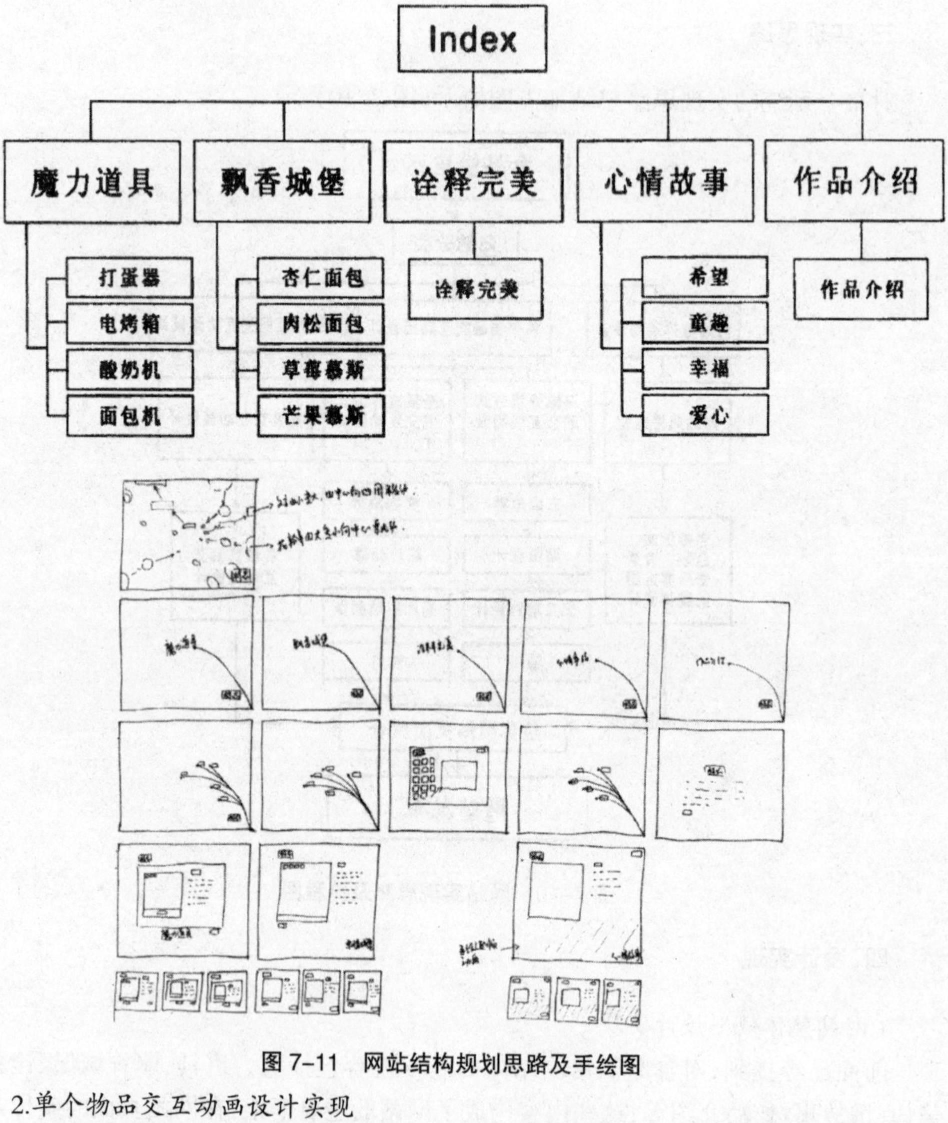

图 7-11 网站结构规划思路及手绘图

2.单个物品交互动画设计实现

在单个物品交互动画的设计方面,分为两种方法来进行。三维建模和二维全景图片拍摄,然后分别进行物品的二维和三维交互设计来实现其交互动画。网站内的食品烘焙工具以及烘焙成品的单个物品的交互动画的制作过程，选择使用 3ds max、Cult 3D、Photoshop、VR Tool Box 等设计制作软件对商品的外观模型、图片进行分类整理,最后调整交互动画,输出应用。

设计步骤如下:

(1)网站中物品三维交互动画设计是在 3ds max 中建模、覆材质,然后在 Cult 3D Designer 中进行交互动画的设计并输出。

(2) 商品的二维图片拼接成的三维全景交互动画设计是在带有刻度的旋转平台上(图 7-12),先对商品进行 360° 的照片采集,每 10° 一张,也就是每个物品 36张照片,然后把照片导入计算机,利用 Photoshop 等图片制作软件去除照片背景,并保存为 300×400 像素的 Jpeg 格式文件(图 7-13),再将照片在 VR Tool Box 软件中进行照片的全景拼接和相关的交互设计,并输出(图 7-14)。

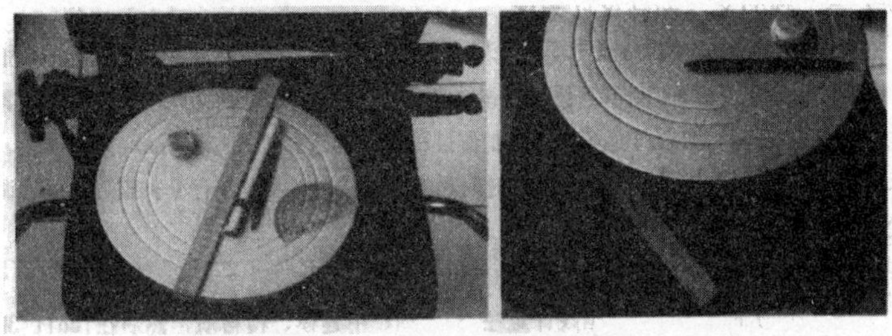

图7-12 二维物品照片拍摄

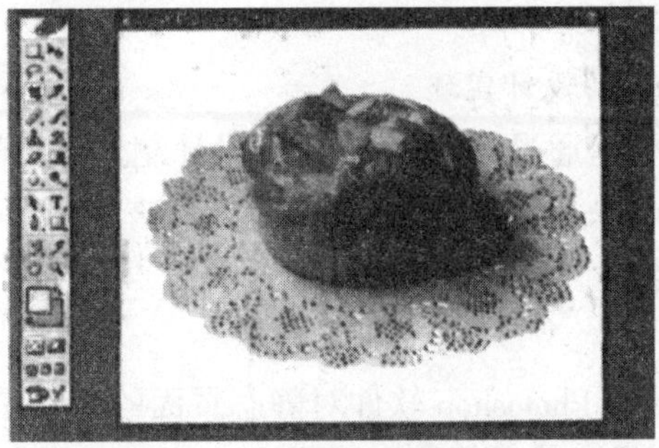

图 7-13 二维物品照片修改

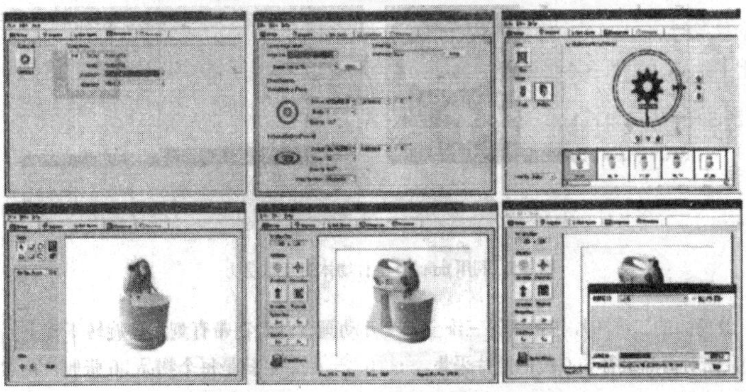

图 7-14 二维物品照片拼接

3.网页页面及其交互动画设计实现

这个环节是整个网站的交互性的主要体现。通过对网站首页以及个别页面导航信息的交互动画的设计,增加浏览者对整个网站风格和主题的体验,增强浏览者在浏览网站时的兴趣,在浏览网页的过程中享受乐趣。在设计中,通过动画制作软件 Flash

对动画的交互方式和交互过程进行设计实现。

设计步骤:

(1)对交互动画中的元素进行设计和整理,包括图像标志、动画元素、背景图片、背景音乐和声效,等等。

(2)对网页的各级页面进行设计制作,在相应的网页页面中预留出单个物品交互动画的空间。

图 7-15 页面版式手绘设计图

(3) 在 Flash 动画制作软件中进行主页面以及导航页面交互动画的设计制作,并通过 Action Script 语言进行交互设计的程序编写和调试,以达到所需要的交互动画的预期互动效果。

4.整体网站页面整合的设计实现

在这个环节中,主要是通过 Photoshop 软件设计制作各级静态页面并使用Flash软件来制作页面逐帧动画,以及通过 Dreamweaver 软件来实现单个物品的交互动画与整个网站各级页面的链接。

设计步骤如下:

(1)通过 CorelDraw 和 Photoshop 软件对静态页面的背景图片进行设计处理,然后对文字内容进行设计安排, 最后对页面中的热键以及需要插入的交互动画和逐帧动画进行裁切,并保存为 web 所用格式。

(2)通过 Flash 软件设计制作以爱心、希望、幸福、童心为主题的以及其他页面中所需的逐帧动画(图 7-16)。

图 7-16 Flash 逐帧动画绘制

(3)在 Flash 软件中对各级页面中插入背景音乐和声效。

(4)在 Dreamweaver 软件中对各级页面进行链接,包括热键、二维和三维交互动画以及逐帧动画。

通过以上的四个设计环节,最后在电脑的浏览器中进行最后的调试和发布。

第八章　艺术与设计:网络广告艺术创意与设计表现

第一节　指导网络广告创意的理论

网络广告是广告设计理论与互联网络技术的结合，是近几年刚刚发展起来的新的形式。由于经济与技术的原因,发展之初并没有被广泛地应用,互联网络的普及应用受到了限制,人们对于虚拟与现实之间的隔膜还心存余悸。但随着科技的发展,互联网络技术在各个领域中的广泛应用,以及网络信誉制度的建立,使得虚拟与现实之间的界限越来越模糊,也使之成为了继报纸、书刊、广播、电视之后的第五大众传媒,成了广告主们争夺的新阵地。由于是新兴科目,因此关于网络广告设计创意的理论非常的有限。所以本节从传统媒体广告创意理论中对一些相关理论学习和借鉴,从而帮助对网络广告设计创意构思的研究。

一、USP 理论

USP 是由英文 Unique Selling Proposition 的首写字母组成的，是独特的销售主张的意思。它是 R.雷斯在 20 世纪 50 年代提出的一种有广泛影响的广告理论,其基本要点是:第一,每一则广告必须向消费者“说一个主张”,必须让消费者明白,购买广告中的产品可以获得什么具体的利益;第二,所强调的主张必须是竞争对手做不到的或无法提供的,必须说出其独特之处,在品牌和诉求方面是独一无二的;第三,所强调的主张必须是强而有力的,必须聚集在一个点上,集中打动、感动和引导消费者来买相应的产品。①

图 8-1　中国广东石湾米酒广告案例截图

---

① 罗瑟·瑞夫斯.广告的实现[M].北京:科学出版社,1961:39.

图 8-1 是中国广东石湾米酒广告案例截图,这个广告就是运用了 USP 理论原理,策划者从挖掘其文化内涵入手,着力宣传其石湾米酒作为南方酒的代表所包含的酒文化。“160 多年的悠久历史、老坛陈酿的传统工艺、100%纯正优质大米酿造”,并强调“广东人的酒,石湾系列米酒”,把石湾米酒悠久的历史、独特的工艺、纯正的品质完美地塑造出来,体现了浓浓的文化氛围,并取得广东人情感上的认可。

二、定位论

“定位”,英文 Positioning,定位论是 20 世纪 70 年代由 A.里斯和 J.屈特提出的,他们对定位下的定义为:“定位并不是要您对产品做些什么,定位是您对未来的潜在顾客心智所下的工夫,也就是把产品定位在未来潜在顾客的心中。”[①]主张在广告策略中运用一种新的沟通方法,创造更有效的传播效果。广告定位论的基本主张是:第一,广告的目标是使某一品牌、公司或产品在消费者心目中获得一个据点,一个认定的区域位置,或者占有一席之地。第二,广告应将重点集中在一个狭窄的目标上,在消费者的心智上下工夫,要创造出一个心理的位置。第三,应该运用广告创造出独有的位置,特别是“第一说法、第一事件、第一位置”。因为创造第一,才能在消费者心中形成难以忘怀的优势效果。第四,广告表现出的差异性,并不是指出产品的具体的特殊的功能利益,而是要显示和实现出品牌之间的区别。第五,这样的定位一旦建立,无论何时何地,只要消费者产生相关的需求,就会自动地、首先想到广告中的这种品牌、这家公司或产品,达到“先入为主”的效果。常用定位方法有:首次定位、关联定位、特色定位、单一位置定位、扩大名称、类别品牌定位、销售量定位、再定位。

图 8-2 七喜饮料广告案例截图

图 8-2 是七喜饮料广告案例截图,这个广告是从市场定位入手,定位特定消费群

① A.里斯,J.屈特.广告攻心战略——品牌定位[M].刘毅志译.北京:中国友谊出版公司,1991.

体，并创立了不含有咖啡因的第一碳酸饮料这个概念，使之一跃成为美国第三大饮料,成功树立了自己的品牌形象。

三、ROI 理论

ROI 理论是威廉·伯恩巴克在 1949 年成立自己的(DDB)公司时开始推崇的创意理论。R 就是 Relevance,意为关联性;O 为 Originality,原创性;I 为 Impact,震撼性或者是冲击力。[①]他认为周密的创意实施过程离不开 4 点:第一,要尊重消费者。广告不能以居高临下的口吻与你的交流对象说话。第二,广告手法必须明确、简洁。广告必须把要告诉消费者的内容浓缩成单一的目的、单一的主题。第三,必须与众不同,必须有自己的风格和个性。广告最重要的东西是要有原创性和新奇性。第四,不要忽视幽默的力量。幽默可以有效地吸引人的注意力,使人得到一种收听、收看和阅读的补偿。由此我们可以看出网络视觉传达设计也是与 ROI 理论紧密相连的,设计师在设计过程中,要从消费者的意向出发,使用简洁明快的元素,准确有趣的传达信息。

图 8-3 经典的甲壳虫汽车广告之一

图 8-3 是经典的甲壳虫汽车广告之一,ROI 理论成功运用的典范,“想想还是小车好”的概念使得甲壳虫汽车在人们的心中树立起了新的形象。广告运用简单明快的形式,亲切地告诉消费者,小型的甲壳虫汽车一样可以给人带来美好的生活。

四、共鸣论

主张在广告中述说目标受众珍贵的、难以忘怀的生活经历、人生体验和感受,以唤起其内心深处的回忆,同时赋予品牌特定的内涵和象征意义,建立目标对象的移情联想。通过广告与生活经历的共鸣作用而产生效果和震撼。第一,该策略最适合大众化的产品或服务,在拟定广告主题内容前,必须深入理解和掌握目标消费者。第二,常选择在目标受众中所盛行的生活方式加以模仿。第三,关键是要构造一种能与目标受众所珍藏的经历相匹配的氛围或环境，使之能够与目标对象真实的或想象的经历联系起来。第四,侧重的主题内容是爱情、童年回忆和亲情等。情感共鸣意在以直观真实

---

① 科特勒.市场营销原理[M].赵平,王霞,译.北京:清华大学出版社.2003.

的情景打动消费者,是现代广告活动中最常用的一种方法。

图 8-4 是一例请勿酒后驾车的公益广告，目的就是使有喝酒习惯的司机认识到闯红灯是违规、危险的行为,酒后驾车和闯红灯是同样危险的行为,告诫广大司机,切勿酒后驾车,以免发生危险。

图 8-4 一例请勿酒后驾车的公益广告

以上几种理论就是指导广告创意思维的几个方法论,网络广告是对传统广告的继承与延伸。这四种理论结合现代互联网络技术,同样可以指导网络广告的创意方法。

第二节 网络广告的创意方式

创意,英文称为 Originality,是指“构思”或“意念的创造”,是一个近年来才出现的词汇,泛指一切带有创造性的、与众不同的认知与想法。创造性思维是创意的核心,而创造性思维在于广博而全面的知识积累,善于发现并激发问题,具有很强的想象力与联想力，能够发散与逆向地思考问题，并且对于创意性思维有良好的优化重组的能力。现代网络广告创意思维,就是基于创造性思维下的联想思维、发散思维、逆向思维和信息的优化重组思维,并结合互联网络技术、特征充分地发挥出来。

一、传统创意思维在网络广告中的应用

1.发散思维与聚合思维

这是现代广告创意应用较多的思维形式,意在从不同的角度突出产品特征,来打动消费者;或者是由不同角度反映出的特征,共同达到同一诉求目标,从而刺激消费者产生购买欲望。在互联网络中,发散思维与聚合思维都可以同时为同一诉求目标提供多个选择,以满足不同消费者的消费意向,但不同角度反映的却是同一个目标(如图 8-5),其目的就是给予消费者自主选择的权利,网络广告具有不受时间、地域限制的优势。

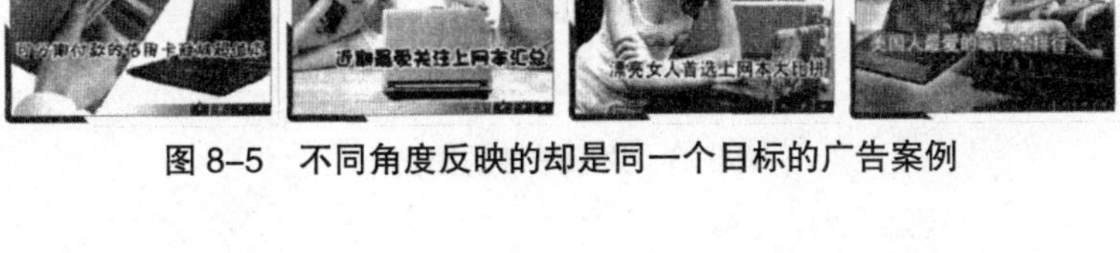

图 8-5 不同角度反映的却是同一个目标的广告案例

2.顺向思维与逆向思维

逆向思维是人们生活中一种重要的思维方式,也称为求异思维。是对司空见惯的似乎已成定论的事物或观点反过来思考的一种思维方式。敢于"反其道而思之",让思维向对立面的方向发展,从问题的反面深入地进行探索,树立新思想,创立新形象。网络广告为了引起消费者的注意,运用逆向思维塑造的新颖形象成功做到了这一点。

图 8-6 逆向思维运用的图例

3.横向思维与纵向思维

将看似无关联的事物联系在一起,往往会达到一种不一样的效果,把广告宣传的主体进行转移,描述一种状态,来衬托想要宣传的主体,这也是品牌战略里非常重要的一个方法,同样适用于网络广告(图 8-7)。由于网络媒体的多媒体充分表现力与内容的极大丰富性,使得这种横向思维在互联网上的效果甚至超过了传统媒体。

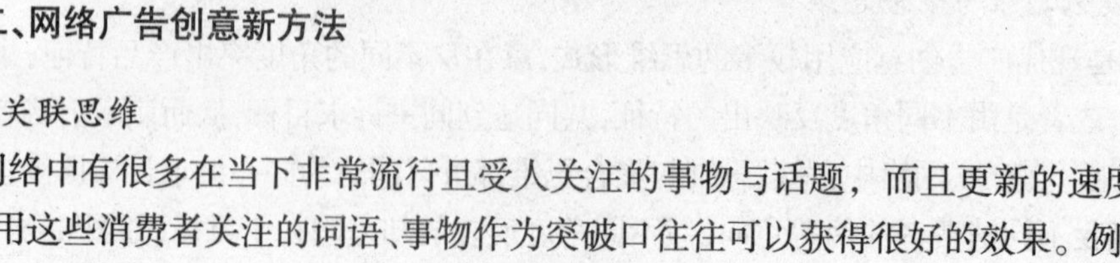

图 8-7 横向思维运用的案例

二、网络广告创意新方法

1.关联思维

网络中有很多在当下非常流行且受人关注的事物与话题,而且更新的速度非常快,使用这些消费者关注的词语、事物作为突破口往往可以获得很好的效果。例如"雷人""圈""打酱油"等。

图 8-8 关联思维的图例

2.“无限”思维

网络具有实事性,多媒体性,内容丰富性以及交流互动性。这里所说的“无限”其实是一种无限上升的趋势,给人以终点的期盼,却又无法达到,但是和其他的消费者却有看得到的比较,使得消费者在这种无限追求最终目标的过程中不断得到收获的快感,因此不断产生关注。

3.交互思维

这就像是网络的 VI 设计,一旦树立成功,其传播效果是非常可观的。品牌网络提供了品牌的平台,使消费群体感到阳光般温馨品牌的服务,吸引消费群体来此交流,并产生互动,而网站中所有的事物,包括颜色、形象、虚拟物品等就在广告宣传范围之内了。

第三节 网络广告的表现形式与表现手法

一、网络广告的表现形式

1.平面

平面类网络广告主要是以平面图片的形式进行艺术性的表现,给人赏心悦目的感觉,以创意给予视觉或者意念上的冲击,产生点击的冲动。与传统平面设计表现形式与创意方式大致相同,加以互动性交流手法,对消费者的意向,可以直接得到反馈。包含平面设计、招贴设计、印刷设计、板式设计、电子刊物设计和效果图设计等。如图 8-9 的两张图片所示,基本与平常化妆品广告一样,都是以美女的形象直接突出产品效果,但是对产品的详细信息与消费者意见的回馈都以互动的形式加以设计,使消费者产生第一消费冲动的同时,及时地消除消费者的顾虑与接收反馈意见。

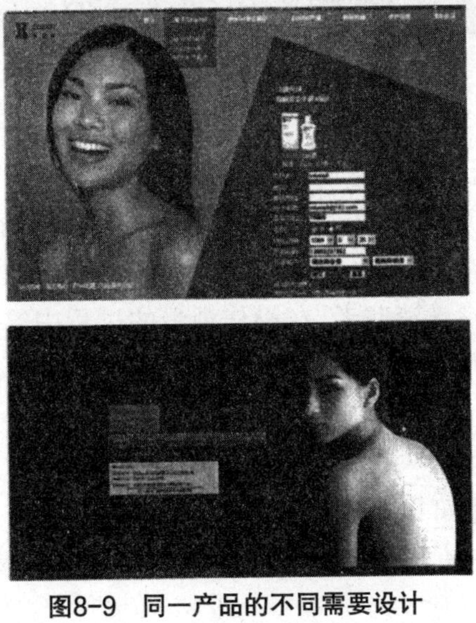

图8-9 同一产品的不同需要设计

2.富媒体

富媒体是从 Rich Media 翻译而来的，是指能到达二维及三维的视频、音频及 Java 等具有负载视觉效果的网络广告形式。富媒体包含在线视频以及网页超链接等其他资源，与影音做同步的播出。由于其播放的内容与呈现的效果极为丰富，故称为富媒体广告。富媒体广告具有极强的表现力，几乎可以达到电视的表现效果。富媒体广告给人以强烈的连续性多感官刺激，并产生场景——记忆，留下深刻的印象。这是网络广告使用较多的一种形式，与传统相比，增加了互动要素，更能够从多角度展示宣传产品的特性，满足不同消费者的需求意向。消费者一旦接收到了感兴趣的信息，系统随时可以为消费者提供详细的产品信息链接，并对消费者的意见及时做出回复。

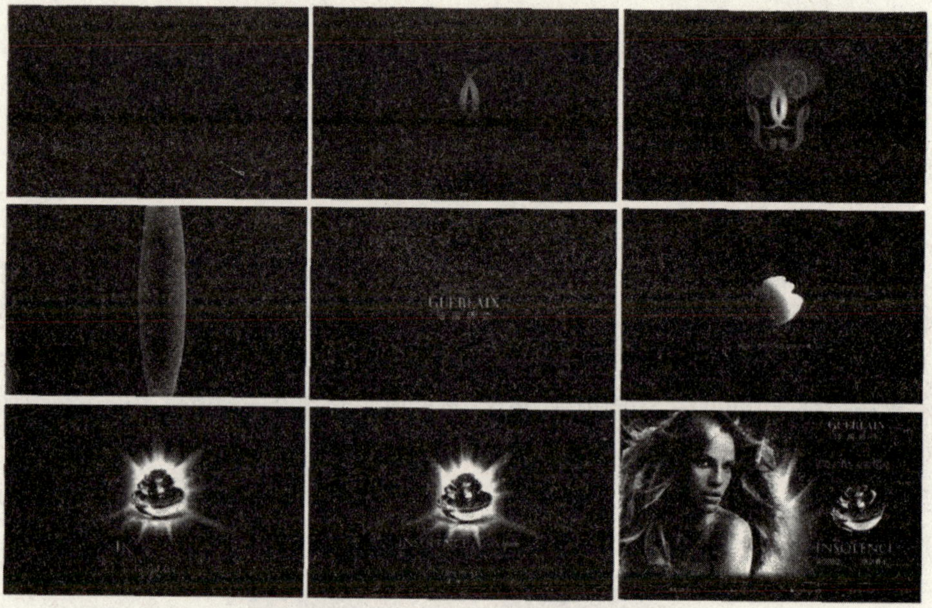

图 8-10　一则富媒体的实例

3.FLASH 动画

Flash 是现代计算机动画技术的产物，一种交互式矢量多媒体技术，它的前身是 Future Splash，早期网上流行的矢量动画插件。现在已经渐渐成为交互式矢量的标准，未来网页的一大主流，可以根据消费者的操作进行播放。设计过程通过对其形象、行为的制作，感动、刺激消费者，在操作观看的过程中给人留下深刻的印象。由于好看好玩的原因，再加上网络信息简单的复制与传播特征，优秀的 Flash 动画甚至会形成品牌、动画"明星"等，从而得到广大消费者的推崇与广泛传播。如图 8-11 这段 Flash 动画，右侧的每一个人头像都链接着一段动画，这都由消费者根据个人的兴趣自主选择播放，也可以说这是一段纯娱乐的动画，广告本身是作为这段娱乐过程中承载的一小段信息，并不是主体，而消费者在享受娱乐的同时，也记住了广告的内容。

图 8-11 自主选择播放的 Flash 动画

4.网络游戏

网络游戏是现代互联网中有着大量受众的娱乐平台,娱乐休闲、虚拟现实、虚拟体验是其最显著的特点。游戏内置广告作为游戏承载的一段信息得到了充分的宣传,如图 8-12 所示,从人物的形象、衣着到运动场地都承载着广告信息,网络游戏产业不但可以娱乐大众、交流互动,而且会引发情感投入,产生依赖感,形成强烈的感官与精神刺激。近些年我国网络游戏发展的速度是相当惊人的,从 1998 年寥寥无几的几款游戏,到现在每年上百款游戏的上市,可见网络游戏市场的蓬勃,以及人数众多的受众群体。

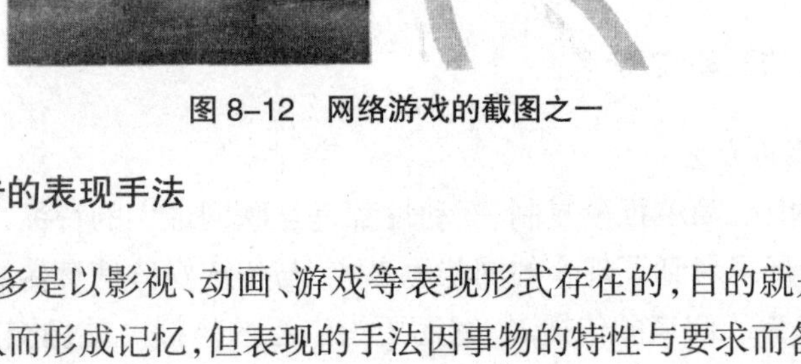

图 8-12 网络游戏的截图之一

二、网络广告的表现手法

网络广告大多是以影视、动画、游戏等表现形式存在的,目的就是给人以休闲娱乐与视觉刺激,从而形成记忆,但表现的手法因事物的特性与要求而各异。

1.拟人化

这种表现手法主要是以动画的形式出现,产品本身就是故事的主角,它带领网民进入了它的世界,网民所关注的不是产品,而是可爱的卡通形象和吸引人的故事情节,有趣的情节使网民记忆深刻,可能反复地观看并传播。情景再现与联想式记忆,使得产品得到了有效传播并形成消费的可能。

2.情感烘托

此类手法主要是通过影片打动人们心中情感最为敏感的部分，从而产生共鸣，如亲情、友情、爱情等，而产品本身只是达成共鸣的一个重要因素，如代表友情的一个动作，代表爱情的一枝花，代表亲情的一种关怀等。必须第一眼就调动起消费者的兴趣，才能使消费者愿意欣赏、接受，形成消费。

3.诱导

互联网是一个资源极大丰富的宝库，是人们寻找问题答案，相互交流的有力平台。这种手法一般是以生动的画面提出问题、解决问题的一个过程，在过程中形成有效传播。

4.幽默搞笑

根据中国最大视频之一网站优酷网调查，排名前几名的视频分别是体育、幽默类、音乐 MV 和纪实性短片。其中幽默搞笑类就占据了多个席位，并且点评率是最高的。由此看来，轻松搞笑的画面对于网民来说更有吸引力，容易给人留下深刻的印象。

5.品质独特

美是人类恒久不变的话题，人们对美好事物的追求更是永无止境的。人们对美丽的画面总是爱不释手，喜欢慢慢欣赏，细细品味；对新鲜的事物也有想尝试的冲动。这种手法就是通过独特精美的视觉冲击使消费者的情感油然而生，心存印象。

6.虚拟体验

这种手法是最能体现互联网络优越性的形式，大都是以 Flash、游戏形态存在，充分发挥了互动性与参与性。消费者可以自由的参与到一个虚拟的社会环境中，进行虚拟的体验式消费，像超市里的先尝后买一样，款式、搭配等，都能在虚拟世界中得到提前体验。这种形式是最能够刺激消费欲望的形式，也是未来网络广告发展的一个趋势。

除了以上这些手段，还有很多常用设计表现手法，如特写、联想、象征、构成、分解等，在互联网中都发生了与在传统媒体上不同的改变，也可以说是传统媒体广告在新媒体上的发展。虽表现实质没有改变，但表现手法的形式却发生了改进。

三、网络广告的互动技巧

1.互联网传播的力量

与传统媒体相比，简单批量复制、互动性都是互联网最大的特征，它使人们的思考方式，从以前的线形思考到了现今的网状思考[①]。与传统媒体信息传播不同的是，接收信息的消费者，成为了信息的传播者，继而更为广泛的传播。就像交叉网络上的一个点，它是一条线的起点，也是一条线的终点，同时还是一条或几条线的交叉点，同时扮演几个“角色”。这种在传播力量上的优势，在现代广告宣传中已经明显地表现出来。

---

① 曲国先，蔡丽娟.从互联网络到视觉传达[J].桂林电子工业学院学报，2000(2)：33.

2.互动的形式

(1)个体之间的互动。计算机技术与互联网络技术的结合,使得所有与互联网络连接的计算机终端都成为网络上的一分子,就像构成社会的人的元素是一样的道理。互联网上的人与人之间可以抛开一切时间、空间的限制相互联系、相互交流。对于一种事物的判断和看法,个体之间可以通过互联网络交流经验、交换意见、互换方案等。

(2) 个体与群体的互动。这种交互形式是现代网络很普遍的一个现象, 例如 Q-zone、Blog 等。人们喜欢在互联网上发表自己的看法、展示自己的个性,不再受传统媒体的各种限制。网络为一切事物提供了推销自己的平台,也即时地接收消费者的评论。现代的网络作家、网络歌手、网络商店都是以这种方式在宣传自我的。

(3)群体与群体的互动。与个体向大众宣传不同的是,这是以很多有共同特性的个体联盟的形式推销的品牌,这种"集团"性质的群体更能够集思广益、更有力量向大众宣传自己,同样也可以接收大众对集团的评论。例如网络中的社区、联盟、游戏中的行会、阵营等。

3.网络广告的交流互动

(1)情境互动。网络广告在互联网中是面对消费者大众的,对于消费者个人的习惯、喜好、兴趣等不确定因素并不能完全顾及到。所以网络视觉传达设计除了宣传主体之外,还为消费者提供了多通道的环境元素,由消费者自主选择个人中意的方案。如在 QQ 秀中,同样的行为,同样的内容可以根据个人意愿选择不同的环境、场景、颜色等以满足不同人群的兴趣。由消费者自己参与"设计"出来的作品,更能使消费者印象深刻。又如照大头贴照片,五个人共同照一张照片,由五个人各自对照片进行环境设计,虽然五个人照片的主体没有发生改变,但出来的是五种不同的效果。

互动广告为消费者提供了这种由消费者自己主观记忆的广告方式。设计师提供一个全方位的设计方案,由消费者根据自己的主观意向去选择观看广告内容的角度。例如,车展上的汽车(图 8-13),同是一部车,而不同的消费者观看的侧重点是不同的,有的看性能,有的看价格,有的看外形等,这些都可以按照消费者自己的意愿进行选择。

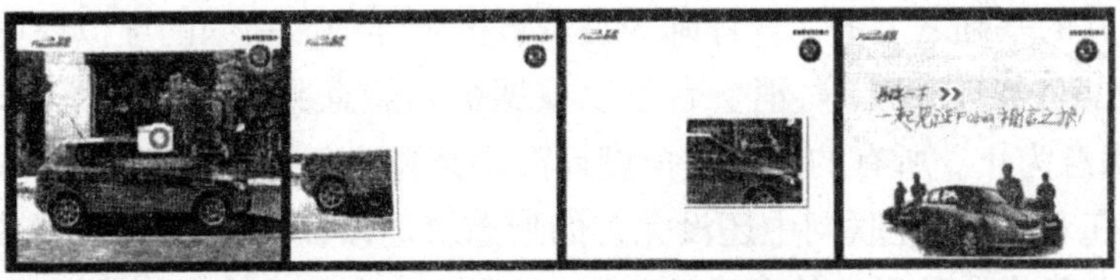

图 8-13 不同视角观看车展上的汽车

(2)情感互动。网络广告还有一个作用,就是以口号的形式,依靠自身的感召力集结所有有着共同爱好、兴趣、感情的人群在一起,为其提供一个交流互动的平台,更有针对性、更准确的定位受众目标,进行广告的宣传。在这个虚拟的环境中,广告本身的理念就是集结这些潜在消费者的主要诱因。在这里广告主体便化身为一位与消费者有着共同命运的良师益友,与消费者产生交流,明确目标与方向,为消费者潜在的消费埋下了伏笔,而这种网络广告产生效益是一个有效却漫长的过程。

(3)虚拟现实、虚拟体验。根据《2008年中国游戏产业调查报告》显示,2008年,中国网络游戏用户数达到4 936万,比2007年增加了22.9%。其中付费网络游戏用户达到3 042万,比2007年增加了36.0%。由此带动的电信业务产生的直接收入达312.8亿元人民币,带动的网络广告直接收入为54.7亿元。由此可以看出,在中国的网络市场,娱乐依然是吸引消费者眼球的主要目标。

由于互联网的特征,使网络广告的可信程度偏低。虚拟社区的建立则为虚拟体验式消费提供了可能,它将单纯的广告信息转化为直观可视的、主观操控的、先体验后消费的虚拟环境,这大大加强了网络广告的可信程度与依赖程度。对于消费者来说,是提供了便利、快捷、有趣的体验;对广告来说,更加一目了然,可以直接刺激消费者购买的欲望。

虚拟体验式广告是网络广告中最能显示互联网互动性特征的一种形式,也是传播效果最强、最能刺激消费的一种形式。虚拟环境的内置广告也是形式多样,丰富多彩,它可以是虚拟社区的一个场景,可以是游戏里的一件道具,还可以是虚拟环境里的一幅广告等。总之,这种传播方式不强制消费者接受,而是使消费者在虚拟环境中享受娱乐并自愿接受信息,其传播的效果是非常有力的。

在现代社会生活中,网络购物已成为时尚,虽然交易平台的建立完善了在支付方面的问题。但是,在物品的选择、试用等方面都存在着很大的弊端,消费者不能够仅靠眼睛的判断就能确定是否合适,尤其是服饰购买方面更为突出。所以,一个完善的网络虚拟试用、虚拟体验系统的建立是很有必要的。

由于网络社区、网络商店、网络游戏的高增长与高利润,从而引起了越来越多的企业开始介入。与之密切相关的网络广告也又成为新兴的朝阳产业,飞速发展。随着互联网络的普及、技术的更新、环境的规范,未来的互联网络虚拟与现实之间的界限将会越来越模糊,网络虚拟体验式广告将会成为消费者消费的一个关键因素。

这种虚拟体验式消费是最能够体现互联网网状交叉结构与交流互动特性的一种形式,随着互联网络虚拟与现实之间界限的消失,而功能的明确分化,这种虚拟现实、虚拟体验将会给商家和设计师带来一片更大的市场。虚拟现实、虚拟体验,就是建立在互联网交互的基础之上的。设计师为消费者提供详细而精细的虚拟环境元素、事件元素、商品元素、导航元素等,消费者可以根据个人的意愿自由的选择、修改、设计和提议,直到满意为止。所有的这些虚拟设计都将会为消费动机埋下伏笔。这是一个庞大而漫长的工程,现代互联网中还没完善的形态就足以证明,但一些形态的互动广告设计已开始凸显出这种形态的必然性(Google导航功能、17173、QQ秀的纸人系统、QQ空间环境设计等)。

以上可以看出,互动广告的目的,都是为了满足消费者的参与感,使人在享受网络生活的同时不知不觉地接收信息,既轻松又有效,给消费者留下了深刻的印象。但由于经济与技术上的原因,这种形式并没有在网络广告设计中得到普及,但是它以其不错的传播效果,为未来网络广告设计划定了明确的方向。

四、网络广告的排版技巧

网页作为互联网媒体的基本页面,就相当于一本书的一页,受计算机显示器的局限,设计的版面较小,因此,如何通过排版引起网民的关注显得格外重要。网络广告是以不同形式分布于网页当中的,按照网页版式,级别有所不同。按网页的级别可分为首页、二级域名页面和三级域名页面等。网络广告按照网页版式分布分为旗帜广告、按钮广告、分类广告、插播式广告、关键字广告、电子邮件广告与富媒体广告。

1.首页

首页就相当于杂志的封面、扉页、目录一样,是打开网页首先映入眼帘的页面,也称为综合版面,越是置顶的内容越引人关注。所以,处于首页的广告是最显眼且价格最为昂贵的,而且广告的费用也是随着位置而增长。

一般的综合性大型网站涉及各类信息,所以都以专栏的形式划分于整个首页上。因为浏览网页的人关注问题不同, 所以网络广告也是按其信息内容分布于各个专栏周围,以求定位准确。在首页中的网络广告,大都是以旗帜与按钮广告、播放式广告分布于首页的顶端、中间与侧边。表现形式多为平面、Flash 动画、富媒体。一般运用醒目的标语或刺激的画面吸引消费者的关注,产生点击欲望。

图8–14 一则首页的广告布局

2.二级页面

也称为专栏页面。它是分类广告存在的主要页面,旗帜与按钮广告依旧占有很大的篇幅,排版方式也多种多样。表现形式相对首页更为丰富,Flash 与富媒体的应用更为广泛。

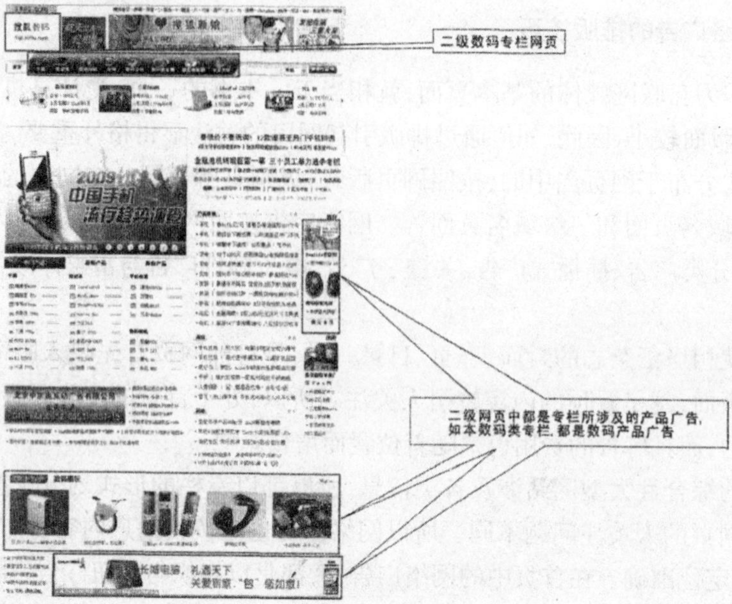

图8-15　二级页面的广告布局一例

3.三级页面

也称为专题页面,信息内容更最详细具体,关注信息基本定在了某一种产品上,所以以富媒体形式出现的定位广告、流媒体插播广告多出现在此页面当中,目的是为特定消费群体提供最新、最丰富的广告信息,吸引其注意力。

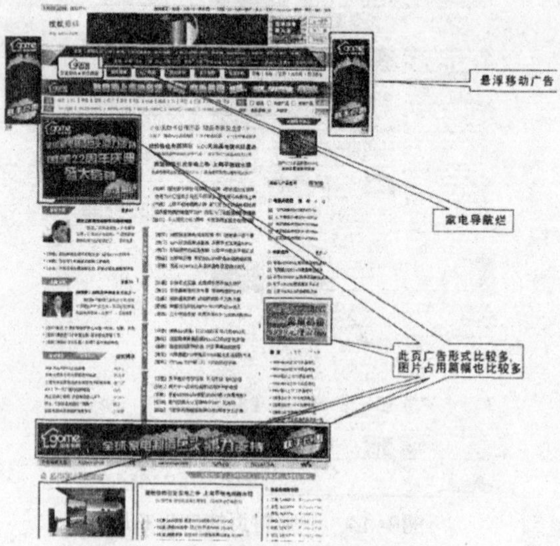

图8-16　专题页面的广告布局一例

第四节 常用网络广告创意技巧

现代互联网的页面都是多媒体的动态网页，所以在表现上存在很多的表现技巧，但目的只有一个，引起网民的关注，调动兴趣，大概分为以下几种。

一、动、静态网幅广告

这种方式通常没有特别的制作技术，通常是在打开网页时，从网页中间或者顶端出现大篇幅的画面信息，非常醒目。一般应用于期盼已久，或有很大利益的时候会使用这种表现技巧，使网民感到大制作、大手笔，可信度会增强，产生点击欲望。

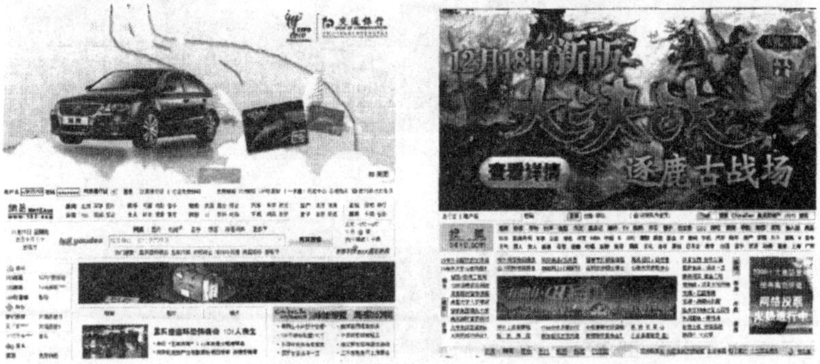

图 8–17 网页中间或者顶端出现大篇幅的画面信息

二、幻灯式广告

幻灯式广告是现代网页中应用较多的技巧，占用面积比较小，按一定的时间循环播放的招贴式广告，一般是对某一事物多方面多角度的宣传；或是对一些时下较为敏感的话题作为广告的切入点，以便应对不同品味的网民。

图 8–18 数码类产品网络广告幻灯

三、流媒体式广告

这是网络视觉传达设计中一种十分特别的技巧，会随着网民主观意向受控于网民自身，广告依附于流媒体之上，网民在使用流媒体的同时，便会接收到广告信息，也属于被动接受。

图8-19 流媒体式广告一例

四、弹出式广告

在计算机或网页中使用某些程序时，会强制弹出广告，如 QQ、迅雷、RealPlayer 等。

图 8-20 强制弹出广告

五、引导式广告

这是一种以 Flash 的形式出现的互动技巧，由设计者提出问题与网民产生共鸣，并由网民自主操作逐步解决问题的一个过程。或与轮转技巧结合，自动逐步解决问题,循环播放。

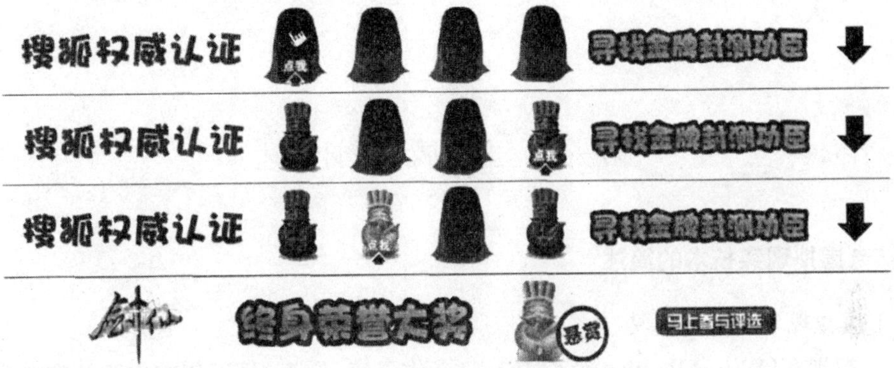

图 8-21　引导式广告

六、定向行为广告

定向行为广告,网络服务器根据网民的操作,会自动出现与之操作相关的广告。在第三届艾瑞新营销年会上,CCMedia 业务副总裁丁玉青表示，看过行为定向广告的网民有 93%可以产生购买行为,这是非常惊人的一个数字。由此看来,定向行为广告在网络广告发展中有很大的优势。

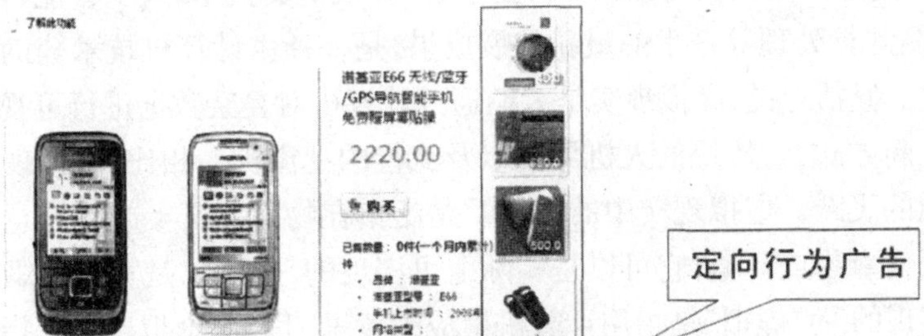

图 8-22　定向行为广告示例

第九章　虚拟与设计：虚拟展示技术与网络广告设计

第一节　虚拟展示设计概述

一、虚拟现实技术的简述

1.虚拟现实技术的定义

虚拟现实(Virtual Reality，简称 VR；又译作灵境、幻真)是近年来出现的高新技术，也称灵境技术或人工环境。虚拟现实是利用电脑模拟产生一个三维空间的虚拟世界，提供使用者关于视觉、听觉、触觉等感官的模拟，让使用者如同身临其境一般，可以及时、无限制地观察三度空间内的事物。VR 是一项综合集成技术，涉及计算机图形学、人机交互技术、传感技术、人工智能等领域，它用计算机生成逼真的三维视、听、嗅觉等感觉，使人作为参与者，通过适当装置对虚拟世界进行体验和交互性操作。使用者进行位置移动时，电脑可以立即进行复杂的运算，将精确的三维世界影像传回产生临场感。该技术集成了计算机图形(CG)技术、计算机仿真技术、人工智能、传感技术、显示技术、网络并行处理等技术的最新发展成果，是一种由计算机技术辅助生成的高技术模拟系统。概括地说，虚拟现实是人们通过计算机对复杂数据进行可视化操作与交互的一种全新方式，与传统的人机界面以及流行的视窗操作相比，虚拟现实在技术思想上有了质的飞跃。虚拟现实中的“现实”是泛指在物理意义上或功能意义上存在于世界上的任何事物或环境，它可以是实际上可实现的，也可以是实际上难以实现的或根本无法实现的，而“虚拟”是指用计算机生成的意思。因此，虚拟现实是指用计算机生成的一种特殊环境，人们可以通过使用各种特殊装置将自己“投射”到这个环境中，并操作、控制环境，实现特殊的目的，即人是这种环境的主宰。

一般的虚拟现实系统主要由专业图形处理计算机、应用软件系统、输入设备和演示设备等组成。虚拟现实技术的特征之一就是人机之间的交互性，为了实现人机之间的充分交换信息，必须设计特殊输入工具和演示设备，以识别人的各种输入命令，且提供相应反馈信息，实现真正的仿真效果。虚拟现实是发展到一定水平上的计算机技术与思维科学相结合的产物，它的出现为人类认识世界开辟了一条新途径。虚拟现实的最大特点是用户可以用自然方式与虚拟环境进行交互操作，改变了过去人类除了亲身经历，就只能间接了解环境的模式，从而有效地扩展了自己的认知手段和领域。

2.虚拟现实系统的分类

虚拟现实系统按其功能不同,可分成三种类型:

(1)沉浸型虚拟现实系统。沉浸型虚拟系统是一套比较复杂的系统。使用者必须头戴头盔、手带数据手套等传感跟踪装置,才能与虚拟世界进行交互。由于这种系统可以将使用者的视觉、听觉与外界隔离,因此用户可排除外界干扰,全身心地投入到虚拟现实中去。这种系统的优点是用户可完全沉浸到虚拟世界中去,缺点是系统设备价格昂贵,难以普及推广。

(2)简易型虚拟现实系统。简易型虚拟现实系统由一台普通的计算机系统组成,使用者通过键盘、鼠标便可与虚拟环境进行交互。例如,苹果公司推出的快速虚拟系统,是采用360° 全景拍摄来生成逼真的虚拟情景,用户在普通的电脑上,利用鼠标和键盘,就能真实地感受到所虚拟的情景。这种系统的特点是结构简单、价格低廉,易于普及推广,是一套经济实用的系统。

(3)共享型虚拟现实系统。共享型虚拟现实系统是利用远程网络,将异地的不同用户联结起来,共享一个虚拟空间。多个用户通过网络对同一虚拟世界进行观察和操作,达到协同工作的目的。例如,异地的医科学生可以通过网络,对虚拟手术室中的病人进行外科手术。不同的项目可以根据实际的应用有选择地使用这些工具,主要包括头盔式显示器、跟踪器、传感手套、屏幕式、房式立体显示系统、三维立体声音生成装置等。事实上,虚拟实现技术不仅仅是指那些戴着头盔和手套的技术,而且还应该包括一切与之有关的、具有自然模拟、逼真体验的技术与方法。

3.虚拟现实技术的应用

虚拟现实技术的应用极为广泛。调查表明,目前在军事、娱乐、医学和航空的应用占据主流,其次是教育及艺术方面,另外在可视化计算、制造业等方面也有相当的比重。当然虚拟现实技术在新材料、商业展示方面也是应用的主流技术。在科技开发方面,虚拟现实技术有着卓越的表现。虚拟现实技术已经和理论分析、科学实验一起成为人类探索客观世界规律的三大手段。用它来设计新材料,可以预先了解改变成分对材料性能的影响。在材料还没有制造出来之前便知道用这种材料制造出来的零件在不同受力情况下是如何损坏的。虚拟现实技术可缩短开发周期,减少费用。在商业展示方面,虚拟现实技术用来展现商品。例如,建筑工程投标时,把设计的方案用虚拟现实技术表现出来,便可把业主带入未来的建筑物里参观,如门的高度、窗户朝向、采光多少、屋内装饰等,都可以感受。它同样可用于旅游景点以及功能众多、用途多样的商品推销。因为用虚拟现实技术展现这类商品的魅力,比单用文字或图片宣传更加有吸引力。丰富的感觉与三维显示环境使得虚拟现实技术成为理想的虚拟展示工具,带来行业革命性的突破。可以预见,在不久的将来,虚拟现实技术将会影响甚至改变人们的观念与习惯,并将深入到人们的日常工作与生活之中。

二、虚拟展示设计的定义和特点

1.虚拟展示设计的定义

人类进入了网络时代之后，信息社会中的人类交流将采用新的方式和进入新的领域。这种信息交流手段是多元化的、多种手段并存的，即“图像→文字→三维环境→虚拟展示”。由于文字、图像很难说明事物变化的动态过程，所以人们采用了三维环境的方式，制作一个现实的实体来表现运动着的事物变化。其表现力虽然很充分，但要受到空间、时间、材料、加工工艺的限制，不能随心所欲的实现信息传递，其手段较为被动。

计算机、网络为特征的信息产品的出现，正在越来越多地改变着我们的生活方式，电脑微型处理器的运用正在解放机械化时代对产品形式的束缚，设计师可以拥有以前任何一个时代都无法比拟的创造性和想象力，设计的形式和内涵都在发生着变化，数字化的环境正在赋予设计师新的责任，那就是做更符合这个时代的个性化的设计，体现出对生命的关怀。在这种新时代特征的召唤下，作为展示设计的最新产物，虚拟的展示方式诞生了。数字化的社会让它具有了自身的特点和生命力。从事展示设计的专业人员非常有必要了解这一新生事物，并将之应用到设计工作中，更好地把握时代的脉搏。

虚拟展示设计是运用虚拟现实技术进行物品三维立体展示的一种高科技手段。数字的虚拟网络发展和完善丰富了展示设计的表现形式，虚拟展示设计的发展则是展示设计领域的进一步深入和发展。虚拟展示是计算机模拟的三维环境，和三维环境一样，使用者可以身临其境，并操纵系统中的每一个对象，同时又具备了听觉、触觉、嗅觉的多媒体功能。使得虚拟展示的方式更为多元化和主动化的是它的“实时”图形渲染功能，所谓“实时”就是即时随机进行图形渲染的一种技术。它使得用户在观赏三维的场景时，可以根据自己的需要变换视角观察，寻求所想要的信息。这种获取信息的行为完全是主动的，设计者要做的是引导观众增强观者的兴趣。使用者看到哪里就达到哪里，可以成为最新设计的操纵者，从中获得无穷的乐趣，而完成这一切只需晃动手中的鼠标而已。这就是它与传统三维环境最大的区别，也是作为交互性展示手段的最大优势所在。

2.虚拟展示设计的特点

(1)信息传达准确、迅速。虚拟的展示设计是纯数字化的展示手段，它全部的信息都是数字组成的，这就使其准确性得到极大的提高。数字化的体系使得信息的更新和传播的速度大大加快，而且它的错误修正能力也大大的加强。以前大公司常要做全国乃至全世界的巡展，而展览中信息传递错误的问题屡有发生。如果不能及时解决问题，信息传递不清或传递错误就会酿成不良后果，而数字通过网路传播的虚拟展示能准确的表达物体、环境的同时，信息的更新和修改也是实时的。任何一点疏漏，都会在数字面前现形并得以更正。信息科技和通讯设施的发展为我们打开了人类经验的一个崭新的方面。这种经验不受物质的制约,也不受时空的束缚。于是我们可以创造想要的一切,可以像玩魔术般地创造我们的信息和它的载体,创造出虚拟的现在、过去和将来的各种各样的情景,以至于更加丰富我们的感情世界。

(2)展现方式自由、直观。静止的效果图只能向观者展示项目的某一个或某几个方面,对观者提出的其他问题与要求必须以相近的图像或文字加以说明,运作起来不直观、不全面,具有相当大的局限性。以虚拟现实技术为核心的多媒体介绍程序,不需要观看者发挥任何的想象力, 以空前直观的方式将项目展现给观众。在虚拟的世界中,网民可以任意角度、任意比例地观看他们所感兴趣的内容。

(3)展现事物客观、灵活。动画演示在一定程度上弥补了静态画面的不足之处,声音与动画同步播放,生动细致,但是严格意义上讲,这种浏览演示方式只适用于地产演示项目,或其他类似的只是为了表现视频效果的项目,而对于典型的工程项目则缺少应有的严谨性、灵活性与客观性。动画在播放的过程当中,观者只是一直在被动的观看,接受一些有关于项目的信息,并不能按照自己的意愿去观看、查阅、检索相关信息,而虚拟现实技术则完全解决了以上两种表现形式中所存在的问题。我们可以在虚拟空间中的任意地点、任意时间进行观察,地点与时间都是无限制的。

三、虚拟展示设计的应用

虚拟展示设计是具有高难度的科技领域,虽然和一些发达国家相比我国起步较晚,但是随着设计师的不断努力已广泛应用于各行各业,并取得了良好的效果。虚拟展示设计在地方展览、工程施工、产品展示和网络虚拟展示广告等领域都有非常广泛的应用。虚拟展示设计在地方性展览中,弥补了传统展会空间、时间、财力与管理水平的制约,扩展了地方展会的信息容量与影响规模,延伸了大型展会的社会影响与经济效益,营建跨区域、超规格的数字化展会模式;在异地参展中,为参展商节省了异地实物展的运输成本与管理成本,提升展示效益。虚拟展示设计促进区域经济与信息前沿的便捷沟通,缩小差异性,强调跨地域沟通。虚拟展示设计的三维工程图提高了大型展览项目的地下网线管理、评估质量、管理效力、施工安全等各方面指标;教育展示中的虚拟展示技术开拓了学生视野,提高了学生创新实践能力;虚拟展示设计可以在招商引资中全方位、多视角地展示经济区域的发展状况,展现特定环境下的人文、经济、资源、政策;在各种会议的虚拟展示中,推行三维产品展示模式,可以打破专业人士与非专业人士之间的沟通障碍,更好的理解设计方的思路及各方的意见,加强沟通和交流。

近年来,电子商务不断发展,网络广告形式也层出不穷,虚拟展示设计被创造性的应用到网络广告中来,给电子商务注入了新的活力。它能够将商业产品逼真地在网络中表现出来, 将企业的产品信息用三维和模拟三维的技术发布到网络中并准确地传递给消费者。因此,网络虚拟展示广告对于电子商务来说无疑是一个创举,将电子商务的真实性极大的提高,电子商务也可以“看得见,摸得着”了,增强了电子商务的竞争力,为占据营销策略的主导地位打下了坚实的基础。虚拟展示技术为当代经济的发展起到了特定的作用,研究网络虚拟展示广告也是时代赋予设计师的重任。

第二节 网络虚拟展示广告的产生和应用

一、网络虚拟展示广告的特点

网络虚拟展示广告是基于虚拟现实的三维立体交互展示技术的网络广告。它作为一种最先进的网上产品展示手段,给消费者留下的印象是其他方法所替代不了的。逼真的三维模型,仿佛身临其境,强大的交互功能,使得个性产品深入人心。用户在和虚拟的产品交流的时候,可以自主决定如何体验产品,或旋转、或远近、或开关、或拆装。也可以根据自己的需要变换产品信息,这种获取信息的行为完全是主动的。使用者可以根据自身的需求,亲自成为最新设计的体验者,只要轻移鼠标就可以从互动中享受到无限的乐趣。这就是它最大优势所在。

有了互联网,有了虚拟展示技术,将真正实现产品与全球客户零距离、面对面。它技术含量高,对于大型的产品、价格较高的产品或者用于预定的产品来说是很好的体验通道,帮助企业真实完美地展现产品,使消费者也放心购物。虚拟仿真互动平台已经在各个领域发挥了强大的作用,随着人们对虚拟现实的认识逐步提高,对虚拟现实技术的要求也提到了新的台阶,三维网络虚拟仿真技术应运而生,三维网络虚拟仿真技术是通过建立一个虚拟空间来实现人机互动漫游,通过浏览器或客户端来实现三维场景的浏览及互动。通过网络虚拟展示系统,可以将企业产品真实三维还原,多角度观看、任意拆装及组合,将现场才能解决的问题在互联网上解决。它构建了网络环境中的真实情境,从而使网络广告不再是虚幻的,网络虚拟展示广告甚至使产品比在现实环境中更容易体验和感受。这种新型的广告有以下几点特点:

1.体验性

网络环境下的产品体验又叫“虚拟产品体验”(Virtual Product Experience,VPE),一般是指使置身于虚拟环境中的消费者能够通过电脑和网站“看到”“碰触到”“感觉到”“试用到”产品。虚拟产品体验的作用是把产品属性、产品理念等产品信息尽可能传达给消费者以增强其对产品的感知。

在这个人工构造出来的虚拟世界中,时时事事如置于“现实”之中;对全身的综合感受,符合现实中使用者的感受;对于触发的各种事件,都会做出合理的响应。在传统的购物环境下,一切产品信息都是通过多渠道传递给消费者的,这些渠道包括了商店环境、产品陈设、产品试用、店员服务等。在网络购物环境中,产品信息的传递仅仅是通过界面进行,尽管网络技术的日益精进使得产品体验的方式从单纯的文字、静态图片发展到三维动画、声音影像等多媒体互动方式,但相对传统产品体验而言,虚拟产品体验还比较简单。尽可能将产品信息准确传递给消费者是在电子商务环境下进行客户关系管理的重要前提，这首先涉及两个重要的消费者心理学概念，即“社会临场感”和“产品感知度”。社会临场感表现为“消费者”与“网络广告”之间的距离，也就是说消费者与网络广告互动的时候能感知到的与真实购物环境的差距，社会临场感越强则差距越小;产品感知度表现“消费者”和“产品”之间的距离，也就是说消费者能在多大程度上感受到逼真、全面的产品信息，“产品感知度”越强，则消费者获得的产品信息越逼真、全面。这两个“距离”越小，消费者在网络环境下越能够享受真实购物环境中的产品体验。

2.互动性

网络虚拟展示设计的交互能力主要体现在全方位的个性化的行为方式上，可以选择自己的方式去浏览和参与展示活动——在虚拟的环境中，可以充分发挥自身的主动性，根据自己的意愿行事而不会影响他人。这一点符合时代的个性化特征并且也将给人们提供更新的视角去观察环境和生活，并帮助人们创造绚丽多彩的虚拟环境和数字化三维生命体。

3.娱乐性

通过虚拟展示的网络广告，浏览者不仅可以体验到产品或者服务，更会有种类似游戏的情感体验，研究现实虚拟展示设计可以达到带动观者情感的目的。虚拟展示增加了信息传播方式的变化，内容更丰富更吸引人。因为突破了物质世界的束缚，所以虚拟的生命体更富于情感的感性特征，带有人的感性的内容更加丰富，更加贴切地表达真实情绪的波动。虚拟展示也正是利用于这些，来更好地感染观者以达到传输准确信息的目的。

虚拟产品体验通常可以提升消费者“感知诊断”和“沉浸”深度。感知诊断这个概念是用来表达消费者所感知到的某购买体验对他正确评价产品的帮助程度的，感知诊断越高则消费者认为该购买体验对于他正确识别产品和做出购买决策越有帮助。“沉浸”是人们从事某项活动时的一种心理体验，当人们在心理上越沉浸于某项活动时，越容易发现该活动过程是一个充满享受、愉悦、不断发现新奇或获得成就感的过程，尤其在虚拟环境中，人们进入“沉浸”的重要表现是逐渐失去自我意识，进入“忘我”境界，感受不到时间的流逝，只感受到互动技术和多媒体技术所带来的新奇、兴奋的感觉，对于在虚拟环境中进行产品体验的消费者来说，沉浸既可以来自于购物过程本身，也可以来自于通过虚拟控件技术与产品的互动过程，因为这个互动过程与传统的产品体验过程差异比较大，也更容易激起消费者的新奇、愉悦心情而使其沉浸其中。

二、网络虚拟展示广告是网络广告发展的新阶段

网络虚拟展示广告是一种利用虚拟现实技术展示产品的网络广告，通过网络和虚拟展示技术的结合拉近了产品和消费者的距离。一般来说，针对产品体验，产品的属性有两类:“搜寻属性”和“经验属性”。“搜寻属性”是可以直接通过“二手资料”传递的那些产品信息，如“价格”“内部结构”“容量”等，而这些“二手资料”包括“广告”“产

品目录"“口碑”等;经验属性是那些只能通过使用产品而获得的信息,如“味道”“手感”“做工”“环境”等。一般来说,经验属性显著的产品更应该加强虚拟体验。还有一些内部组件科技含量较高的产品,在平时不能看到产品内部的时候,网络虚拟展示广告也帮了大忙,人们可以从视觉上了解其内部特征,对是否购买此产品有指导性意义。

现代网络广告的展示手法多种多样,虚拟展示是其中备受青睐的展示形式,它有别于静态网络广告、Banner 广告等,浏览者不但可以看到产品的外形,看到各种参数。更重要的是可以与展品互动,让浏览者更加直接地了解产品的功能和特点,由静态陈列到动态展示,能调动浏览者的积极参与意识。通过更有视觉冲击力、听觉感染力、触觉激活力的娱乐色彩的环境、气氛和产品虚拟展示使网络广告更丰富多彩,取得好的效果。就吸引顾客注意力、提高对产品的记忆而言,虚拟展示的网络广告比大众媒体广告更直接、更富有感染力,更容易刺激购买行为和消费行为。以下的两个方面更加加速了其发展:

(1)网络的发展提供了虚拟展示网络广告发展的平台。目前,促进网络广告发展的网络因素主要有两方面。一方面是宽带网络的发展。宽带网络能让网络的讯息更加多元化,包括图片、声音、录像等将会以窄带的20倍甚至100倍的速度跟网民互动。宽带网能够进行持续的大容量信息传输,这将会使网络广告完全突破容量的限制,在表现力上达到并超过传统媒体广告。目前网络广告的主要载体是以 Html 语言为核心的界面。无论是传统的横幅广告、按钮广告还是最近兴起的巨幅广告,都是以界面为基本载体出现的。这种网络广告容量小,能够在相对较小的容量下实现比较好的画质,但这种“较好”的画质同大容量大制作的电视广告相比,差距十分明显。窄带网络上的广告根本无法同电视广告竞争。宽带网络突破了网络广告的容量限制,网络广告也可以参照电视广告的模式进行制作。随着宽带网的普及,以流媒体技术为核心的网络视频服务会成为下一个主要的网络广告载体。在带宽允许的情况下,画面精致让人身临其境的虚拟展示广告摆脱了带宽这个最大瓶颈之后,其发展前景是可以任人想象的,网络广告的创意将能得到更充分的发挥。另一方面是网络使用费用将不断下降。网络技术的发展与相关产业政策的逐步宽松,资费标准的进一步降低,将对整个行业的发展起到重要的作用。

(2)网络虚拟展示广告有助于刺激网民购买欲。网络广告中运用虚拟展示可以消除网民的感知不确定性,从而刺激其购买欲望。研究表明,增强产品体验对于刺激网民购买行为,有以下三方面优点:首先,越广泛的产品体验渠道和方式就越能使得网民有相对强化的产品记忆,这些记忆越强就越容易在网民脑海中形成固化的产品形象(包括产品外观、产品功能、产品理念等),亦即“产品感知”;其次,产品体验越强,网民越容易对产品产生高的评价把握和信任,消除“感知不确定性”和“感知风险”;最后,产品体验所带来的“产品感知”越强和“信任”越大,则消费者越容易被激起尝试、购买、评价产品的动机或欲望,实现购买的行为可能性就越大。

三、网络虚拟展示广告的发布和应用

1.网络虚拟展示广告的发布形式

(1)投放于门户网站。一般在门户网站相关行业类界面上投放广告,直接面对企业的目标传播对象,可以使广告效果得以更好地发挥。有研究表明,企业在相关行业门户网站投放网络广告的点击率相对较高。同时,此类网络广告对那些浏览而没有点击广告的访问者同样产生作用。

(2)投放在本企业网站。在自己企业的网站上发布虚拟展示广告,浏览者选择访问企业网站已对企业品牌产生一定程度的认可,这时发布虚拟展示广告使浏览者更加确切了解产品信息,目的更加明确。

(3)病毒式营销。并非真的以传播电脑病毒的方式开展营销,而是通过用户的口碑宣传网络,信息像病毒一样传播和扩散,利用快速复制的方式传向数以千计、数以万计的受众。虚拟展示广告有很强的互动性和娱乐性,再加上美观的视觉设计会很快成为网民分享的资源。

(4)定期通过电子邮件发送信息。通过为用户提供有价值的信息,在邮件内容中加入适量产品信息,从而实现营销的目的。邮件列表的表现形式很多,常见的有新闻邮件、电子刊物、新产品通知、优惠信息、重要事件提醒服务等。在这里是指发送网络虚拟展示广告给目标受众,使其第一时间掌握新产品的信息,以达到营销的目的。

2.网络虚拟展示广告的应用领域

虚拟现实技术主要采用360° 全景环视技术和三维立体成像技术,支持鼠标、键盘和摇杆控制,还支持无线立体眼镜、虚拟数字头盔、三维全息成像设备以及其他先进的“体感”设备,用户通过这些控制工具和虚拟场景中的物品和人物发生交互。目前在众多领域,如房地产业、装饰业、旅游业、酒店业、制造业等网络广告中,都可以通过虚拟现实环境向公众提供更多的信息和真实性的体验,从而吸引更多的注意力,提高商品的销售量。

(1)房地产类网络虚拟展示广告。随着房地产业竞争的加剧,传统的展示手段如平面图、表现图、沙盘、样板房等已经远远无法满足消费者的需要。因此,敏锐把握市场动向,果断启用最新的技术并迅速转化为生产力,方可领先一步,击溃竞争对手。网络虚拟展示广告是集影视广告、动画、多媒体、网络科技于一身的最新型的房地产网络营销方式,在国内的北京、上海、广州等大城市,国外的加拿大、美国等经济和科技发达的国家都非常热门,是当今房地产行业一个综合实力的象征和标志,其核心是房地产销售。利用虚拟现实技术作为大型项目的展示工具,构筑逼真的三维动态模型,全方位的展示建筑物内外部空间及功能,使目标受众产生强烈的参与兴趣,项目策划者的诉求更易为他人所认同。近年来,效果图及三维动画已得到普遍应用。然而,效果图只能提供静态局部的视觉体验。三维动画虽有较强的动态三维表现力,但不具备实时的交互性,是一个静态的世界。观察者只能按事先规定好的路线和角度浏览,很被动,信息也不可能全面。应用虚拟现实技术,目标客户可以在虚拟现实系统中自由行走、任意观看,突破了传统三维动画被动观察无法互动的瓶颈,给目标客户带来难以比拟的真实感与现场感,使他们获得身临其境的真实感受,更快更准地做出定购决定,加快了商品销售的速度。发布在网络中的虚拟展示广告,更方便、快捷地传播了房产信息。

(a)　　(b)

图 9-1　房地产类虚拟展示设计更突出现场感

(2)汽车类网络虚拟展示广告。目前汽车的网络广告形式多种多样,但最受欢迎的是虚拟展示的汽车网络广告。网民可以打开汽车的车门进去看一看内设、发动汽车、操纵仪表盘,还可以 360° 观看车的外形,甚至比在 4S 店还要方便地看到车的底盘,轻松打开前盖查看发动机和其他装置设备。还可以看到发动机以及其他连动设备工作的情况,感受动感品质。更可以利用电脑提供的虚拟驾驶系统体验驾车的感受。比如福特汽车的某个广告中不但有汽车的文字介绍,而且还配有全景动画,可以拖动鼠标全方位地浏览该汽车的外观以及内部构造,这是任何一种传统媒体都无法做到的。消费者可以打开车门看看新颖的汽车又增添了哪些设备,可以使用网上模拟驾驶系统体验驾车的感受,可以查阅各车型的耗油率、刹车性能、销售状况或价格、行李箱的大小,还可以链接到资料库中了解人们对不同车款的评价。虚拟现实展示设计已经可以担当起它在展示设计中的生力军的作用,并且弥补现行展示中的数字化的空白。同时,它将带动展示设计观念的数字化的革新,把汽车展示设计带到全新的数字化虚拟空间的新领域。

(3)家电类网络虚拟展示广告。家电类产品的虚拟展示广告应用较多,不管是可以替代人们进行家务劳动的产品如洗衣机、冰箱等,或者是为人们提供更高生活环境质量的产品,像空调、电暖器;或可提供娱乐的产品,像彩电、音响、游戏机等;还是电脑信息产品等都有相应的虚拟展示广告,如图 9–2 佳能数码摄像机的虚拟展示广告。国内知名品牌电器也有很多类似的虚拟展示广告,如海尔滚筒洗衣机的虚拟展示广告,可以 360° 观看外形,还可以拉开滚筒门并显示出精确的数据,让该产品信息在网络上一目了然。这些方便了网民在网上掌握信息,进行比较选购。

图 9-2　家电类网络虚拟展示广告示例

(4)服装类网络虚拟展示广告。目前很多服装销售网站已经有很多虚拟展示广告了。在这方面国外的同类网站做得比我国要早很多年,尤其鞋类的虚拟展示广告最多。在美国,虚拟服装设计网站已有很多,利用网络进行在线设计,网民与设计师共同设计,利用人体三维服装模型进行二维服装片的设计,并把服装衣片缝合后穿戴在三维人体模型商。服装网络虚拟展示广告是虚拟真实模拟,用计算机电子技术对布料仿真利用。网民可以选择服装在模特身上试穿,并可以调节模特的身材比例和自己相近使试穿效果和真实相符合。网民通过网络可以很方便地试衣搭配,比现实中换来换去要方便得多,视觉效果也明显,方便在购买中起到重要的作用。如图 9-2、9-3 都是这类型的网站,网民可以看到其穿着效果,得到尽善尽美地设计和艺术创作满意后立即购买。这种虚拟展示的服装网络广告还有很强的娱乐性,据调查女性网民很喜欢这类的虚拟网络广告。所以,很多网民觉得新奇有趣并当作游戏发给朋友,形成了病毒式营销,对服装的网络销售起到了良好的效果。

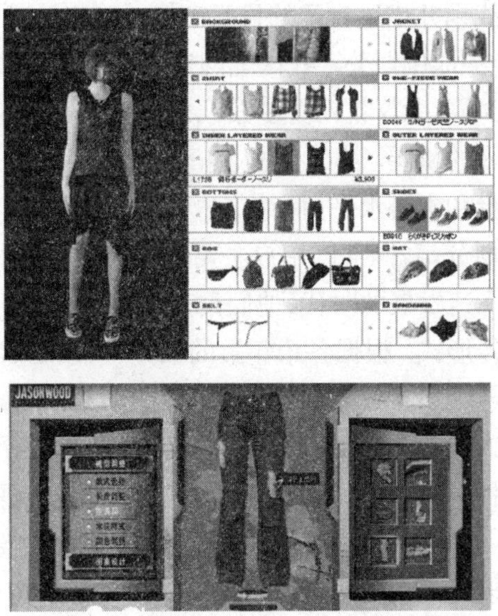

图 9-3　服装类网络虚拟展示广告示例

第三节　网络虚拟展示广告的视觉传达策划

作为新媒体艺术范畴中的网络虚拟展示广告设计是建立在科技发展基础上的一种新的视觉表现形式,也是一种综合性的设计。它涵盖了消费者心理学、设计美学、人机工程学、视觉心理学、符号学等诸多学科。它的发展时间虽然不长,却具备了传统平面设计的特征且拥有了传统平面设计所没有的网络优势,成为信息交流的良好途径。设计师需要设计出方便人机互动、合理有效的视觉表达形式,来满足浏览者的需求。因此,好的网络虚拟展示广告设计必须和网站自身定位及内容设置相统一,并且是适于信息传达和方便浏览的设计,即通过网络虚拟展示广告设计创造一种愉悦的视觉环境,使网民全身心地享受科技的飞跃。

网络虚拟展示广告设计是艺术设计与网络技术的交叉领域,它本身以网络为载体,把各种信息以最快捷、方便的方式传达给大众。但是,虚拟展示广告不是各种文字、产品信息的简单罗列,更重要的是还要考虑如何使受众能更好、更有效地接收广告上的信息。这就需要从大众审美需求方面入手,把握受众的审美心理,进而制作出引人注目的界面。这些界面不仅要使受众浏览起来心情愉快,而且更要便于传达和接收更多的信息。网络虚拟展示广告设计的审美需求是视觉传达设计的一种新的审美需求,把传统形式美的创作法则同网络广告设计中的视觉传达相结合起来,运用一些设计的基本法则到网络虚拟展示广告中去,增加它的美感以进一步满足大众的视觉审美需求,达到一个比较完美的视觉传达效果。

一、受众分析

利用市场划分可以找到并描述自己的目标市场,确定针对目标市场的最佳的视觉设计策略。第一,按照经济地位划分。我国上网用户收入比例情况是高收入网民(4 000元每月以上为6.9%)占少数,中等收入占多数,形成一个橄榄球型的收入结构。网络广告的重点应当是中等收入的阶层。第二,按人群素质划分。我国网上用户素质情况是网上用户一半以上具有大专和本科水平。网络广告有关的语言、画面应当主要照顾这一阶层的人群。第三,按年龄划分。我国上网用户主要集中在中青年阶段,这个年龄阶段的用户成长在科学信息技术飞速发展的时代,他们具有熟练的计算机操作能力,更容易接受网络广告这种新媒体广告形式。根据各个年龄的细分,可以制定出相应的广告策略。第四按职业划分。我国上网用户多数为在校学生,他们构成了网络用户的主要群体,其次是教师和机关党政工作人员等,有固定收入的网络用户占55.3%,可以看出有支付能力的用户人群占大多数。针对不同职业定制不同的广告策略非常重要,因为他们所关注的商品类型有所不同。第五,性别划分。目前我国上网用户男性占58.8%,女性占41.2%。我国上网用户性别相较持平,在制定网络广告策略时突出性别特征时,应有针对性地投放,做到有的放矢。

总结以上分析结果,可以大致看出我国网民的特征。企业在选择做网络广告时首先考虑到的就是受众,也就是我国广大网民中的一部分。他们拥有上网必需的设备,拥有上网的技能、时间和金钱。他们大多都受过九年以上的教育,以学生和工人中未婚人群为主体、他们大多生活在东部地区,城市占多数,他们乐于接受新鲜事物,喜欢在网上浏览新闻、搜索信息和进行邮件交流。了解了网民的主体特征,企业可以依据产品和服务所针对的人群进行决定,产品是否适合做网络虚拟展示广告,做网络虚拟展示广告会达到多大的传播效果。多数网民的审美观可视为大众的审美观,在做虚拟展示广告时要符合这一标准,在视觉设计上也要尽量迎合他们的审美趣味。消费者在接受广告过程的不同阶段中,有着不同的心理特征,心理策略就是指瞄准消费者购买过程中不同阶段的心理特征,进行网络广告创意定位,从而引导消费者认知产品直到实现购买。这是引入消费心理学原理来进行网络广告策划,引导网民们加速完成注意、兴趣、联想、欲望、动机直到做出购买决策等一系列心理活动过程,使网上消费者达到心理上的满足和满意的一种网络广告策略 AIDAS①。其中的每个字母都是一个单词的开头字母:A (Attention),引起消费者注意;I (Interest),使消费者发生兴趣;D (Desire),使消费者产生购买欲望;A (Action),使购买欲望变成购买行动;S (Satisfaction)。使消费者购买后感到满意。消费者购买心理阶段过程是:认知阶段(知觉、了解)→感情阶段(兴趣、偏爱)→欲求阶段(确信、购买)。把握消费者购买心理对广告的有效投放非常重要。广告内容能否吸引消费者注意,能否让消费者产生购买的兴趣,是创意的首要考虑因素,也是促成购买行为的重要前提。只有清晰地定位受众市场,才能较为准确地分析受众的喜好特点,投其所好,网络广告才会给企业带来更大的收益。

二、创意策划

创意是网络虚拟展示广告策划中极具魅力的部分。一个网络虚拟展示广告的成功与否,与它的创意紧密相连。创意并非难事,只要多看、多听、多想,就会产生创意。创意的过程是多样化的,首先把所想象的事物加以组合,再加以分析决定取舍,做到充分调动创造性思维活动,解决"表现什么"和"如何表现"的问题。

无论是广告代理商还是广告主自己在进行网络广告策划,其任务都是通过虚拟现实技术使品牌、产品、诉求内容适合目标受众的要求。在策划的前期部分都已经相当完善的情况下,广告创意就是决定最后广告表现的关键了,它也是吸引受众注意来浏览广告信息的决定性步骤。根据受众定位和产品定位,制定出整个网络虚拟展示广告的视觉表现的风格和独特的创意。"创意",既是一个静态的概念,又是一个动态的过程。静态的"创意"就是指创造性的想象构思;动态的"创意"是指创造性的思维延伸,也就是指从无到有这一逻辑思维产生的过程。它运用在广告创意上,一是表现创

① 薛媛.广告创意设计中的视觉传达策略[J].中国广告,2007,10.

意,二是策划创意。

在艺术思维的层面上，策划创意和表现创意相比有以下不同点：首先,“策划创意”相对是动态的、宏观的。比如广告的战略创意、广告的市场取向创意、消费价值创意、广告战术创意等,均属于动态的宏观的创意。其次,“表现创意”立足于广告艺术的本质,它是静态的,通过广告要素的创意来表现广告的主题。网络虚拟展示广告的创意策略要求选择最佳的市场销售方向作为产品的定位，这是市场份额细分化策略在广告创意中的具体运用。就虚拟现实的网络广告来说,通常以产品优越于同类产品的独特品质,进行定位,突出其优势以此作为广告创意的诉求点;或者以产品造型的新颖性进行定位,突出产品在造型上的优越性并以此作为广告创意的诉求点;还可以产品特殊的、不同于同类产品的功能效用进行定位,并以此作为运用于广告创意的诉求点。广告创意的最终目的是产生“实效”。宏观上来看“表现创意”和“策划创意”实为广告活动的两个过程,广告创意既包括表现创意又包括策划创意,广告创意活动应当是一个系统工程,而不是微观的某个环节。因而,同其他广告一样,网络广告在制作活动中其创意的核心地位是不可动摇的。网络广告创意的真正突破不是追求形式的怪诞,而是追求真正的内涵。更好地表现内涵,则应该强化表现力度、形式美感和现代品位。总之,创意的内容与形式相统一,才是广告创意及广告作品成功的关键。

三、风格定位

任何网络广告都要根据主题的内容决定其风格与形式，只有形式与内容的完美统一,才能达到理想的宣传效果。目前网络广告的应用范围日益扩大,几乎包括了所有的行业。而网络虚拟展示广告也应用于各种产品,在设计时要根据产品的特性来对其进行风格定位,对于不同性质的行业,应体现出不同的风格,就像穿着打扮,应依不同的性别以及年龄层次而异一样。比如,运动类的产品设计应体现动感、活力的风格特征。网络虚拟展示广告风格的形成主要依赖于广告的版式设计,依赖于广告的色调处理,还有与图片和文字的组合形式等。目前网络虚拟展示广告多采用以下两种风格定位。

1.时尚表现型

这种表现形式要别具一格,在视觉表现上更具冲击力,创意力求新颖、绝妙。时尚带给人的是一种愉悦的心情和优雅、纯粹与不凡的感受，赋予人们不同的气质和神韵,能体现不凡的生活品位,精致且展露个性。年轻人对时尚的追求更加热烈。因此针对当代网民年轻化的特点，根据他们的心理特征，可经常使用很酷效果与很炫的画面,因为这一层次受众见到很酷的东西时非常希望有人同他们分享,这就无形中扩散了网络广告信息的传播,使传播信息的范围更为广泛,带来意想不到的传播效果。所以现代设计师在设计这类网络广告时都趋向于时尚表现型。通常用潮流的元素装点画面,色彩对比强,带来时尚运动的气息。这种表现形式在时尚运动品牌的虚拟展示广告中应用很广泛,这和这些品牌的受众定位是分不开的。例如耐克、阿迪达斯、匡威等时尚运动品牌在这方面的虚拟展示广告做得很到位。如图 9–4 耐克的网络虚拟展示广告特别注重时尚气息的传播,从画面布局到色彩的搭配以及动画效果都很前卫,引领潮流,给浏览者以巨大的视觉冲击力。通过模拟运动时耐克鞋的工作原理和观察鞋的分层结构,强烈感受到这个运动品牌是时尚和科技的完美结合。

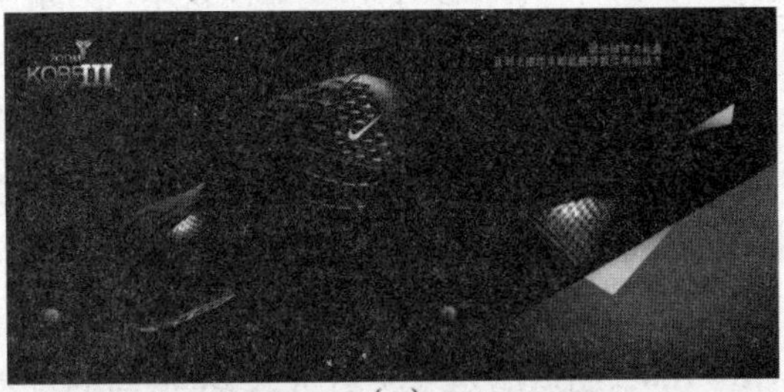

(a)

(b)

图 9–4　耐克的网络虚拟展示广告

2.时空表现型

这类风格的网络广告,给人一种超现实、超时空的感觉。在造型上富于空间想象,视觉冲击力强,有如时空隧道一般。在视觉图形上采用非真实的空间场景,产品置于的场景不喧宾夺主,使浏览者的注意力集中在产品身上,起到很好的衬托和渲染气氛的作用。如图 9–5(a)所示为宝马的虚拟展示广告,将宝马车放置于风云迭起的场景中,给人机械怪兽的威慑感。而图 9–5(b)(c)的别克车光影的线条通过透视原理描绘出时空隧道,这种超时空表现让人有轻松愉悦感,类似气泡的图形给人梦幻般感受。

(a)

(b)

(c)

图 9–5　汽车的虚拟展示广告

四、制作界面

定位了广告的整体风格后,就要开始具体制作网络虚拟展示广告了,即需要选择合适的语言来编写制作网络虚拟展示广告的界面。近年来相继出现的多种网络虚拟现实技术,使网络虚拟展示广告解决方案拥有了多种全新的选择。目前具有代表性的技术主要有:VRML、Java、Cult3D、Viewpoint、Flash 等。

最开始 VRML 虚拟现实建模语言(Virtual Reality Model Language)应用最为广泛。VRML 融合了二维、三维图像技术、动画技术和多媒体技术,借助网络迅速发展,构建了一个交互的虚拟空间。它使得人机交互更加方便、灵活,使虚拟世界的真实性、交互性和动态性得到了更充分体现。VRML 虚拟现实建模语言是一种三维造型和渲染的图形描述语言性语言,它把"虚拟世界"看成一个"场景",而场景中的一切都看作"对象"。由于 Html 语言不支持三维图像和立体声音文本的显示,因而只能停留在平面设计阶段,更不要说动态交互了。VRML 语言改变了原来万维网上的单调、交互性差的弱点,将人的行为作为浏览器的主体,VRML 创造的是一个可进入、可参与的世界。网民可以在计算机网络上看到生动活泼、逼真的三维立体世界,并可以自由地在网络上遨游、驰骋。

Cult3D 作为一种崭新的网络三维技术应用十分广泛。最常见的是在网络上展示产品,它可以让设计师把高图像质量的具有实时交互能力的物体送到用户手上。Cult3D 技术建立的产品物体文件小,三维真实交互、跨平台运用,能够完整的呈现企业产品的外形及功能。Cult3D 对硬件要求相对较低,即使是使用窄带网的低配置桌面或笔记本电脑用户也能流畅浏览 Cult3D 作品。虽然 Cult3D 的文件非常小,却有优秀的三维质感。

现在网络虚拟展示广告中应用最多的还是 Flash。Flash 对产品和场景都能很好地虚拟展示。随着 Flash 的功能的极大提高,在 Action Script 的强大支持下,Flash 显示出强大的实力,不管在网络二维交互方面还是在虚拟展示上都表现优异。Flash 的虚拟现实技术是通过 Action Script 控制 360° 图片的播放,达到使物体前后旋转的效果,还可以加上放缩和鼠标交互功能,由此可以实现 360° 视角的三维空间的模拟。基于 Flash,完全可以实现模拟物体的三维展示、模拟场景的三维展示等虚拟展示。

表 9-1 列出了在网络虚拟展示广告所需虚拟展示技术。从表现出的展示方式、展示对象、浏览需求等应用性能分类,在对不同商业产品展示中可根据具体要求择优确定展示技术。

表 9-1 虚拟展示技术的应用性能对照①

VR 展示技术	展示对象	对象模型结构	操作平台	浏览需求
VRML	场景或物体	三维	PC/MC	需插件
JAVA	场景或物体	三维或模拟三维	PC	不需插件
FLASH	场景或物体	模拟三维	PC/MC	需插件
VIEWPOINT	物体	三维	PC	需插件
CULT3D	物体	三维	PC	需插件

① 叶琳,邱龙辉.网络商业展示中的虚拟现实技术[J].包装工程.2002(3):43.

五、测试方案

在网络广告战略策划中,测试方案是至关重要的。测试的内容主要包括对技术的测试和广告内容的检测。技术的测试主要是检查广告能否在网络传输技术和接受技术上行得通。有时一则网络虚拟展示广告在设计者的电脑上能很好地显示,但通过传输后,在客户终端却显示不出来。如果发生这样的情况,网络广告就毫无效果,所以要对客户终端机的显示效果进行检测。对技术的测试还包括对服务器的检测,以避免网络广告设计所用的语言、格式在服务器上不能得到正常的处理,以致影响最后的广告效果。测试网络传输技术就是对网络的传输速度的检测,防止因为网络广告信息存量太大而影响传输广告效果。对内容的测试是检测网络虚拟展示广告的内容与站点是否匹配、与法律是否冲突。如果网络广告内容是关于通讯类产品的,但站点却选择了一个机械工程技术类的专业网站,这就是内容与网站的不匹配。内容的法律问题就是检察广告内容是否在法律的规定范围之内。所以,在网络广告策划中,设计一个能全面检测的测试方案对广告最后效果的发挥起到关键作用。这个策划环节的工作就是要根据本次广告策划中所规划的广告形式、广告内容、广告表现、广告创意及具体网站、受众终端机等方面来设计一个全方位的测试方案。

第四节　网络虚拟展示广告的视觉设计方法和规律的提升

一、网络虚拟展示广告中视觉设计的方法研究

网络虚拟展示广告的视觉表现是由三维渲染的虚拟实景或虚拟产品与二维平面的视觉元素相结合的产物。虚拟实景或虚拟产品展现了产品的真实面貌,让浏览者足不出户就可以体验产品;二维平面的视觉元素在丰富了这个画面空间的同时起了导向或者说明的作用。两者完美的结合也就是网络虚拟展示广告功能性和审美性的完美结合,在视觉上满足了人们超时空的渴望和更加强烈的视觉审美感受。

1.三维虚拟现实展示的视觉设计

从艺术设计领域来看,虚拟现实不仅仅是一个演示媒体,而且还是一个设计工具,它以视觉形式产生一个人性化的多维信息空间,为人们创建和体验虚拟世界提供了有力的支持。虚拟展示是计算机模拟的三维环境,使用者可以身临其境,并操纵系统中的每一个对象,使虚拟展示的方式更加多元化,更具主动性的是虚拟现实的“实时”图形渲染功能。所谓“实时”就是即时随机进行图形渲染的一种技术,它使得用户在观赏三维的场景时,可以根据自己的需要变换视觉观察和所想要的信息。这种获取信息的行为完全是主动的,设计者要引导观众增强观者的兴趣。于是如何很好地表现产品是网络虚拟展示广告所要关注和认真研究的问题,这可以从以下几个方面来考虑。

(1)情境的引入。如图 9–6 耐克的一款足球鞋的网络虚拟展示广告是从球星的临门一脚开始的，浏览者首先对可以控制球星的踢球动作产生了兴趣，鼠标移上画面便可以控制踢球，这是情境的导入，随着完成踢球动作后，画面出现了球星脚上的耐克鞋的分层展示和 360° 的外观展示，浏览者可以研究什么样的鞋才可以完成如此高难度的临门一脚的动作。这个情境安排得很巧妙，不仅展现了产品，还勾勒出使用产品的完美意境，使消费者对产品乃至品牌都树立了好感。所以，设置情境可以很好的导入产品展示，使整个网络广告生动完整，富有情节性，吸引浏览者的兴趣，并自然切入主题。一般来说，从产品的使用情境来引入是非常自然的。

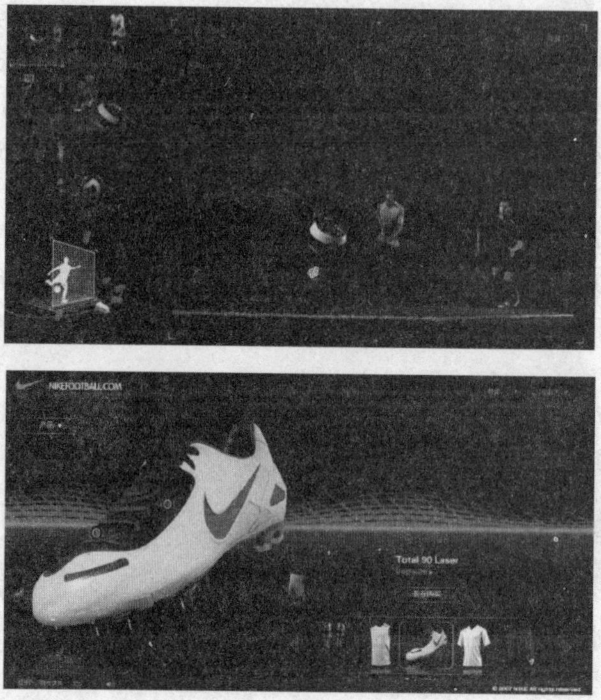

图 9–6 从球星的临门一脚开始的足球鞋广告

(2)色彩的应用原则。人们生活在色彩世界之中，逐渐形成了对色彩的审美意识，人们对色彩的追求和画家对色彩的探索从来都没有停止过。感受色彩美已成为人们物质生活与精神生活的一种享受。通常，一件视觉作品最先获取受众注意力的是色彩，其次是图像，最后才是文字。色彩总是设计师表达设计意图的首选。

第一，色彩主调的合理性。一个网络虚拟展示广告不可能单一地运用一种颜色，这会让人感觉单调、乏味。但是，也不可能将所有的颜色都运用到其中，让人感觉繁杂、无序。网络虚拟展示广告表现一件产品，必须首先根据它表现的产品或品牌选定一种或两种主色调。主色调在整个色彩画面构成中，起主导和支配的作用，所有非主色调的色彩均受其统筹。围绕主色调配置与调整色彩可以避免色彩零乱、纷杂、不和谐的问题。一般来说，一个网络广告界面尽量不要超过 4 种色彩。画面的主色调也是总的色彩倾向，一般是根据产品的内容或者为了创造某种意境，使传达的产品信息和内涵与观众产生共鸣。有些产品虽然非常精致,但视觉表现却并不理想,这就要有效运用色彩构成的原理,通过强烈的色彩,运用高超的反射光,将该产品表现得精美,以得到网民的认可。

网络虚拟展示广告色彩受产品形式的影响,因为产品是整个广告的界面的主体,所以色调的选择以更好表现产品为目的。产品本身色多为纯色或者金属色,应选择合适的背景色与之搭配达到不同的视觉效果。一般为了达到统一和谐的效果会选用和产品色相近或同样的颜色作背景色加深顾客对产品的印象, 以达到与同类商品竞争的优势。也可以采用对比色搭配产生鲜明效果,需要主色与背景色之间巧妙搭配,如红底白形、黄底红形、白底蓝形、黑底绿形,它们都极为平凡,但在广告表现中如果运用得适当,会产生强烈的视觉冲击力。有时为了达到注目性效果,选用对比大的两色甚至互补色搭配,例如冷暖对比、明暗对比等,破除整体色调的单调平庸,突出画面视觉中心,加强主体的表现力。

色彩是一种表情达意的工具,它能引发人们产生多种情感。设计者的意图总是通过色彩来表达。色彩通过视觉反映诸如兴奋与镇静、温度感、重量感等心理效应。不同的色彩会给人以不同的感受。色彩还具有感情上的感召力。因此,对于每件产品的色彩和用光方式所引起的情绪效果,在制作前就应进行严密的构思。每一件产品都要根据它的个体特征来考虑用色。所以,不同的产品、环境,所选色彩应认真分析。以黑色为背景会彰显出产品高贵典雅,黑色凝重而神秘,它会将消费者的注意力很好地集中于商品本身,如图 9-7 所示的索尼笔记本电脑以黑色作背景,衬托深色系的产品,使笔记本电脑看起来更加有质感,更显高贵。色彩还具有很强的象征语言,它能带给人们某种联想,不同的民族对某些色彩还有偏爱,但它总的来说是具有人类普遍性的。如红色象征温暖、火热;黄色给人希望、光明、活泼;绿色象征春天,和平和青春;蓝色使人理智,沉静或清爽;紫色给人以高雅的、神秘的感觉;白色使人感到纯洁明快。针对不同的产品,设计运用不同的色彩,借助色彩的语言更准确地表达一件产品的本质特征。

图 9-7 索尼笔记本电脑广告示例

第二,色彩搭配的平衡性。当主色调确定好以后,考虑其他配色时,一要考虑其他配色与主体色的关系,也就是色彩的均衡关系;二要考虑哪种因素占主要地位,是明度、纯度还是色相。网络虚拟展示广告的界面是否让人看上去舒适、协调,除了文字、图片等内容的合理排版,色彩的均衡就是相当重要的一个部分。所以,色彩的均衡是设计者必须要考虑的问题。色彩的均衡,包括色彩的位置,每种色彩所占的比例、面积等,色彩的对比与调和在很大的程度上决定了这个广告的视觉效果。色彩的明暗轻重和面积大小是色彩的基本要素。在色彩学上常提到的将大面积的明亮色包围小部分的暗色,或大面积的暗色包围小面积的亮色、大面积的冷灰色包围小面积的暖色的理论,正说明了色彩给人视觉平衡的重要性。一般来说,纯度高的色比灰色调的色面积小,易取得平衡。当然,有时也可采取反平衡的色彩手法,而让观众从一定的特殊心理上去取得平衡的效果。比较鲜艳的产品可以用纯度比较低的色彩来包围衬托产品的色彩,集中观者注意力,将品牌的符号充分地表现出来,起到既协调又有对比的视觉平衡效果。

第三,色彩应用的艺术性。虚拟展示广告进行色彩搭配时还应考虑到色彩表现的艺术性。众多的广告活动表明,具有极强的艺术性和表现力的广告总是容易引起人们的注意与兴趣,因为它使人们在获得信息的同时得到了艺术美的享受,正因为具有艺术表现力,它才能营造一种生气勃勃、富于情趣的意境,才能极大地增强广告作品的吸引力和感染力。有着完美境界,悦目色彩的广告能给人提供精神上的愉悦和享受,使人在欣赏的过程中得到美的感受。在当今这个高科技的时代,人们处于纷繁复杂的世界中,为了舒缓疲惫的身心,躲避城市的喧嚣和污染,越来越多的都市人希望能逃离城市,投入到大自然的怀抱,实现现代人的回归自然的梦想,休闲度假成为了现代都市人希冀的生活方式和流行的消费时尚。正因这样,它成为了感性祈求广告的一个切入点。现代广告设计针对这一需求,用色彩再现大自然各种美景,渲染一种轻松欢快的浪漫气氛,满足都市人的潜在心理需求,从而感染人们,使人们为之心动而达到广告的目的。现在的人们不再是纯粹的追求物质满足, 他们不仅要求广告能告之信息,而且要求有艺术性和娱乐性,满足其审美需要,所以,没有巨大的艺术感染力的广告是很难与人们产生情感共鸣的。

(3)光色的运用。光色的运用主要包括自然光的模拟和高光的运用。

第一,自然光色的模拟。在绘画艺术中,特别是19世纪下半叶的印象派绘画将光色的研究提高到科学的程度,把日光不同的时间差别运用于绘画之中。画家使用画笔表现色彩,设计师同样也如此,因此对光的变化及运用就更敏感和注重了,对展示一件产品而言,没有光也就谈不上展示,更谈不上展示艺术。最佳的表现莫过于对自然光的模拟,真实可信,最好是模拟朝霞和落日、逆光、柔和的自然光等,因为那时的色彩最丰富、神奇。运用这些技巧,其目的还是为了尽可能更好地表现色彩,体现产品和色彩的相互关系。在图9-8的这款轿车的网络虚拟展示广告中就模拟了自然的光色,让浏览者看到车内设的真实场景,自然真实的光感衬托了品质,让车内设的质感更加细腻。产品广告的设计过程是复杂的,然而又是充满无穷乐趣的,只要遵循规律,掌握了艺术理论和布光技巧,任何物体都会通过设计师的智慧得到完美的表现。

图 9-8 别克车内饰虚拟展示广告示例

第二,高光的运用。在虚拟展示的产品上局部运用高光增加画面层次感。用高光还可以展现产品的质感,多用于汽车和高科技产品的外观表现,巧妙的布光可以映射出产品的精致做工。高光的部分使产品的质感更加细腻和明显,提升产品的品质。质感是这个产品特有的色彩、光泽、表面形态、纹理、透明度等多种因素综合表现。质感在造型要素中占有很重要的地位,细腻的、湿润的、粗糙的、金属的,不同材质的有机组合,可在心理上形成非常丰富的感觉。高光对于表现质感、突出产品的精致、加强画面的感染力起着非常重要的作用。

(4)动画元素。随着互联网技术的发展和硬件水平的不断提高,网络对动画的支持也得到了加强,尤其是 Flash 动画技术空前广泛的应用,使动画的实现变得非常容易。由于动画独特的视觉效果和丰富的表现力,其作为设计元素越来越受到重视。动画在网络虚拟展示广告中有说明原理、展示情节、渲染气氛、引起注意、过度场景等作用。优秀的动画构思与制作是一项复杂的工作,需要考虑的因素很多,在这里提出几点需要注意的事项:

第一,动画的目的性要明确,不能仅是为了"动"而"动",要处理好其内容、形式、主题的关系。经常以动画来表现画面的展开、过渡或者用于产品动态分割展示。

第二,控制动画的强度和节奏,是抒情的还是兴奋的,或者是表现了品牌的特色,比如时尚动感还是沉稳大气,都应有各自鲜明的特征。

第三,在一个网络虚拟展示广告中,动画的数量不宜过多,"吸引眼球"是动画设计的目的,而动是相对静止而言的,如果动画的数量过多,引起注意的效果将大为减弱,而且容易引起眼睛疲劳。

第四,应考虑浏览速度,动画文件的大小一般不超过 100KB。不能让浏览者等待时间过长,以至于关掉页面而得不偿失。

2.二维视觉元素的设计

人们对立体事物的感知更为直接、全面、深刻。网络虚拟展示广告与其他网络广告最大的不同在于它将商品立体地呈现于受众面前,让消费者看个真切。并不是将商品置于消费者面前就完成了虚拟展示广告的功能,风格现代多元、构思独特、蕴涵品牌文化的虚拟展示广告告诉我们的内容要广泛丰富得多且深刻得多。并不仅是展示产品那么简单,而是通过和其他视觉元素的综合展现传达品牌的内涵,影响受众对企业的态度和行为,最终影响到销售效果。因此,优秀的网络虚拟展示广告应通过新颖的视觉元素形成强烈的视觉吸引力。视觉元素是构成视觉效果的基本单位,网络虚拟展示广告的视觉传达设计中除了涉及的虚拟展示的三维形态外,还包括传统媒体视觉传达设计中的文字、图形、图标、动画、转场等内容。网络虚拟展示广告的浏览方式、互动的特点使其在视觉传达的设计上出现了一些区别于传统媒体的新特点。如何根据内容的需要选择和处理各元素,达到预期的效果,是进行设计时首先要解决的问题。

(1)文字。文字在传达信息上具有清晰准确的特点,不可忽视文字的力量。广告中使用的文字必须足以引起访客的好奇和兴趣,可以是召唤性的,如"亲身体验"、"身临其境"、"超凡感受"这种看起来落入俗套的词语却能够起到引导的效果。有些文字用于说明虚拟展示的产品构件和功效,是其他视觉元素无法取代的。然而,文字也要克服它的视觉枯燥感,所以在以信息传播为中心的网络世界里,应恰当的处理文字元素。文字与其他视觉元素形式相比有其自身的特点,一般来说,不管是哪种文字,都具有以下几种基本属性:字体、大小、排列方式等。为了丰富文字的表达力,根据文本的内容对其属性进行有目的的变化是非常有必要的。一般来讲,在字体的选择上,笔画粗壮、棱角分明的字体给人以男性化、庄重、严肃、醒目等感觉,笔画纤细、圆润的字体给人以女性化、清新、疏朗、精密、柔弱的感觉。字号大可使文字醒目而突出,字号小使文字产生后退的观感,文字字号差别大给人跳跃、富于活力的印象,反之,则有安静的感觉。

(2)图形。图形所表现的内容几乎可以涵盖一切,无论是具象与抽象,还是现实与想象,其表现形式和手法是极其丰富的,是最为灵活的设计元素之一。图形元素通常通过夸张、变形等手法显示出强烈的个性,使主题思想与表现形式浑然一体,达到有力的诉求效果。变形而又写实的描绘风格产生幽默诙谐的效果,对于精巧结构的产品,可以用精细严谨的插图来做图解,儿童画或卡通形象通常都用在轻松活泼的环境当中。在虚拟展示广告中用到二维的图形作用也是重要的。有时会用大的图像用来作为背景图片,渲染氛围。如图9-9阿迪达斯的虚拟展示广告用黑白的图像做背景,突出运动主题,使画面层次更加丰富。或者用图形来形成视觉导向,通常这些图形用来提醒浏览者进行互动。图形还经常用来展现虚拟展示广告中产品的多角度画面。表现产品局部的图形还可以用来装点画面,渲染气氛。

图 9-9　阿迪达斯的虚拟展示广告

(3)图标。图标是交互性界面设计中所特有的元素,是信息链接、界面交换的触发点,所以也可以称它们为“按钮”,其作用也决定了相应的特点,即注目性、提示性、互动性。具体来说,图标在画面中应该较容易被发现;图标的可操作性要求它要与版面中其他非操作性的图形与文字区分开来;图标在外形及内容上应与所链接的内容有相关性;图标在操作前后应有不同的表象,给人以触发的感觉,从而产生互动性。一般画面上表示点击或者购买等目的性强的信息时会采用大一点的图标,如半立体的仿真形式的图标给人产生一种可以触摸的错觉感,可以表现为半透明的水晶感,或者金属光泽感。商务主题的虚拟展示广告的图标可以采用精致严谨而又概括的实物图形。在产品上提示部件名称或者功能的图标,多采用简单的点线来表现,配上简洁的 Flash 动画使整个广告的现代感和科技感十足。如图 9-10 别克的虚拟展示广告,汽车部件图标采用了简单的加号。

图 9-10　别克的虚拟展示广告

(4)色彩。在前面一节中已介绍了虚拟现实展示色彩的选择和应用的一些原则,在二维视觉元素中色彩的搭配也是非常重要的,配合前面安排好的虚拟现实展示的色彩,我们要为二维视觉元素选择合适的色彩。充分运用色彩的特性,使网络虚拟展示广告具有深刻的品牌文化和艺术内涵。下面介绍几种常用的配色方案:

第一,以暖色调为主的配色,即红色、橙色、黄色、赭色等色彩的搭配。这种色调的运用，可使界面呈现温馨、和煦、热情的氛围。暖色调给人前进感和温暖感，当背景色呈暖色时，二维视觉元素应与其产生适当的对比。

第二，以冷色调为主的配色，即蓝色、青色等色彩的搭配。这种色调的运用，可使页面呈现宁静、清凉、高雅的氛围，适合运用在科技产品等网络虚拟展示广告设计中。界面背景为蓝色、白色、黑色或灰色，其他二维视觉元素，如线条等适宜采用不抢眼的色彩。但有时为了突出强调的需要或渲染某种气氛，少量精心选择的元素可采用明亮的色彩，如图 9-11 所示，明亮的光感线条与背景色交相辉映给人时尚的科技感。

图 9-11　明亮的光感线条与背景色交相辉映给人科技感

第三，以对比色调为主的配色即把色相完全相反的色彩搭配在同一个空间里。互补色具有最强的颜色对比，运用强的色彩对比，可以产生强烈的视觉效果，给人明快、鲜艳、喜庆的感觉，例如：红与绿、黄与紫、橙与蓝等。但这种色彩搭配如果用得不好，会适得其反，产生俗气、刺眼的不良效果。这就要把握“大调和，小对比”这一个重要原则，即总体的色调应该是统一和谐的，局部的地方可以有一些小的强烈对比。

3.视觉元素的组织与安排

(1)视觉元素的大小与数量。一般来说，扩大视觉元素的尺寸或面积，会在视觉上形成重视的情感效果。视觉元素的大小可以表明它的重要性，把主要的、希望浏览者能很快辨认出来的视觉元素放大，是网络虚拟展示广告的界面设计的基本原则之一。这样浏览者的视线会首先集中到面积较大的视觉元素上，从而达到了设计意图。但这也不是绝对的，如果面积太大反而会使视线无法集中于一点，就如同人们紧贴物体反而无法看清一样。大小是一个相对的概念，它与对象的形状、色彩、复杂程度、版面的感觉等都有关系，需要在设计中具体比较和体会。

视觉元素的数量和种类的不同会形成不同的视觉印象。视觉元素的数量和种类越多，画面越显活泼、热闹，但也容易产生杂乱无章的印象，须借助一些方法使之规范，比如用线条或色块进行分区。反之视觉元素的数量和种类越少，画面则会产生安静、含蓄、清晰、专一的感觉。

所有现实的视觉元素都离不开点、线、面,前面所讲的二维元素和三维元素在整个网络虚拟展示广告的界面中都可以看作点、线、面或是其组合。点、线、面的不同组合可以体现不同的情感诉求,在广告画面的视觉构成中,点、线、面既是最基本的造型元素,又是最重要的表现手段。

在网络虚拟展示广告中,小的图形和图标甚至产品都可以看成是点。点的视觉构成形式表现手法主要有无序排列的点、规律排列的点形成线的视觉效果,定向排列的点产生韵律感效果,分散定向排列的点形成面的视觉效果,大小不一的点沿相对方向聚合产生动的视觉效果。如图 9-12 Jabra 虚拟展示广告设计的视觉元素布局,通过产品或者图形等点的视觉构成来表达类似活跃、生机、闪烁、韵律等种种联想。

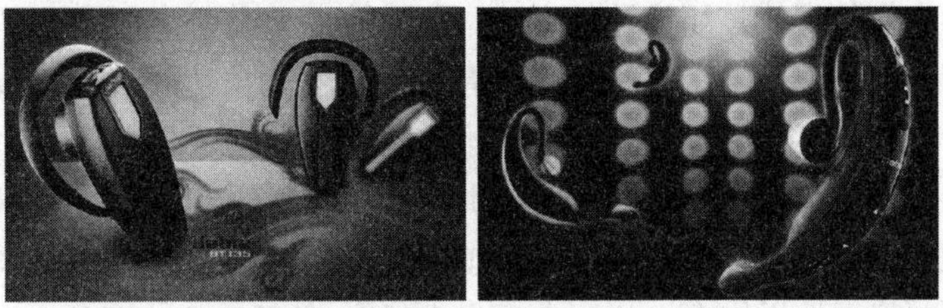

(a) (b)

图 9-12 Jabra 虚拟展示广告设计的视觉元素布局

线形图形和文字都可以看作线。线的视觉构成形式表现手法主要有密集排列的线形成面的视觉效果,疏密变化的线产生透视空间的视觉效果,线的粗细变化形成虚实空间的视觉效果,错觉化的线形成不同的视觉暗示。通过线的视觉构成来表达类似平稳、不稳定、条理、圆润等种种联想。直线条的艺术效果是流畅、挺拔、规矩、整齐,所谓有轮有廓。直线在界面上的重复组合可以呈现井井有条、泾渭分明的视觉效果,一般应用于比较庄重、严肃的产品题材;曲线的效果是流动、活跃,具有动感。曲线和弧形在界面上的重复组合可以呈现流畅、轻快,富有活力的视觉效果,一般应用于动感活泼的产品题材。

虚拟展示的产品和较大的图形可以看作面。面的视觉构成形式表现手法主要有几何的形面表现规则、平稳、较为理性的视觉效果;自然形给人以生动、厚实的视觉效果;有机形形成柔和、自然、抽象的形态;偶然形具有自由、活泼而富有哲理性;人造形富含理性的人文特点。

点、线、面的视觉构成所传达的心理暗示总是淋漓尽致地体现在好的界面中。只有合理地安排好点、线、面的互相关系,才能设计出具有最佳视觉效果的界面,并充分地表达出网络虚拟展示广告最终的诉求。

(2)最佳视域与视觉流程的确定。"最佳视域"是指在某界定距离内,计算机显示器所显示画面最引人注目的那些方位。心理学家葛斯泰在研究画面视觉规律时,结论为上侧的视觉诉求力强于下侧,左侧的视觉诉求强于右侧。因此,画面左上部和中上部称"最佳视域",是最优选的方位。网络虚拟展示广告设计中重要的信息,一般应编排在这些方位。在矩形画面的中心线上,同时划出三条等距离的平行线,便在中心线上出现三个等距离的焦点,当人们的视线在这三个焦点上来回移动时,发现第一个焦点——中心线上部1/3处最为引人注目,这是画面的最佳“焦点”方位。在最佳焦点的周围,有着一个放射状的平缓递减区域,直径为画面宽度的5/6处,这是画面的“最佳视域”区。人们浏览网络广告时,其视线有着一种自然的流动习惯,普遍都是由左到右,由上到下,即存在一种由左上沿着弧形线向右下方流动的过程线,沿着这条线其注意值逐渐递减。在此流动线上的各点,都会比流动线外的任何点明显,这种流动线称“视觉流程”。但“视觉流程”通过设计者的巧妙编排,又可以自行改变视线流向。如平行线,可使视线左右流动;垂直线可使视线上下流动;倾斜线可使视线不稳定流动,因而更引人注目,往往为网络视觉传达设计所运用。网络视觉传达设计编排视觉流程,在于诱导人们的视线按照设计的意图。成功的视觉流程,首先应符合人们的认识思维发展的逻辑顺序,自然、合理、畅快,有着创意性的传达;其次,画面上各传达要素,在一定的限度内应目力所及,具有可读性高的特点。

(3)视觉元素的空间布局。根据上面讲的最佳视域的确定,我们再来进行空间布局。网络虚拟展示广告的空间布局,是在有限的屏幕空间上将视听多媒体元素进行有机的排列组合,将理性思维个性化地表现出来,是一种具有个人风格和艺术特色的视听传达方式。它在传达信息的同时,也产生感官上的美感和精神上的享受。“空间布局”实际上就是中国古代画论中的“经营位置”。网络虚拟展示广告的界面包含了虚拟展示的产品或实景,还有二维的视觉元素,如文字、图片等,内容繁多、复杂。设计时必须根据内容的需要,将这些元素按照一定的次序进行合理的编排和布局,使它们组成一个有机的整体展现给受众。可以依据如下几条来做:

第一,画面中心突出。在最佳视域范围内安排虚拟展示产品这个主体,在视觉中心以外的地方就可以安排那些稍微次要的内容,这样在界面上就突出了重点,做到了主次有别。

第二,空间大小搭配。虚拟展示的产品和图形文字之间要互相错开,图标用来提示互动所以要小而明显,视觉元素之间有一定的间隔,这样可以使页面错落有致,避免重心的偏离。

第三,图文相互配合。文字和图片具有一种相互补充的视觉关系,文字是用来配合展示虚拟产品,所以界面上文字不宜过多。图形是为了衬托或补充虚拟产品的。所以,最理想的效果是文字和图形与虚拟展示产品密切配合,互为衬托,既能活跃画面,又使画面有丰富的内容。

最后,空间留白也是网络虚拟展示广告设计中的一种设计手段,如图9-13。它在各种视觉元素中间架起一道桥梁,中国画中的“计白当黑”同样实用于虚拟展示网络广告设计。色彩、图像、文字、动画等,往往借助空间留白来实现的合理布局。与此同时,留白能合理调剂元素之间的关系,利用留白来使页面达到平衡,有时还能在一种不平衡中营造出平衡的感觉。提升到艺术的高度来看待留白,留白可以给人带来心理上的松弛和紧张的效果。只有照顾了整个页面空间的分配,留白才能表现出一定的活力,其实在排版布局中,我们经常不知不觉地运用着留白。试想如果画面上充满了图片和文字,一点空隙都不留,那就根本谈不上韵律,运用留白的体量感来使界面布局平衡,这样就会使广告画面生动起来。我们应该在界面中通过留白,使整个内容排布松紧有度,给人以跌宕起伏之感。

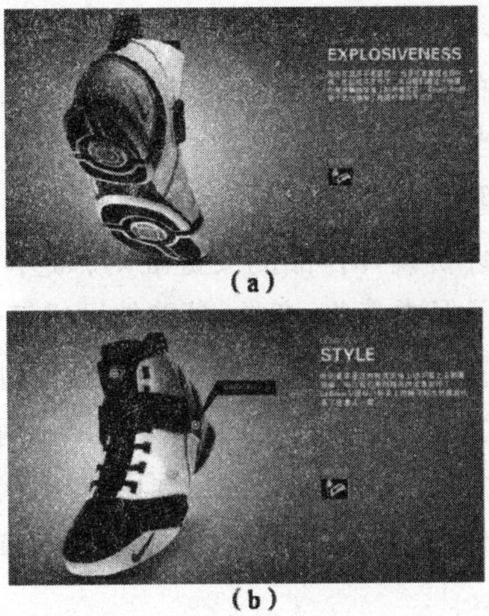

(a)

(b)

图 9-13　虚拟展示广告的留白设计

二、网络虚拟展示广告的视觉设计规律研究

经过视觉元素的分析和设计方法的研究，需要对视觉元素的设计规律进行一定的规律性的总结。对于设计者来说,掌握网络虚拟展示广告的视觉传达设计规律是十分重要的，否则会背离设计初衷或者会出现不利于网络虚拟展示广告表现的不良结果。网络虚拟展示广告的视觉设计规律主要表现如下：

1.视觉布局的秩序性

网络虚拟展示广告包含的视觉元素种类繁多，视觉元素之间的布局需要整体规划,围绕突出主体、体现人性化和互动性等原则进行合理的布局,并且要和发布的网站形式统一,将网站设计和网络虚拟展示广告的视觉传达设计整体规划,避免界面设计的无序而影响网络虚拟展示广告的视觉效果和互动效果。让网民在浏览网站时自然地浏览到网络虚拟展示广告，并使网民保持轻松自然的情绪参与到网络虚拟展示广告的互动中,而且有助于网民减缓甚至避免视觉压力和视觉疲劳的产生,从而产生对产品品牌的好感甚至产生购买动机。

2.视觉效果的简洁明快

视觉效果是以视觉为第一感官要素的网络虚拟展示广告所必须特别注意的。虽然网络虚拟展示广告在发布的时间和空间上可达到无限制，但是它的设计不能背离广告设计的总体原则,仍然要以简洁、明快、易懂易记为主。虚拟现实产品或场景的设计处理应该尽量做到简洁而不失内容的表达,且易操作易获取信息;运用的图形、图标、文字等要进行取舍、凝练,做到以小见大、以窄见广的视觉效果。

3.设计内容的优化取舍

虽然现在的网络虚拟展示广告具有自主性和强制性双重属性,但是网络虚拟展示广告的初衷是希望受众主动点击的。处于主动点击状态的受众有的是被网络虚拟展示广告的视觉效果和娱乐性所吸引,但也有很大部分受众则是希望获取自己所需要的产品的更多信息,通过进一步了解、分析和判断,来决定自己最终的消费行为。所以,在确定网络虚拟展示广告的界面内容时,首先必须把虚拟产品或场景表现出来,再将其他信息整合到界面或者链接当中,同时保证界面信息不能繁琐,保持界面美观有序。

4.功能性与艺术性的整合

形式和功能的兼具是评价设计作品的关键准则,这同样适用于网络虚拟展示广告。它的终极目的还是为了促成企业、产品、品牌的网络营销,这也是网络虚拟展示广告的功能性的表征,所以在进行网络虚拟展示广告设计时应多考虑受众的消费心理和视觉心理。但是,注重功能性并不等同于忽略艺术性,网络虚拟展示广告的视觉美感和受众的内心感受也是影响其成功与否的重要因素。因此,设计者在进行网络虚拟展示广告设计时应该注重艺术性和功能性的整合,达到双赢的效果,这样才能设计出优秀的网络虚拟展示广告。

三、网络虚拟展示广告视觉传达设计的前景展望

1.结合新技术产生新形式

网络虚拟展示广告是虚拟展示技术和网络广告的结合,其本身就是艺术和技术结合的产物,是技术发展带来的视觉传达新形式。因此,随着技术的不断发展,网络虚拟展示广告的形式也将不断创新,它的视觉传达设计也将有更广阔的发展空间。新设计、新观念的涌现,需要设计师不断地学习、交流,重新审视新技术所引发的新的艺术形式变化,对新媒介视觉设计的相关问题作出自己的判断和理解。未来的技术又会带来何种的传播媒介形态,视觉传达设计又会扩展出何种新的领域,都是设计师需要密切关注的。随着新技术的产生和发展,不同视觉艺术表现形式之间的不断交汇和融合,网络虚拟展示广告的视觉传达表现也会摆脱种种技术条件、规则及形式的制约,成为人们自由驰骋的新天地。

2.完善检测评价机制

网络虚拟展示广告检测是评估其效果的必要手段,但目前我国对网络虚拟展示广告效果进行测评主要是基于网站自身提供的数据,缺乏专业的第三方的网络审计和认证评估机构,具有一定的主观性,测评标准不统一。科学的广告效果检测和评估对促进广告的策划、设计和制作起到了重要的激励作用,也是设计人员和广告客户进行设计沟通的重要参考。因此,未来会越来越重视完善广告检测机制,使网络虚拟展示广告健康有序的发展。

3.进行深入的心理效果研究

网络虚拟展示广告独特的互动性、超大信息容量等特征迫切要求网络广告主、广

告设计者能充分考虑消费者的心理,满足消费者的需求,策划、制作出能更加吸引消费者、使消费者产生积极情绪的、深入人心的优秀网络虚拟展示广告作品。因此,网络虚拟展示广告可以从行为度、趣味性、吸引力、信息针对性等方面建立资讯平台,进行广泛而深入的心理效果研究,建立网络虚拟展示广告的心理效果评价体系。加强这方面的工作会对网络虚拟展示广告的视觉传达设计产生很大的帮助。

4.拓展视觉元素构建民族风格

网络虚拟展示广告在我国的发展时间不是很长,但速度很快,所以当我们的设计在面临西方设计的冲击时,在学习和借鉴西方的优秀设计时,要摆正自己的位置,以我国的文化基础为基础,凸现我国文化的特点,在设计中强调个性、民族性和地域性,不可盲目的模仿外来的设计形式。在网络虚拟展示广告的设计中必须加强民族文化和体现中国化的设计风格。网络虚拟展示广告的视觉传达设计要吸收我国传统形式的视觉传达的表现意识、方法和元素的应用,融会贯通,利用网络的特性构建出中国民族特色的视觉风格,并加强与国际化设计的融合,真正成为世界认同的中国设计。

综上所述,互联媒体是个日新月异、瞬息万变的事物,时刻都要应对激烈的竞争。在这种情况下,网络虚拟展示广告只有加强自我创新能力才能得到长足的发展。创新是竞争意识的具体表现,也是网络虚拟展示广告发展的必由之路。不管在内容、形式、表现手法和风格、技术手段、评价机制等方面都要进行创新发展。做到这些需要加强设计者的整体素质,特别是要接触新事物、了解新的视觉传达形式、分析国内外的差异,形成网络虚拟展示广告的中国视觉设计风格。为此,设计师要提高自身的艺术修养、培养日常思维能力、形成独到的表现风格,并且善于挖掘我国民族性的艺术宝藏,这样才能推动网络虚拟展示广告的发展,使网络虚拟展示广告有更好更大的发展空间。

案例研究

第十章　信息构架:原则与模型

第一节　信息构架的若干原则

有关 Web 信息构架过程中的细节在很多文章都有讨论,本节不准备重复描述。我们把重点放在与网站信息构架的相关核心原则和方法上。适当的使用这些原则可以简化从互联网认知信息的过程,且使呈现的信息更容易被获取。为了能有效理解并恰当运用这些原则,首先要理解什么是信息构架,信息构架的目标、核心理念、组件以及构架的一般过程。

一、了解信息构架

1.什么是信息构架

Information Architecture(简称 IA)是美国建筑师沃尔曼(Richaid Saml Wmman)先生在 1975 年创造出的一个新词语。IA 的基本定义:IA 是组织信息和设计信息环境、信息空间和信息体系结构,以满足需求者的信息需求,实现该目标的一门艺术和科学,他包括调查、分析、设计和实施过程,涉及组织、标识、导航和搜索系统的设计。

2.为什么需要信息构架

由于互联网上的信息种类繁多、内容特征多种多样的多媒体信息,信息存储分散无序,加之超链接技术的广泛使用,互联网具有非常复杂的信息空间,用户在其中很容易迷惑和迷失方向。因此,互联网尤其需要信息构架成为信息序化和优化的思想和工具,以帮助人们在信息空间中管理和获取信息。

3.信息构架的目标与理念

信息构架的一般目标为:获得和理解信息内容,将信息组织好,优化信息结构,面向用户传达信息内容,提供一个清晰的、易于信息获得的界面。

信息构架的核心理念是以用户为中心。信息构建是信息用户、信息内容与信息组织三者的交集,信息生态在其中起着很重要的作用,而用户、内容和组织构成了信息构建的三个生态环。

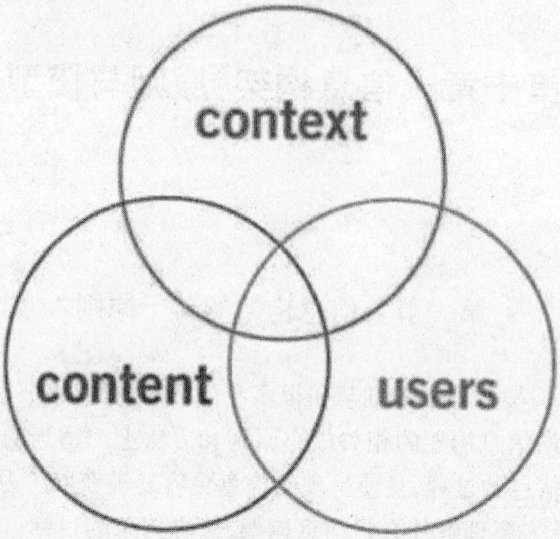

图 10-1 用户、内容和组织构成了信息构建的三个生态环①

4.信息构架组件与过程

信息构架的核心组件包含:组织系统、标签系统、导航系统、搜索系统四个方面。

信息构架的一般过程为：概念设计→组织信息内容→生成信息结构→设计信息界面→提供信息导航→信息展示和信息发布。

二、信息构架的若干原则

在对信息构架有了初步认识的基础上，我们来进一步理解指导信息构架的若干原则②:

1.对海量信息提供多种检索方式

一个网站最根本的框架由众多属性相同的信息基本单位组成。因此,对信息的组织和检索是进行信息构架的核心内容，设计信息组织系统也是建立信息构架导航系统的基础。而如何让用户从网站的海量信息资源中便捷、准确地检索到所需信息已成为我们关注的焦点问题。常见的信息组织及检索方式有：

(1)数据库检索方式(即搜索)。以数据库方式组织信息资源,并通过对数据库的操作实现使用和更新。这种组织方式,使用户对信息的查询效率提高,对信息的管理和更新方便、有效,但在使用时需要用户有较明确的搜索关键词,对用户的使用要求较高,检索的精确度受关键词影响。

比如提供一站式搜索功能。Google 爆炸式的业务增长便充分说明了搜索的重要性。Google 通过实践证明,人们在处理大量信息时,会非常注重搜索工具的效率。

① 图片综合于 The Three Circles of Information Architecture by Peter Morville.http://semanticstudios.com/publications/semantics/000029.php.

② 部分内容引自《互联网产品的交互设计方法(UPA2008 讲稿)》,http://isd.tencent.com/?p=148.

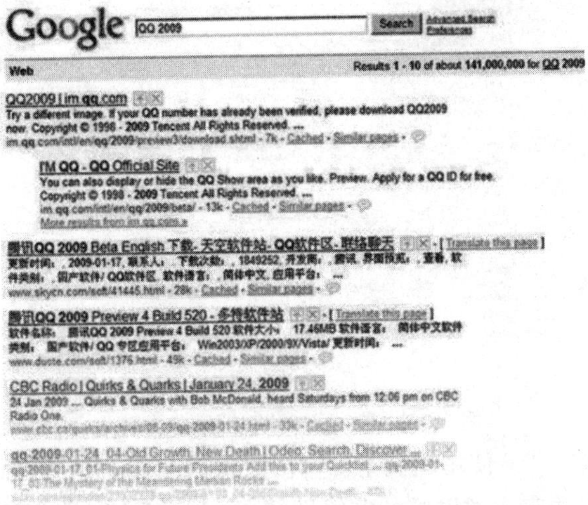

图 10-2 google 搜索示例

(2)等级菜单(目录)引导方式。采用菜单式界面向用户提供浏览检索服务,服务器中的所有信息都以目录或文件的形式表达,即通过多级菜单分类细化,最终找到所需信息。这种组织方式使用户对信息的检索和使用非常的简单、方便,但其检索效率较低,而且对信息的分类和组织的依赖性较强。

比如 Amazon 提供的购物分类,建立了一套系统的、多维度的分类目录,是优化用户获取信息的重要途径之一。

图 10-3 Amazon 提供的购物分类

(3)信息排序。一次标准的 Google Web 搜索会在 Internet 的无数网页中找到几千乃至几百万个匹配项。如果不提供某种形式的导航或排名就将这一结果完整地呈现给用户,找到有用信息的概率可谓微乎其微。

图 10-4 Google Web 搜索分类表

(4)超文本链接方式。使用超文本传输协议将 Internet 上的资源集成为一体,形成信息的网状结构,以适应人类思维的非线性特点,方便人们查找。最典型的就是目前最常用的应用超链接的信息检索方式。这种方式使用户在查到一篇文章后,可根据链接关系查到许多相关文章或内容,而且可以非线性跳转,但其检索效率较低,用户容易在查找信息的过程中迷航。

比如亚马逊(amazon.com)中利用商品的相关性,使用超文本链接的形式让顾客能够迅速找到他们可能想买的目标商品。

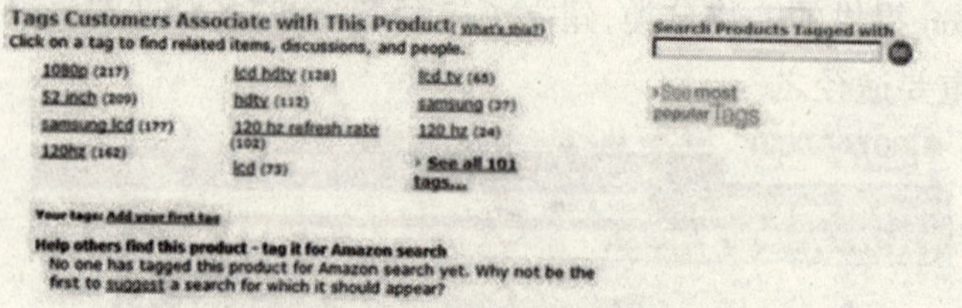

图 10-5 亚马逊中商品的相关性

(5)社会化标签(Tags)。用户使用自由定义关键字的方式进行协作分类的活动。简单理解这个概念就是标签(Tags)。Tag 作为一种自由而有序的信息分类技术,最早出现在一些社会性分享网站当中,比如社会性书签网站 del.icio.us,照片分享网站 Flickr,目标分享网站43 things 以及 Technorati 等。

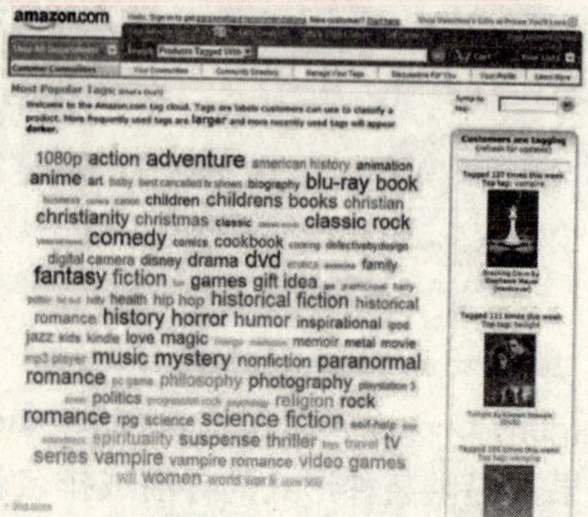

图 10-6 社会化标签示例(zmazon.com)

2.贴合用户的心智模型

从电影观众的角度来说,在观看一部引人入胜的电影时,很容易忘记影片齿孔间的细微差别和瞬间的光线打断。很多看电影的人,实际上根本不知道放映机如何工作,或是它工作的方式与电视有什么不同。在观众的想象里,放映机只不过是发射出在大屏幕上移动的图片而已,这就称为用户的心智模型。

心智模型是符合用户以往社会生活经验的(比如603会议室是在6楼的一间会议室,不应该出现在其他楼层),符合人本能认知的且尝试的更容易的(比如,方向盘是圆的,圆的是可以转动的)。

在进行信息构架的时候,应尽力使信息的组织和展现更加贴合用户的心智模型,让用户更容易熟悉和使用你的产品。也就是说,让用户在使用的时候能更快的形成心智模型。

(1)与生活经验相符合。当用户打算预订机票,通常希望找到期望时间中成本最低的航班。因此,机票预订系统的搜索工具会根据输入的旅行日期、出发地点、目的地找到航班可用项目的匹配集。用户首先关注的是计划的出发的日期是否有航班?如果有,哪个时间段的航班最便宜?可以从哪家票务公司订最优惠的机票?

以去哪儿(qunar.com)订票流程为例:

搜索机票:

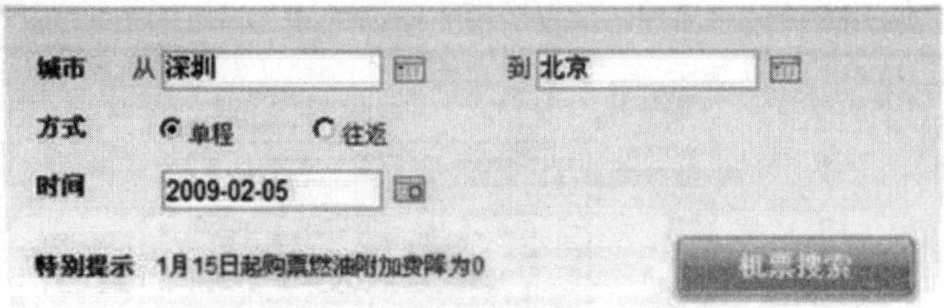

图 10-7 搜索机票输入页

搜索结果(按最低报价排序,同时提供时间、航空公司、方式等筛选):

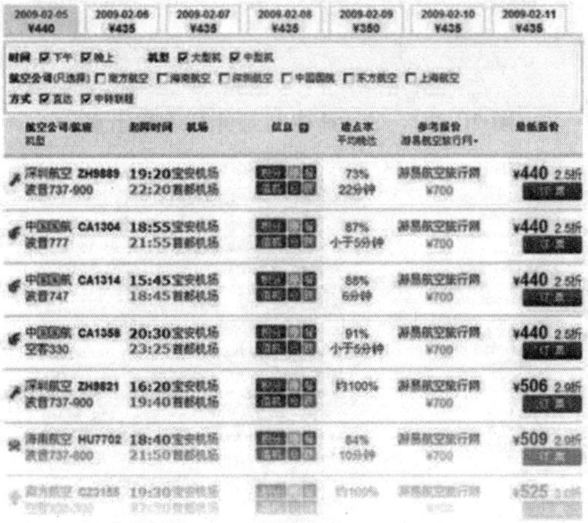

图 10-8 搜索机票结果页

选择最低报价的票务公司:

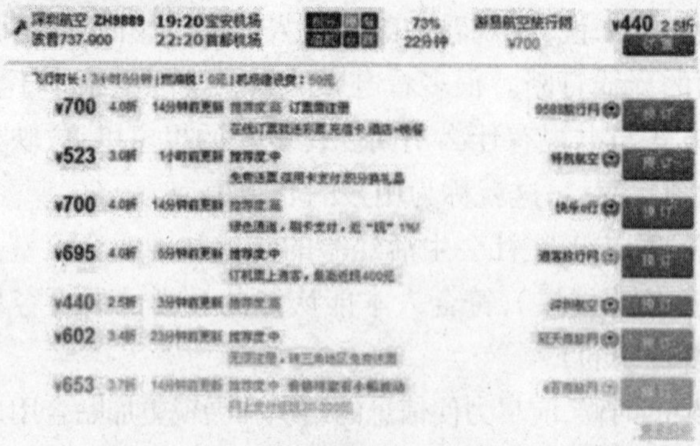

图 10-9 选定指定价格机票

最后跳转到预订支付页面:

(2)提供一致性的体验。用户的心智模型是主要是基于经验。无论信息的内容是什么,结果应当总是显示在相同的位置,并采用相同的信息布局。信息的显示效果一致性程度越高,用户就越容易理解信息的相关性。

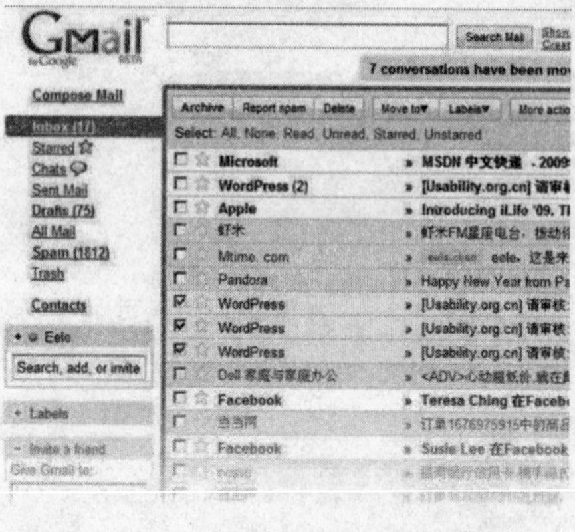

图 10-10 Gmail 中对邮件列表显示页

图 10-11 google reader 显示页

如上图,在 Gmail 中对邮件列表的展示:灰色的项表示的是已读的邮件,白色的相表示的是未读的邮件,而黄色高亮的则表示选中的。与 Google 大全的其他产品,如 Google Reader 是一致的。

3.信息树应尽量窄而浅,且保持平衡(信息结构的宽度和深度)

信息树可以看成是对某些信息按照某种方式加以组织以后所形成的有序的信息载体。在描述信息树时,信息的组织关系通常被描绘为一个树形的结构。对于信息构架而言,组织信息所要达到的目标有两个:一个是信息的有序;另一个是形成信息树。而信息树的设计在网站上的体现主要是导航的设计,首先来看信息树的宽度和深度的关系:

较大的宽度,使得信息树变浅,可以将信息明确显示在界面上,用户可以减少点击次数,但容易使一级导航承载的信息过多,用户不容易发现重点及内在组织关系;

较大的深度,使得信息树变窄,界面显得有重点、组织关系清晰,但由于用户不能通过一级导航获得所有组织关系,点击和寻找的难度加大。

因此,信息树的宽度和深度是相互制约的关系的,如何让信息树在这两者关系中保持平衡,并尽量使信息结构窄而浅,是信息构架中的基本原则之一。

以亚马逊(amazon.com)导航的变迁史(资料及图片整理来自Lukew's Functioning Form)为例:

在 1998 年,亚马逊网站只有两个一级大类:书籍和音乐。即使增加了一些分类,比如音像和礼物,水平的标签式导航也能够扩展得非常平滑,并且通过颜色的不同,很容易区分产品。

图 10-12 亚马逊网站(1998)

在 1999 年到 2000 年的时候,亚马逊还在不断增加新的分类,并使其信息树不断变宽。店铺、玩具与游戏、电器和电子贺卡这些新的产品分类的增加,一直把 Tab导航标签做成两排。

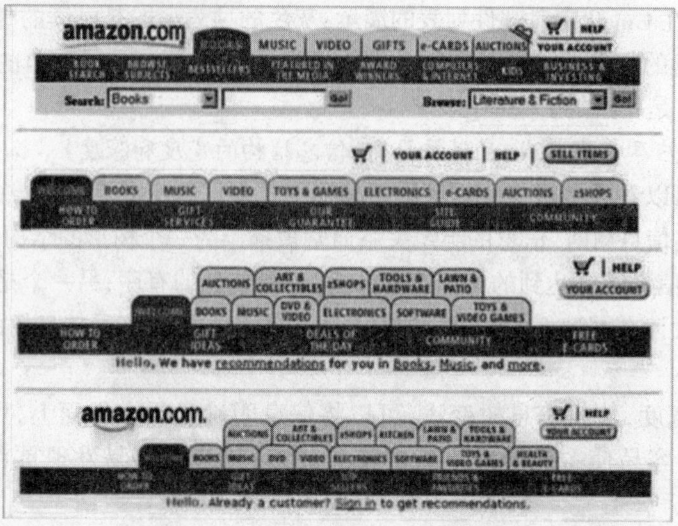

图 10-13　亚马逊网站(1999-2000)

2001 年亚马逊尝试着把所有的商品分类标签去掉，仅保留商店目录和特色商店(Store Directory/Featured Stores)。这次重新设计,用商品目录替代了日益增长的分类,特色商店并提供了一个比较方便的途径让用户可以访问常用(或热门)的分类。可见信息树变浅了,但深度却加深了,用户无法一眼从导航获得更多的信息。

图 10-14　亚马逊网站(2001)

今天的亚马逊,对所有的商品分类进行了重新组织,如将 Movies,Music,Games 三种具有相似属性的商品分类划分为一类,在此基础上新增了一层 2 级导航,可见改版后的亚马逊导航信息树宽度和深度更加合理,平衡的信息结构,具有更清晰的逻辑,且用户可以从导航中获得帮助。

第二节　信息构架中的常见模型

本节重在分享和总结信息构架中一部分基本的交互模型。信息构架需要考虑内容和功能的建构,首先需要考虑怎样组织内容和功能的关系,也就是切分内容,如何把一些动作和对象跟主题顺畅地结合起来；第二步就是考虑怎样引导用户通过界面达成他们的目标,也就是用“物理结构”把内容用页面\窗口\面板等元素将信息表达出来,交互模型正是针对第二个步骤来说的,这些模式使我们在表达信息的时候能够形成一些常用的思路和出发点。

一、双面板展示(Two-panel Selector)

1.形式

把两个相邻的面板放在界面上,在第一个面板显示一组对象,用户可以从中任意选择,在第二个面板上显示选中对象的内容。

图 10-15 双面板展示图

2.优点

这种模式由于两个面板相邻摆放,用户可以很快把他们的注意力换来换去,一会看着列表的整个结构(比如图中显示了哪些是最新的应用),一会查看一个对象的详细信息(这个应用是做什么的,有哪些内容等)。与单个窗口相比,这种紧密地集成有几个突出的好处:

减少了操作程序,两个面板距离很近,用户的眼睛不需要进行长距离的穿梭,可以通过用一次鼠标单击或按键来改变选择的项目,而不是首先要在窗口和屏幕之间选择;

减少了可视化的认知负担,当一个窗口弹出到最上面,或当一个页面的内容完全改变时,用户就得花额外的注意力到现在要看的东西上,如果窗口本身一直不变,用户就可以把注意力集中在一个较小的变化范围内;

减少了记忆负担,这里左侧的列表充当了“路标”的角色,因此用户完全明白自己当前是在哪个应用下。

3.用法

整体布局:把可以进行选择的列表放在上面或左边的面板上,显示详细内容的面板放在下面或右边,这样做利用了绝大多数用户的视线流动方向,根据用户从左到右的语言阅读习惯让用户方便找到自己需要得到的信息。

列表的布局:一般有三种布局方式,即线性列表,通常是排序的;二维表格,可以排序,也可以让用户通过列或行的标题进行过滤;空间组织方式,如地图、图表以及类似桌面的区域,让用户可以按自己的需要放置对象。

操作:当用户单击列表中的一个对象时,在第二个面板中立即显示它的内容或详细信息。同时最好能支持键盘操作以改变选择的方式,如上下箭头键;

视觉:让已经选中的对象在视觉上突出显示,如给选中的列表对象换一种颜色和亮度。

4.例子

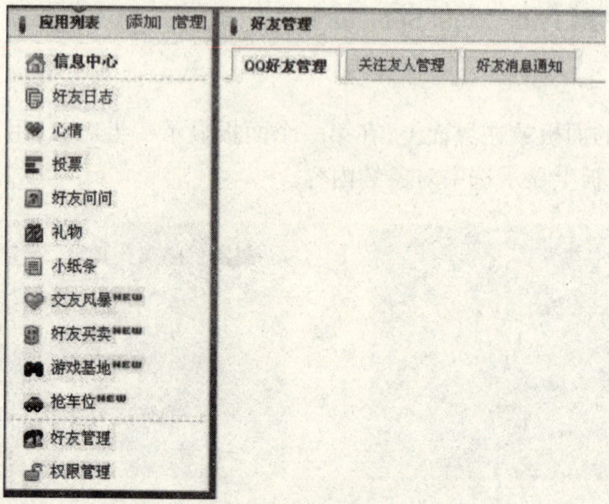

图 10-16　Qzone 中的双面板应用

Qzone 中的双面板应用,当从左侧列表选择出信息以后,右侧会显示该对象的详细内容,并且采用了主题类别的信息切分形式,如果从常用模式的基本应用模式来看,当用户选中左侧列表对象后,如果在视觉上能够对该对象进行突出显示,可能会更好。

二、画布加工具条(Canvas Plus Palette)

1.形式

用于图形编辑器上,把一个带图标的工具条放在空白画布旁边,用户单击调色板工具条上的按钮,在画布上创建对象。通常工具条用来创建对象,画布用来摆放对象。

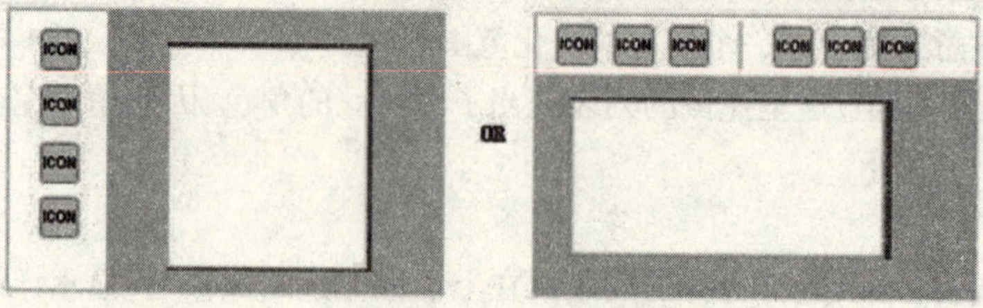

图 10-17　画布加工具条

2.优点

这个模式来自于人们的日常生活经验,画布、调色板,就是这样的样式,因此用户在使用时容易理解。同时画布加工具条也利用了可视化识别的好处,最常用的图标(画笔、手型图标、放大镜等)在各种不同的应用系统中一次又一次的得到运用,而且每次用法相同,减少了用户记忆和学习的成本。

3.用法

工具条本身应该是一个图标按钮或者看起来像按钮的网格，由于中文本身词汇的表达比较强,所以工具条里用图标加文字的形式会更容易理解。

工具条放在画布的左边或者上面,当工具比较多时,可以把工具条的图标分成几个小组,比如用 card stack 模式的标签来表示这些分组。

4.例子

图 10-18 QQ 秀泡泡日志

QQ 秀泡泡日志的编辑框正是一个画布加工具条的用户,通过图标加文字的形式组成了工具条,并用分割线将工具进行了分组。

三、向导(Wizard)

1.形式

在界面上一步步引导用户按预定的顺序完成任务,把任务分成一系列步骤,在每个步骤里让用户集中处理一件事情。如 Qzone 个人空间的注册页面。

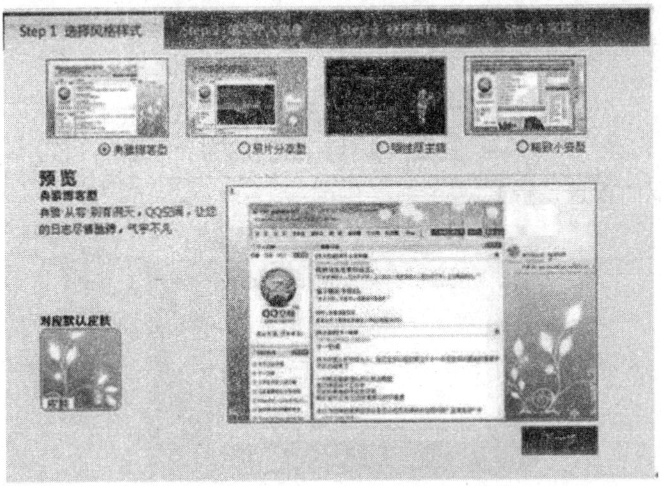

图 10-19 Qzone 个人空间的注册页面

2.优点

对于较长的任务,在设计用户界面时应该考虑如何让用户明白操作的步骤,向导的优点正是让用户按照预先规划的路线图来组织这项任务，而不用了解整个任务的结构,用户要做的就是按顺序执行每个步骤,如果遵循指示,就会成功完成。

3.用法

把组成任务的操作分成几个部分或几组操作，各个部分的次序排列可能且必须是严格限制的,也可以是能够由用户选择的。

Qzone 的注册过程包括选择风格样式、填写个人信息、补充资料和完成四步,用户必须依次填写,而不能先填写后面的步骤再回来写前面的,而对于一些在线支付类的流程,从产品挑选、支付信息、支付地址、送货地址等步骤,它们的顺序并不重要,因为后面的选择并不依赖前面的选择,把相关的选择放在一起只是简化了人们填写表单的工作。

任务拆分后,步骤的数量往往需要很好的权衡,步骤多少应适当,且每个步骤也需要保证不能太复杂,不然失去了向导的意义。

4.页面表现

(1)多页面表现形式。从页面表现上来看,最简单的实现方式就是将每个步骤放在一个单独的页面上,用前进和后退按钮进行控制,但这种形式也有缺点,每个独立的界面不能显示上下文,用户不知道前面和后面分别显示的是什么,因此这样的形式最好能够允许用户在进行过程中能够随时向前或者向后移动。因为如果不能让用户可以改变前面的选项而必须重新开始那就会让人受不了。从这点来说,如果是多页面的向导,它的标准的配置应该是:

图 10-20　单独页面的表现形式

或者结合双面板选择模式:

图 10-21　结合双面板选择模式

(2)单一页面表现形式。第一种带标题的栏目:标题上有固定编号,因为一眼就可以看到所有的步骤,所以这个模式适合用在分支不多的任务上。第二种响应式允许响应式展开:在用户完成前面一个步骤之后才把后面的步骤显示在页面上,如果向导的步骤不多,采用这样的方式会让页面更简洁一些。以上三种常用的模式:双面板选择、画布加工具条以及向导是我们经常会在网页设计中见到的模式，平时的使用中我们已经在不知不觉中认识并习惯它们了,通过这些基本的模式,在设计加以变形和创新就可以创造出更有趣和方便的交互方式。下面的例子是一个综合了以上三种情况的交互模式。

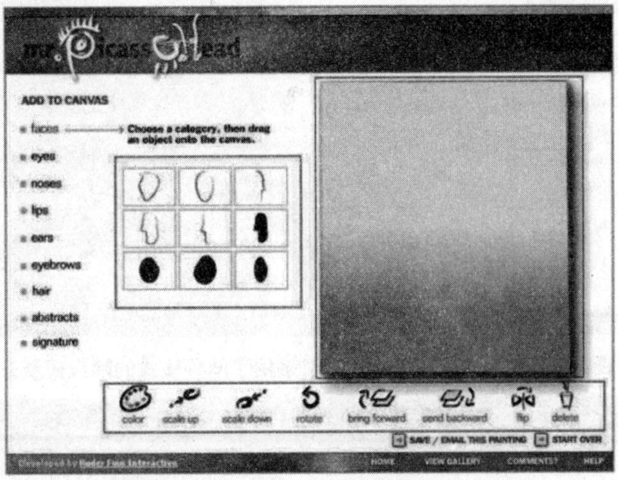

图 10-22　画布加工具条的模式应用①

显而易见，这个工具运用了画布加工具条的模式，由两组工具条和一个画布组成。同时,这个网页工具还结合了双面板选择模式,通过 Tab 把工具条进行了分类,当单击“face”、“noses”、“lips”时,工具条一次变化,并显示这些对象:

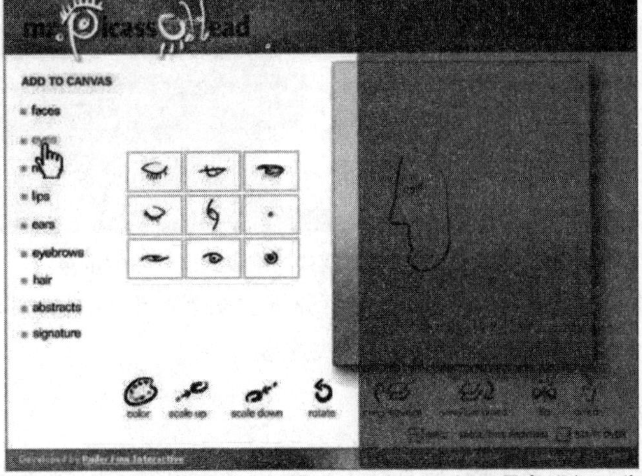

图 10-23　结合了双面板选择模式,通过 TAB 把工具条进行了分类

① 资料来源 http://www.mrpicassohead.com/create.html.

并且在操作步骤的提示上，采用了向导模式的响应式展开：当用户第一次选择Tab 中的类型是,会提示用户从工具条中选择合适的元素到画布当中,而当用户作出选择之后,则会显示下一个步骤的提示：

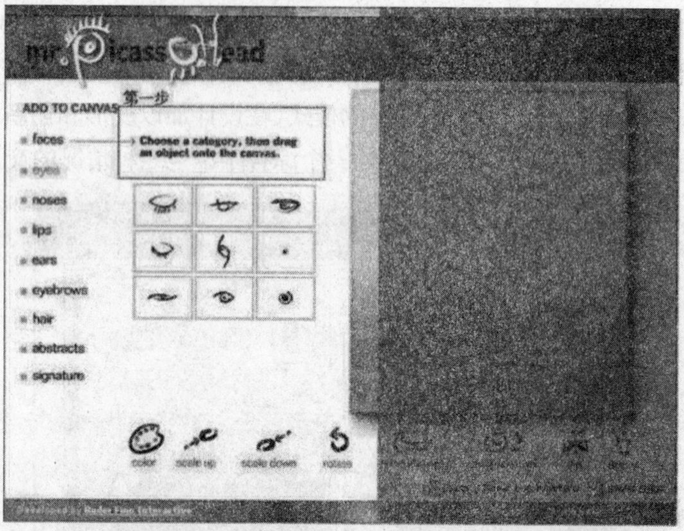

图 10-24　操作步骤的提示上,采用了向导模式的响应式展开

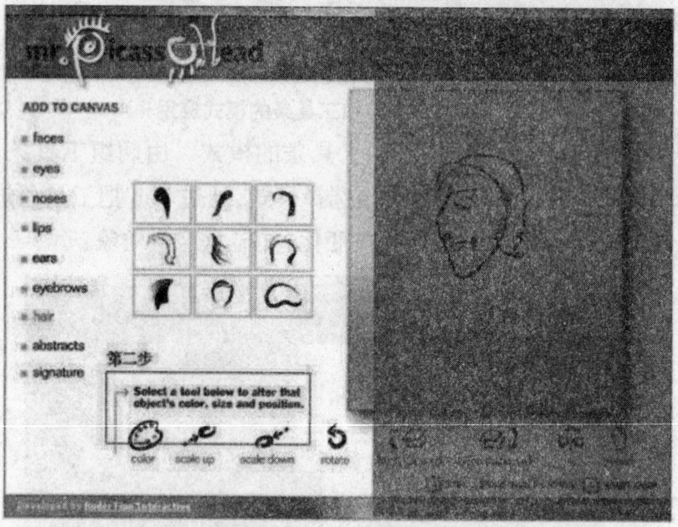

图 10-25　采用了向导模式的响应式展开后的步骤

上面是三种基本的交互模型，而下面分析的交互模型并不局限在一个页面上的信息结构,它们分别是响应式出现和嵌入式连接。

四、响应式出现

一个页面要显示很多内容,但是其中一部分内容不太重要,我们希望用户界面变得简单,但又不得不把内容放到界面当中,在这样的情况下,可以把重要的内容显示出来,并把其他内容隐藏,用户可以通过一个简单的操作访问隐藏内容,这样的页面不仅在一个页面上具备了信息结构，同时具有了垂直的层次结构，不是全部丢给用户,而是在用户需要时显示。

1.用法

将主要和次要内容分开,默认显示主要内容,把次要内容放到事先隐藏的区域里。

在默认显示的界面上放置醒目的按钮或连接,让用户能够找到那些隐藏的内容。例如“更多”,或是使用向右或向下的箭头作为链接或按钮标签的一个部分。

打开隐藏区域后,设置另一个按钮或某种方式能够让用户关闭它。隐藏区域的内容应该是用户大部分时间都不会需要的，因此只要进入和退出的操作方式醒目就可以了。

2.形式

(1)页面内展开。在主要界面上提供按钮或连接,用户点击以后,在页面内展开一个区域,显示进一步内容,这种形式能够即时的反馈用户的操作,同时容易给用户带来自然过渡的体验,这种形式适合用在对主要内容的扩充,提供更详细的、更深入的内容,当用户没有看到这些内容并不会影响使用,而打开这些内容,用户可以看到更多、或是得到更丰富的功能。

例如:

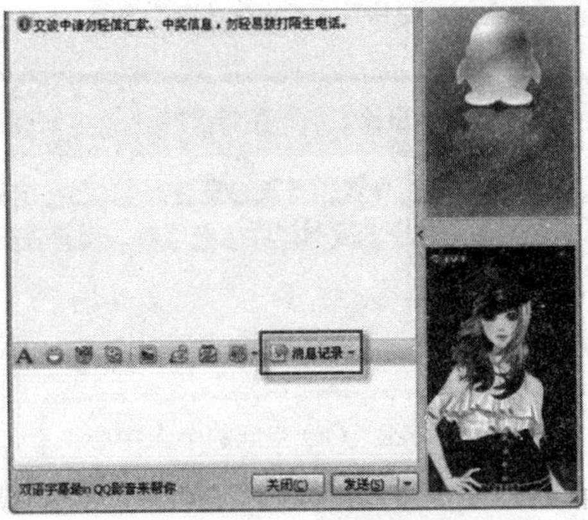

图 10-26　QQ 聊天窗口

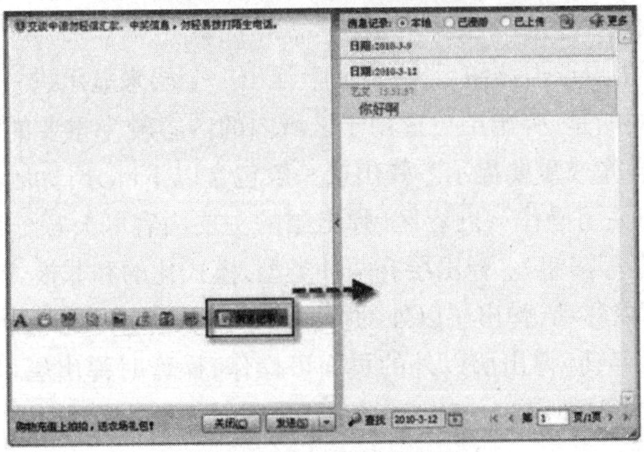

图 10-27　QQ 消息记录

在QQ聊天窗口中，当用户点击“聊天记录”时，页面展开一个区域，用户可以看到更多聊天的记录。

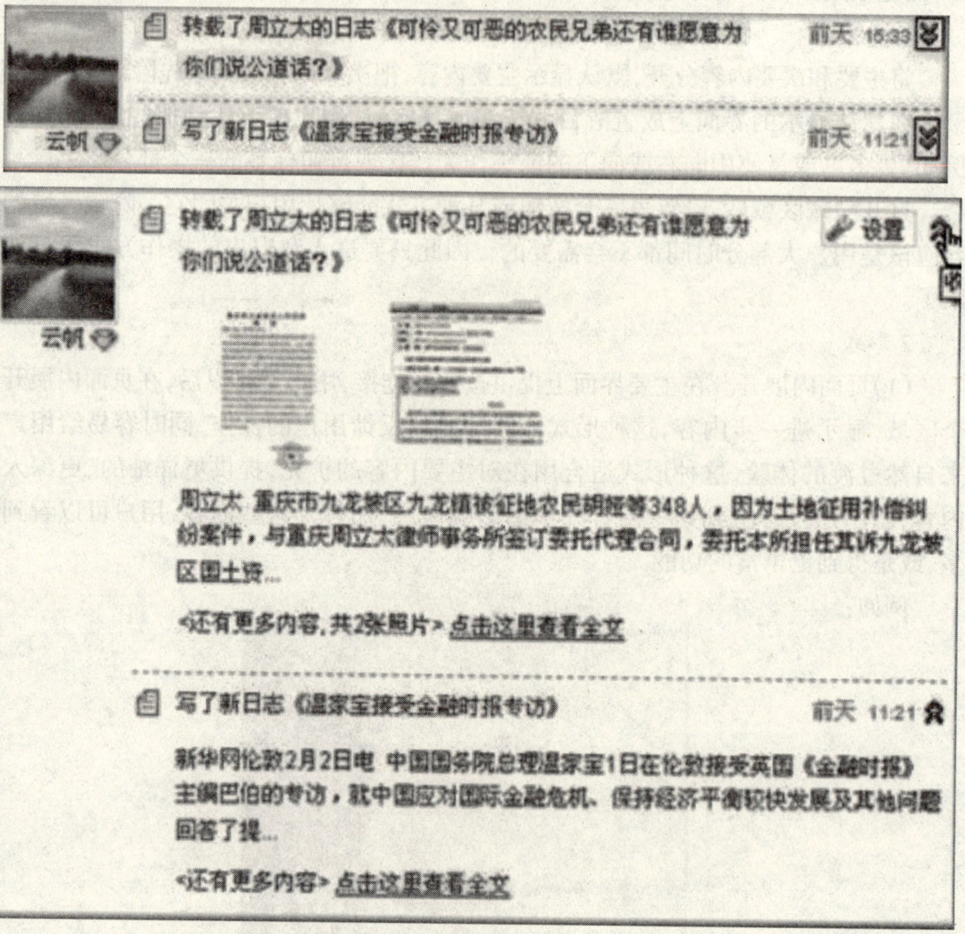

图10-28 QQ空间的个人中心

在QQ空间的个人中心中，页面将好友更新的日志标题列出来，当用户点击“展开”按钮时可以看到文章开头部分的段落，同时按钮转换为“收起”，用户可以选择把内容再次隐藏起来。

(2)弹出层。用户点击按钮后，在页面上浮出一个层来显示进一步的内容，与页面内展开的形式不同的是，弹出层更适用于区域内的内容较为重要的时候使用，比如弹出层内包含一些操作或重要提示。弹出层一般包含以下部分：标题栏(与内容区分隔较明显，有标题和关闭操作)；内容区(弹出层的主要内容区)；操作区(弹出层的主要操作区，确定/保存等按钮)。弹出层有两种类型，模式化的和非模式化的，对于模式化的窗口，弹出层可以移动，弹出层以外的页面为锁定状态，不可操作；对于非模式化窗口，该层仍然可以移动，弹出层以外的页面可操作，操作时弹出层可以消失也可以一直出现，根据具体情况而定。

举例：

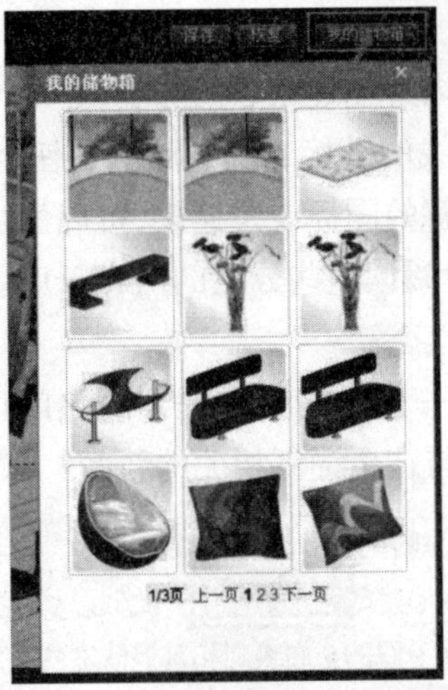

图 10-29 秀世界的“我的储物箱”

在秀世界的应用中,用户点击“我的储物箱”弹出一个展示已经购买的物品的层。这是一个模式化的例子,弹出这个层以后,原来界面处于灰度显示状态,其他按钮不能点击。

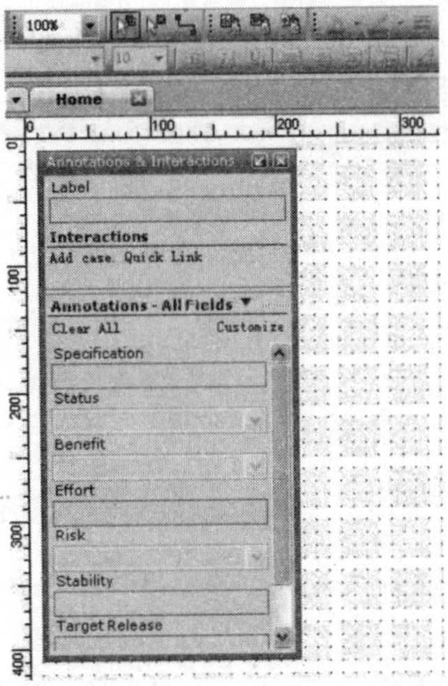

图 10-30 绘图工具的扩充工具面板

在绘图工具当中,对于一些扩充的工具面板也采用了弹出层的模式,这是一个非模式化的例子,当弹出层出现时,原来的页面工具仍然可以使用。

五、嵌入式连接

嵌入式连接已经是 web 上广泛应用的模式，当用户沿着某种线性路径进行浏览时,如一段文本、一个操作流程,而在用户浏览的过程当中,我们希望在用户主要注意力之外提供一些额外的内容,它可能是一个故事的附加信息,或是对某个概念的解释抑或是帮助文本。这样的形式可以让希望快速完成任务的人快速前进,而对于希望了解更多的人则看到额外的信息,满足用户的好奇心和对未知内容的了解。

1.用法

为可能吸引用户的附加内容创建入口。

这些入口可能是带下划线的链接、大的标题、按钮、菜单项、图标及一些可以点击的图形区域。对于不容易理解的图标或是连接，可以添加简短的描述进行提示。

提供返回的途径，在用户阅读这些分支的内容以后能够回到他们的主要任务上。

2.举例

(1)在网页新闻当中，对一段文字当中提到的热门词汇加上链接，当用户对这个词汇感兴趣的时候能够看到与这个词汇相关的新闻：

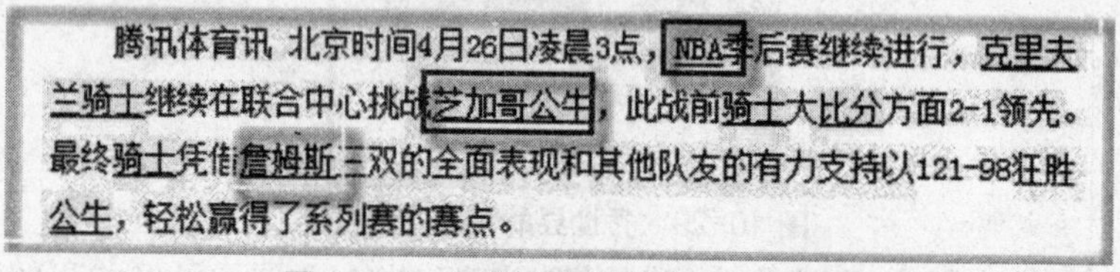
腾讯体育讯 北京时间4月26日凌晨3点，NBA季后赛继续进行，克里夫兰骑士继续在联合中心挑战芝加哥公牛，此战前骑士大比分方面2-1领先。最终骑士凭借詹姆斯三双的全面表现和其他队友的有力支持以121-98狂胜公牛，轻松赢得了系列赛的赛点。

图 10-31　网页新闻的热门词汇链接

(2)网上书店在显示某本书的详细信息时，根据其他用户在该网站上的购买情况列举出一个书籍列表，在页面上的某个位置显示："购买本书的顾客还买过"，以及"浏览本书的顾客还看过"列表，这些精确的推荐列表为用户提供了更多的同类书籍信息，它预测关注某一图书的用户可能会对另一类图书同样感兴趣。

第十一章　意念与要点:整体页面、局部页面与 Logo 的案例

第一节　网站整体页面图片设计

一、网页设计的五个意念

虽然网页与传统的平面设计项目相比有它自己的特点，但网页本质上仍然是一种平面艺术。本节以平面设计的角度,来探讨网页版面中的一些设计意念。其实,无论设计什么项目,设计上的一些原则都是相通的。

1.和谐:办公用品与网页呈现同一种设计风格

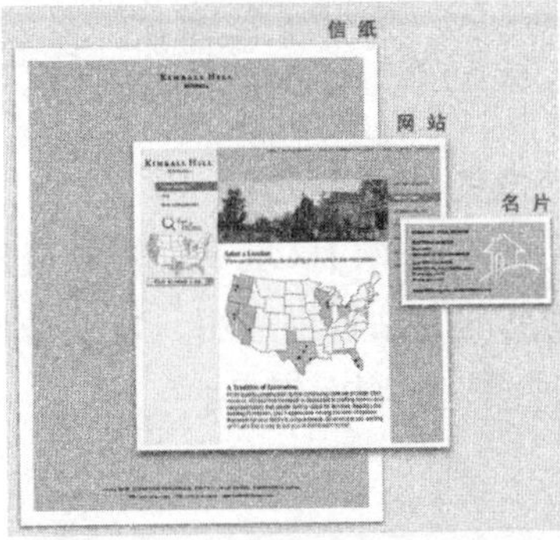

图 11–1　重复的设计应用

线条、形状、颜色在一定程度上的重复出现会使人视觉上感到舒服、悦目,从某种意义上说，和谐也意味着重复。和谐意味着重复：一个地方的构造在另一个地方重复出现。Kimball Hill 是一家在 1969 年就成立的房屋设计公司，而他们的平面设计也秉承了这种和谐设计之道。该公司的办公用品及网页都有着相同的颜色、形状(矩形)、字体,甚至连那条白色的边框也一样。结果就是不同媒体的表现形式却让人轻易地感觉到他们整体的和谐美。

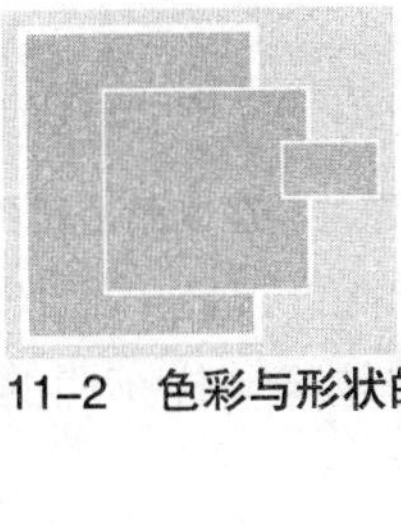

图 11–2　色彩与形状的重复

信纸、网页、公司名片,虽然三者区别很大,但元素的重复应用却让他们构成了有机的整体。

2.层次:颜色能够传达出层次感

网页上有些菜单总会层层深入,利用菜单颜色的明暗度与不同层次的内容配合,创造出和谐的颜色系列。越是深入的菜单,颜色明度越高。

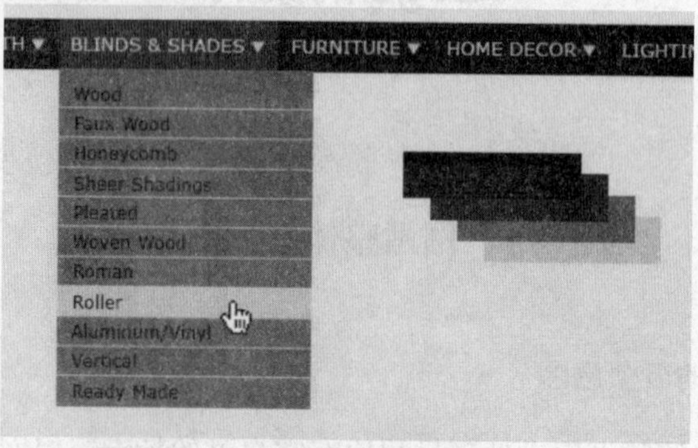

图 11-3　一组明暗依次变化的色彩引导

一组明暗依次变化的色彩引导着观看的人层层深入,也容易区分不同的内容,而通常采用一种明度较低的颜色作为基色,这种基色包含了很多黑色,这样就在明暗的使用上留有很大的余地。除非是在销售芭比娃娃,否则就要避免选择一些明亮的红色作为基色,因为当红色的明度增强时,它会变成粉红色,这种颜色搭配让人感觉很不悦目!

3.动态:颜色也意味着动态链接状态

一个五颜六色的对象放在一个黑白区域上很轻易就传达出动态链接的意味。这种设计对于需要展示各种物品的网站特别适用，特别是当彩色的图片与黑白图片放置在一起时,更能传达出一种漂亮的版面气息。

图 11-4　彩色图片与灰度图片配合形成的效果

在 Photoshop 软件里,轻轻一按就可以将彩色图片变成灰度图片,然后将彩色图片与黑白图片配合在一起,以达到强调某一样东西的效果。

图 11-5　将一个物品放在一个单纯干净的背景上

将一个物品放在一个单纯干净的背景上，在视觉效果上可以让浏览网页的人感觉轻松,注意力容易集中,而且在观看时没有受到其他干扰。采用灰色的字体是为了避免与图片产生冲突。

4.突出:居中的文字使得幻灯片构成的网页能够快速轻易阅读

对于一些突发的重大新闻，新闻摄影师可以在很短的时间内就抓拍到几十张图片。但如果没有文字配合说明,这些新闻图片也就失去了意义。对于一些时效性很强的图片新闻,路透社网页将其说明文字放在中间,使得每一个人都能方便快捷地阅读。

图 11-6　文字放置中间的效果

网页的中间区域在视觉上来讲是最强烈的,所以对于这些新闻图片来说,当文字是最重要的组成部分时,应当放在这一区域。如果将文字放在旁边,那对于很多匆匆浏览网页的人,或许根本就不会去阅读这些文字。而放置在中间的文字还产生了另一个好处,即在视觉上平衡了整个网页的构成。

5.紧凑：不要形成无谓的空间

一般来说，设计网页涉及很多小区域的设计，在这些面积不大的地方，内容应该简单明了。一张图片，一个焦点，尽量压缩文字，使得别人瞥上一眼就能注意到你在讲什么。

下面的这个设计从视觉上来说虽无不妥，但这个构图在中间区域却形成了一个没有什么作用的空间。

图 11-7 构较的中间形成空区域

仅看元素的选择，并无问题。图片很醒目，粗黑体的标题很容易引起别人的注意。但中间所形成的这个空间却破坏了整个设计。这个空间在这个设计中起不到任何作用，这使得网民先要看一下左边，然后再看一下上方的文字，再将眼睛转到下方。在这么小的一个区域里，就需要让网民的眼睛在上面转上一圈，不利于阅读。

图 11-8 动感流畅的构图调整

修改后的设计重新组织元素。网民的眼睛从左方开始，然后毫无干扰地转到右边的图片，这样的构成使网民感觉悦目，既有动感，又很流畅。

二、如何设计清晰简洁的网页

设计要简洁的道理是众所周知的，但并不是很多人可以做到。有些设计师仍然不能摆脱“能多则多”的诱惑，最容易犯“忍不住要加点东西”的错误。本例通过剖析一个具体的网页，来探讨如何设计一个简约风格的版面。

人们的设计水平越来越高，制作网页的软件越来越高级，非常美观的网页设计也越来越多。下面介绍西雅图的 Design Hovie Studios 设计公司的网页。它的网页明亮清新，版面开阔，非常简约，令人眼前一亮。这个网页没有花哨的设计元素，没有 Flash 在闪耀，甚至没有任何滚动的设计。下面深入这个网页，展开学习与研究。

图 11-9 Design Hovie Studios 设计公司的网页及板块

这个版面应用非常广泛,所有的东西都呈现一种开阔的感觉,没有隐藏的菜单或其他不切实际的元素,所有的文字都是一个尺寸,突出强调的内容都采用相同的颜色(绿色),而且网站中每一个网页都重复这种版面结构,整齐协调。

1.版面结构

这个版面由五列区域构成,主要的文字内容放在中间的列中。版面中的焦点内容无疑是绿色区域及下方的图片,而不同的网页采用不同的照片。

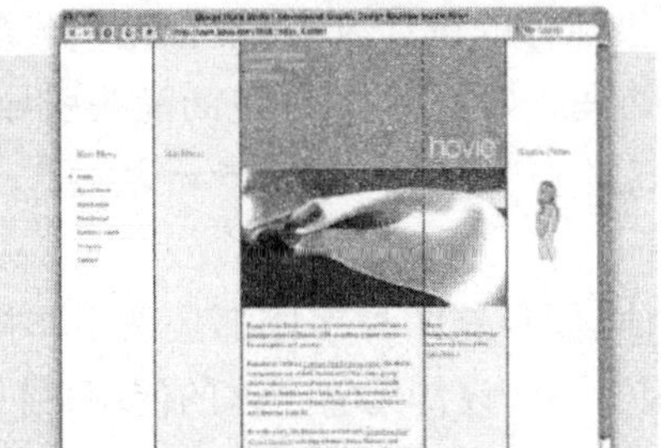

图 11-10 版面结构(拉宽浏览器)

这个版面内容的处理是一个很鲜明的特点, 与这家设计公司的审美风格一脉相承,即一种简约的风格。版面中有四列都给人一种很轻盈的感觉。右手边的列中,只有一点文字在提示这个列的存在,如果将浏览器拉宽(上图示意图),同样是一大片无尽头的白色区域。

图 11-11 版面结构(出现副菜单)

版面每一列只放置一种文字内容,如果在个别页面中某一列没有文字,就完全空着。如图 11-11,在这个网页中,副菜单出现了,但标题栏却是留空的。这种排版方式独特、有趣,内容的种类比区域的数量还要少。这种能少则少的版面风格并没有削弱视觉冲击力,反而使上方的图片更加吸引人的注意力,就像挂在画廊墙壁上的那些画一样,非常容易“阅读”。

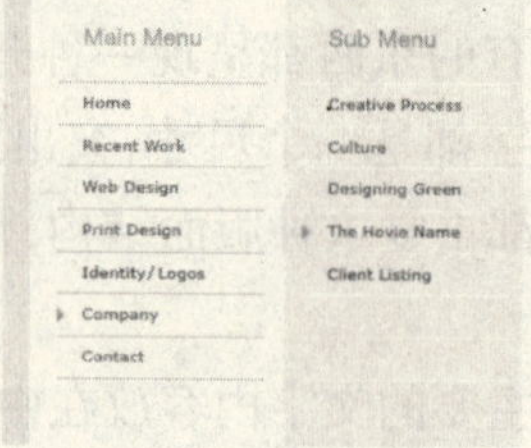

图 11-12 菜单

这个版面还给人一种很纯粹的设计风格,没有互相缠绕、互相冲突的细节,每一个细节都是以同一种风格处理。如上图中,绿色的箭头引导着视线,白线则将各个不同的链接区分开来,显得从容。

2.字体

整个版面只有两种字体,而且这两种字体都是采用非衬线体,感觉非常接近,一种是 Helvetica 细体,主要用于一些设计元素字体的使用,另一种是 Verdana,主要用于文字内容,后者字体清晰易读。

图 11-13 两种字体

采用 Helvetica 细体是设计这种瑞士风格的关键。Helvetica 具有优美的结构,但在一些较低像素的网页中,显示效果并不佳。所以在这个网页中,这种字体只限于应用在一些 Logo 字体及一些小标题中(如图 11-13)。而我们采用的另一种字体 Verdana,虽然结构上显得较朴素,但作为小文字显示时则非常清晰,非常适合作为网页文字字体的选择。这两种字体在同一个网页中配合使用,则给人一种和谐的感觉。

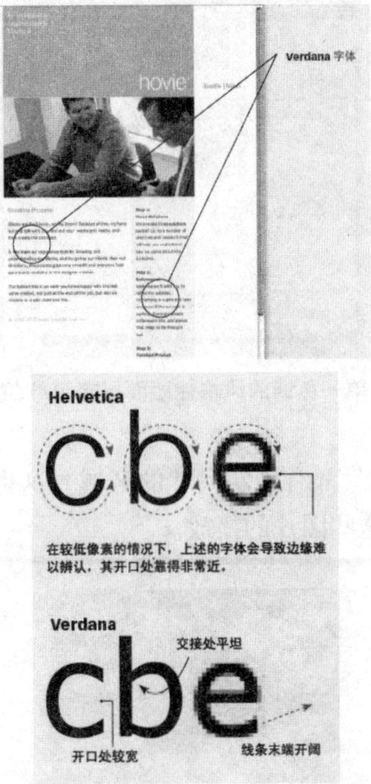

图 11-14　两种字体的具体比较

3.颜色

这种象征春天的绿色给人一种生机勃勃的生命力,它是网页中唯一的颜色。它发挥着两个作用,一是它使网页传达一种轻巧简约的气息,二是它在版面中起到强调的作用。

图 11-15　网页色彩选取的比较

中色调是最佳的。矩形的绿色区域是引导人们在观看这个网页的切入点,因为这个绿色区域在这个网站中的每一页都是固定放置在上方的,而下方的图片则会变化,所以,要寻找一种尽可能与不同图片配合的颜色是很关键的。上图中,有浅色调,也有深色调。太浅的色调很难吸引人的注意,而太深的颜色,理论上它与很多图片都可以很好地搭配,但它同时也对图片造成的压迫使区域与图片给人一种过度强烈的视觉效果。所以,中色调的颜色是最佳的选择。我们可以将这种绿色用在网页中其它的地方,包括标题及链接(如图 11-16)。单一色调的风格使版面更简洁、美观、协调。

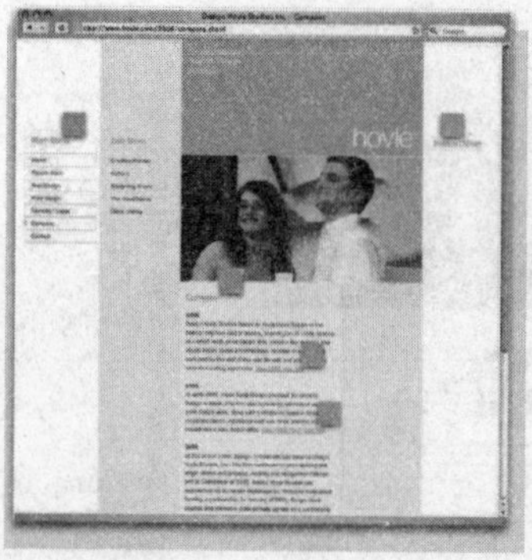

图 11-16　单一色调的风格使版面更趋简单、漂亮及协调

4.图片

绿色区域下方所有的图片都有固定尺寸的区域，这也使得我们在图片使用时有些不灵活,因此要小心处理这些图片的摆放。

图 11-17　图片组合区域

图片组合区域没有形成锯齿感。对于设计一个干净清新的版面而言,关键是要特别注重一些外边缘保持水平或垂直。不要形成锯齿形的边缘,也不要采用图片重叠的方式,否则会使版面变得更加复杂。在图 11-17 中,如果有很多小图片展示,则要让它们形成一个完整的矩形,这个版面下方有 12 个小格可以放置图片,但设计者却故意只放置 10 张(这仍然是一种内容数量少于区域数量的设计手法),留出两个空格来填充绿色。这是非常美观的设计。

图 11-17 的手法不仅仅用于网页,对于其他的设计项目,如手册、单张及广告,都是可以借鉴的一种设计手法。

第二节 网站局部图片广告设计

一、网页横幅(BANNER)设计

很多时候,网民对一个网站或博客网页的第一印象都来源于上方的网页横幅。美观、整洁、协调的网页横幅设计会令网民对其顿生好感。下面介绍了如何轻松设计漂亮网页横幅的几个实例。不需要沉迷于 Flash 软件中,静态的平面设计即可显示其独特的视觉效果。

设计一个吸引人的网页主横幅并不复杂。

图 11-18 网页主横幅及其与页面搭配效果

在一个简单的网页中,上方的横幅是最重要的视觉元素。在很多博客网页中,它甚至是唯一的视觉元素,它的作用可以说是相当大的。它必须能够与网站的风格配合,并能传达视觉上的信息。它必须让人看上一眼就让人知道这个网站是属于什么类型,风格是什么。这个横幅还必须能够提供简单明了的导航链接。所有这些,我们都可以通过将横幅分成三个区域而轻松实现,每一个区域都具有自己的功能,而我们还要将这三个区域在视觉上统一,使三者具有相似性及协调性。下面以例说明。

1.从划分空间开始

一个网页横幅的宽度横跨整个网页,而高度又相当窄。将其分成三个区域:名称、图片及导航链接。然后,我们分别对其进行设计。

图 11-19　横幅空间划分

如何分配区域。一般来说，都是将名称放在左上方，而导航栏目放在下方。其空间的分配应该慎重考虑。空间的比例大小是根据具体的名称（长或短）和图片而定的，很难说有什么最佳的比例。但是，应该避免将上方空间分成两等份，因为分成两等份会让人的注意力都放在版式上，而不是放在内容上。采用不对称的分布效果会更好。

2.寻找一张具表现力的图片

一张漂亮的图片是设计一个漂亮横幅的关键。在找到图片后，我们还要仔细研究截取图片的哪一部分可以最有效传达相关的信息。

图 11-20　横幅图片选择及裁切

截取图片时应注意：尽可能截取能够传达最多信息的那一部分。在上图这张田园式的风景图片中，有树，有草，有山……而我们截取的部分，将我们所需要的几个主要的画面元素都包括了，面积虽比原图小很多，但截取后的图片所要传达的信息不但没有减少，而且在层次感上还加强了。图片上有丰富的明暗区域（见黑白图片），形成近、中、远三种视觉效果。

3.用颜色分配区域

用吸管工具从图片选取一种较深的颜色，将这种颜色的色阶由暗到亮排列，然后再来决定哪一个区域用哪一种颜色，特别要注意的是能产生对比。

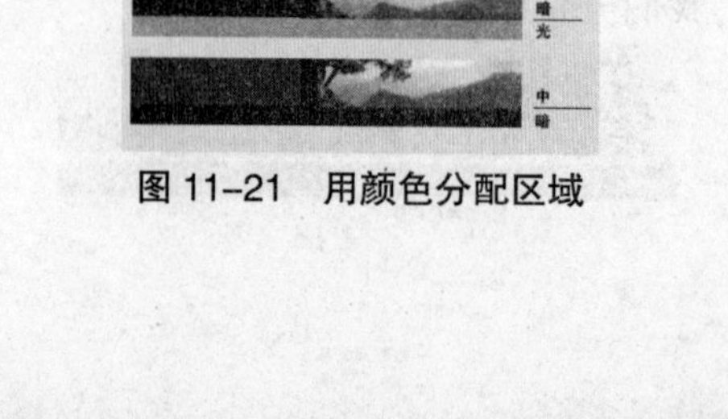

图 11-21　用颜色分配区域

强对比更具冲击力。上述所有的颜色都拥有同一种色调,而且这些颜色理论上都是来自于图片,可以说,无论你如何将颜色分配到区域中,一般来说,都可以形成协调的搭配,但对比度却会因不同分配而有所区别。强对比具有冲击力,而低对比显得更平静(但也因此给人的印象不深)。

4.放置名称及导航文字

确定颜色后,则要处理文字。文字应该能够与图片产生互补:繁杂的图片配合简单的字体;优雅的图片配合优雅的字体;平静的图片配合装饰性强的字体。

图 11-22 放置名称及导航文字

首先留意图 11-22 中,文字在颜色使用上的互换。绿色的文字用在金黄色背景上,反之,金黄色的字体用在绿色背景上,这样的互换使用可以使整个版面显得更加统一协调。

图 11-23 文字字体及排列

图 11-23 中第 1 行:一个非常长的名称应该分成两行或多行,行与行之间的字体应该是整齐的,避免使用某些高低不平的字体或小写字母,这样会在如此狭窄的小空间中造成冲突。大写字母是这个例子中的第一选择。我们采用一种平静优雅的字体,与这幅漂亮的图片产生互补。第 2 行:避免使用这种装饰性较强的字体,它显得过于奇特,会喧宾夺主。第 3 行:这种字体虽然很漂亮,但与这个例子中的图片或网站风格不搭配。

5.采用补色

在图 11-24 中,一张半抽象的图片传达出 D&T 建筑设计公司的风格,如果按上面的那个例子来选择颜色,那蓝与灰的颜色会对 Logo 产生过于抑制的影响,所以我们使用一种反色。

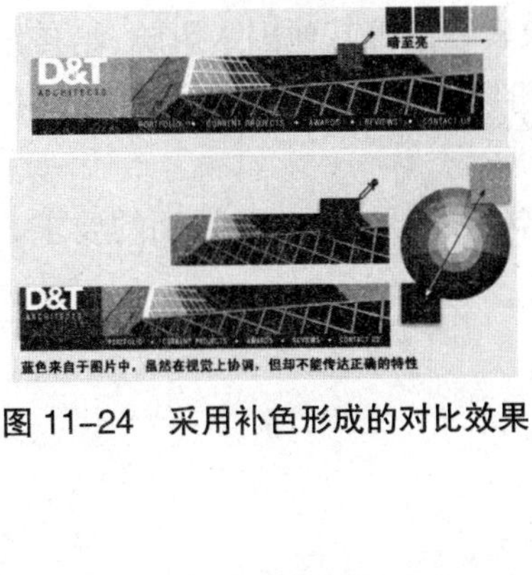

图 11-24 采用补色形成的对比效果

补色形成强烈的对比效果:整张图片都是由冷色构成,而对于一家年轻的建筑设计公司来说,蓝色不能传达它那种冲劲及活力。解决办法是 用蓝色的反色或补色来安排 Logo 区域。我们首先在色轮上确定蓝色的位置,然后选择与其相对的另一种颜色。互为补色的两种颜色并不拥有同一种基色(不像其他颜色关系,比如绿色及橙色,这两种颜色都有黄色在里面),这就是为什么互为补色的两种颜色能够形成非常强烈的对比。在色轮中,紫色与黄色具有最高的色度对比。

6.与 LOGO 配合

Fairweather Downs 的标志已经有五十年的使用历史了,在漫长的岁月中,这个标志几乎没有改变过,成为经典。在这种情况下,我们的设计重点应该考虑的是标志而不是图片。

图 11–25 Fairweather Downs 的标志与色彩

绿色及米色均属二次色 (Secondary Colors, 指三原色中任两色混合而成的中间色),其中一种是冷色,一种是暖色。

我们借用 Logo 原来的一些特征——双线框及圆角等元素, 可以让我们轻易设计其他一些元素,而且使整个横幅都同样显得经典。由于这个 Logo 是我们着重考虑的元素,图片相对来说则较为次要。留意 Logo 中,Fairweather 与 Downs 这两种字体的风格相距甚远:手写体与罗马体,尺寸小与尺寸大,小写字母与大写字母,而线条的粗细则很相似,两者结合,形成一种具有手工感的漂亮气息。

二、网页小广告设计

网页上的小广告已经成为一种宣传推广的重要形式, 但这些小广告除了版面细小外,图像的表现还受到像素较低等其他因素影响,给传统的平面设计师带来了新挑战。如何让你的小广告在纷繁复杂的网页中脱颖而出? 下面分析几种解决的思路。

1.使用简单的照片

针对一些区域狭窄的空间需要涉及一些特别的要求, 首先就是采用一张简单而又能传达很多信息的图片。

图 11-26　图片规格的大与小

一般的广告总是采用整张图片加上文字配合,而网页上一个标准的小广告的尺寸是 120×90 像素,分辨率为 72dpi,空间很小。如何在这个小空间中加进想要的东西?如图 11-26,如想让整个纽约市都塞进这个小空间里,那只会让这些建筑物变成一个个斑点。当我们面对这些小广告的版面时,并不应该只是将整张图片简单缩小,因为空间已经很小,分辨率又很低。而一般的网页上总是充斥着很多混乱的信息,将图片只是简单地缩小,那些细微的东西完全不会引起人们的注意。所以,我们要思考的是简介、醒目。我们并不需要使用整张纽约市的图片才能代表纽约,我们应该要运用这个城市的一些象征符号来传达这种信息,比如自由女神像,帝国大厦等等。

要寻找一张具有象征意味的图片,构图要简单,颜色要醒目,角度要明显,对比要强烈,最好是所有这些因素都能够在一起。

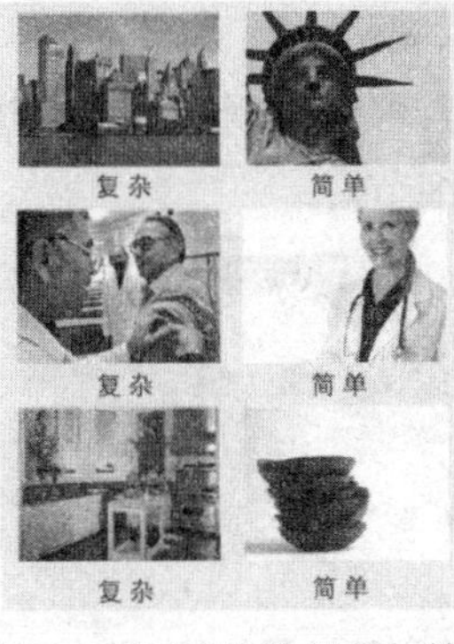

图 11-27　图片的复杂与简单

2.简单的版面

使用简洁的文字,将文字与其他素材简单结合。

图 11-28　作为培训说明的复杂图片

网上培训课程的登记涉及很多硬件，但我们并不需要将所有的东西都全部显露出来，而是……

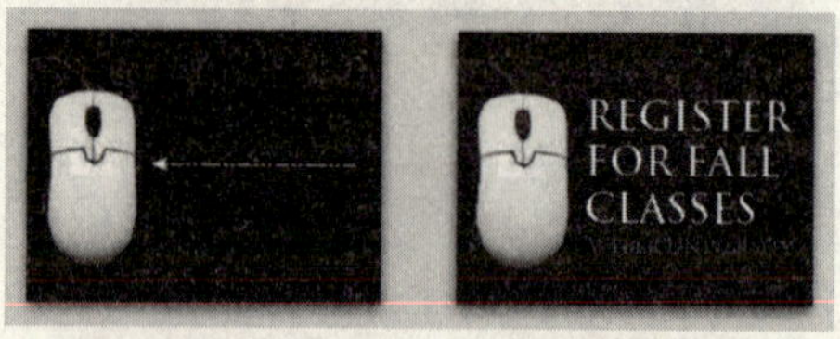

图 11-29　作为培训说明的简洁图片

图 11-29 左图，使用一张简单且常见的象征图片，将背景设为黑色，使其与白色的鼠标形成强烈对比，但鼠标本身并不能传达网上报名注册这一信息，所以还要加上文字。只有加上文字，所有的信息才是完整的。大文字同样采用白色，而下面的大学名称采用金黄色，使其让人知道这是两个不同信息。

图 11-30　图与文的排列说明

排版要尽可能简单。留意图 11-30 左图，文字与鼠标高度相同，使两者成为了一个整体，而右图表明，每个元素之间的间隔距离都是相等的。

3.将剪切工具变成一种设计工具

通过对图片进行恰当的剪切，可以控制图片所传达出不同的效果。剪切过程虽然简单，但在剪切时却要考虑很多细节。

图 11-31　图片的剪切与配图

图 11-31 大图是一张漂亮的原始图片，通过不同的处理方式，可以让它传达不同的信息。如小图，只保留左边的一半，使得整张图片变得更加有冲击力，同时还留出了空间给文字。

当然，还有很多种剪切方式。

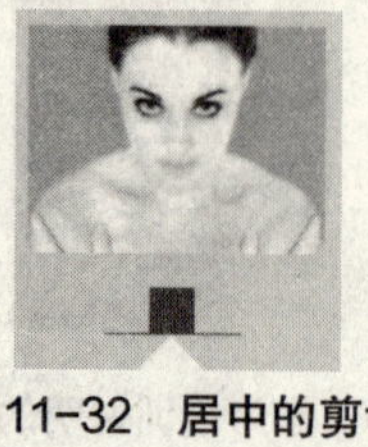

图 11-32　居中的剪切

中心构图使整张图片显得稳定。她的目光直接面对着你,透着一种优雅迷人的气息。

图 11-33　偏右的剪切

偏离中心的构图打破了空间的平衡,传达了一种略为紧张的气氛。

图 11-34　呈现角度的剪切

呈角度的构图,这使到图片中人物的眼神变得更加煽情,使人更加容易注意她。

图 11-35 强烈视觉冲击的剪切

这是一种更强烈的剪切方式,剪切的边缘直到她的眼睛,而且还呈角度,比上一张更加容易引起人们的注意,张力十足。

4.利用文字来组织图片

在版面非常狭窄的时候,文字与图片必须谨慎配合,避免让人产生两者分离的感觉。文字与图片必须形成同一种信息。字体也是一种图形,所以可以充分利用字体的样式、形状、粗细及颜色来补充和加强图片的力量。

图 11-36　用文字补充与加强图片效果

一张全景图注定不会简单,文字"EI Capitan"与这座作为焦点的花岗岩山峰分开。我们可以通过剪切来作进一步的处理,但这座山峰的美丽正是要有一定的距离感及它周围的细节才体现出来,而下方的那个绿色实色区域使得文字与图片分离,避免了整张图片变得过于复杂。

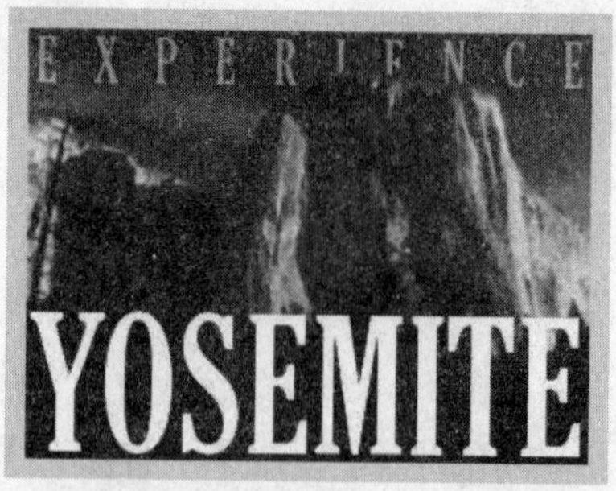

图 11-37　更加收紧的整体效果

图 11-37 的图片经过剪切,使其更加收紧。现在山峰给人一种更加强烈的高耸感而不是开阔感。阴影也使图片形成了纵深。同时采用了一种缩窄的大写字母,使得文字与图片形成一个有机的整体,使读者一眼望去就能够留意。

图 11-38　明信片的设计样式

图 11-38 采用明信片的设计样式,尽管图片没有改变,但这种处理方式却使整个设计显得更加宁静。灰色的字体在白色区域上仍然容易被辨认,开阔的白色区域也使得图片有一种水平感。

再来看一下实际大小的效果:

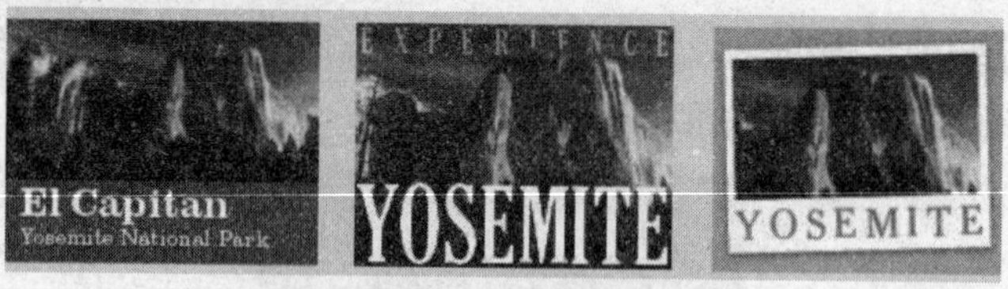

图 11-39　几种实际大小的效果

我们进一步来探讨上述的设计:

图 11-40　图片压缩

首先将一张大图片缩小到合适的尺寸(1)。

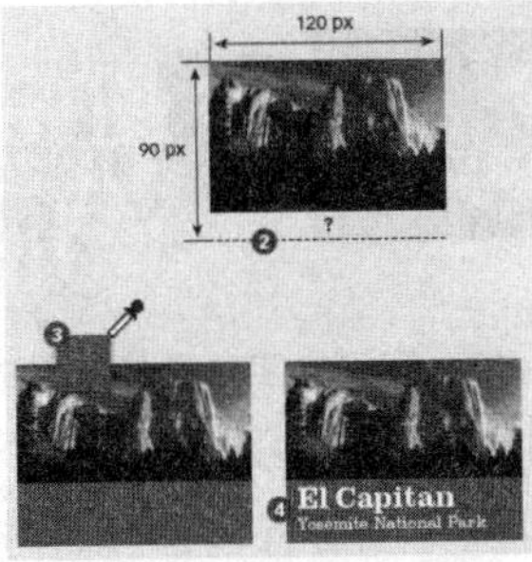

图 11-41 图片剪切及配文

将图片的宽度变成标准的 120 像素,而图片高度要少于 90 像素,因为我们下方还要加上文字区域(2)。

用一种实色填充下方区域,同时这个区域也与图片有一些重叠。颜色来自于图片,用吸管在图片取色(3)。

最后加上文字(4)。当设计者要面对一种复杂的或者有太多细节的图片时,这种处理方式是比较理想的。

图 11-42 剪切及配文的过程

这里,我们对图片进行剪切,为该图片创造出一个视觉焦点。然后再寻找一种能够加强该图片传达的字体。在图 11-42 中,采用一种又高又窄的字体填满下方整个区域来加强这座山峰的特点。山峰是叠在上方那行细字上的,加强了图片的层次感,也使得这座花岗岩山峰有更加靠前的感觉。

5.利用文字来补充图片

这张充满动感的图片由于受到背景的影响而削弱了对比的强度。背景与人物都呈同一种色调,同时背景也还有很多细节,使得图中人物不能成为焦点图案,则要利用文字来对这张图片进行补充。

图 11-43　利用文字补充片效果的步骤

创造焦点的第一步是通过剪切，尽可能将注意力放在这个滑板的运动员身上(1),背景虽然显得有点杂乱,但视觉也挺有趣,可以直接在背景上加文字(2)。表现出来的效果虽然有艺术感,但文字并不容易阅读。

为了弥补这种缺陷,我们将背景换成高对比度的黑色(3),同时仍保留(2)的字体图案。(4)则是另一种选择,为了进一步改善视觉效果及强调原来的背景图案,我们可以直接将原来背景的图案用在文字中。

第三节　网站 LOGO 图片广告设计

一、基本元素

很多 Logo 设计最基本的图案都是利用一些简单的几何形状,包括线段、圆圈、矩形及三角形等。通过这些简单的图形可以创造很多美观的 Logo,在 Logo 设计中,越简洁效果越好。

在本节中所有的图案都是矢量软件做成的，而且只是使用最基础的一些软件工具,并不需要滤镜、填充或者复杂的操作。

1.线段

图 11-44　主要由线段构成的 LOGO

在 Logo 中使用不同形式的线段创造有特色的图案。线段可以有各种形式及尺寸,设计者在创造中完全不用被一些习惯所束缚。

·可充分地利用线段的各种不同的特性达到不同的效果

·利用线段不同的厚度来表现。

·使线段由点或虚线组成,或其他组合方式。

·一系列不同的线段就可以组成一个图案。

·使用线段引导人观看不同的焦点

·使用线段组成一个封闭的图案

·使用线段可以联系不同的东西

·使用线段可以制造运动的感觉

应该注意图形中的线段是可以传达某种意思的。锋利的线段转角表示紧张、硬度、拘谨与高技术。柔软的转角及曲线可以传达轻松、流动、休闲及更有个性的含意。对线段的厚度、线角及图形的细小变化都可以改变整个设计的感觉。

在图 11-44 中的"Advanced"设计例子中,A 字是由线段组成,并且由底部比较厚逐渐过渡到上方比较细的线段。这种设计也与"Advanced"(高级的)意思相符,使人有一种不断向上的感觉。

上述例子中锤子图案中线段是由圆角组成,通过曲线及手绘工具来表现直线,整个图案给人一种柔软的感觉。

右下角"ifiche"标志,右边的图案使用了圆角收尾的线段及更多的弧线,这个"ifiche"的两个标志使用了不同的字体来配合不同的线段。

设计者还可以用不断重复的线来形成图案,而这些设计都是不用依靠颜色的。当然,如果加进颜色会使图案在视觉上有更多的变化。

2.图形

图 11-45 主要由图形构成的 LOGO

所有的图案都有各自不同的形状,但这些形状都是由圆形、矩形或多边形组成,这些简单的几何图案组合可以表达各自不同的意思。

圆形有一种保护感及无限感;正方形传达一种稳定性、平等性及可靠性;三角形传达一种紧张、冲突的象征意味。

设计者可以用圆形、矩形及三角形画出无数种图案。不同的几何图案可以组合成新的有趣的图案。可以从一种图案中产生另一种图案,如上述例子中,圆形通过一定的组合可以形成三角形。

改变图形的方向、颜色或使图案断开,抑或一个图案从其他图案中分出来等表达形式可以传达一些抽象的意义。Logo 设计很多时候都并不需要过于复杂的组合,其实最好的表达方式就是简洁,在 Logo 中,简洁意味着美。

3.线及图形组合

图 11-46 线及图形组合的 Logo

上面的图案均只是使用线段、圆形、矩形、三角形及曲线,便可组合成悦目的图案,只要分析一下,就可以从上述看起来有点复杂的图案中分解成简单的几何图案。如气球,它使用了圆形、三角形、曲线等。

Logo 本身就是一种凝练的创作,很多时候都具有一种抽象的、象征性的表达效果,利用简单的点线面完全可以达到这种效果。

虽然通过简单的图案可以组合成各种图案,但并不是随意组合的图案就一定漂亮,怎样组合才能使一个 Logo 看起来漂亮,需要不断地摸索和学习,并不断观摩别人的优秀作品,从中吸取有益的养分,开阔设计视野,积累更多的设计元素和方法,这样,面对一个具体的设计项目时,才能够做到得心应手,设计出优秀的 Logo。

二、如何设计

每个公司都希望自己的 Logo 能够独一无二,每个设计师都希望设计的Logo能够达到客户的这种期望。

每一天,总有数百个标志与其他数百个标志在进行艰苦的较量,以希望能够脱颖而出获得别人的注意。所有的设计者都希望其设计的标志能够吸引人,这不但需要在设计标志时做到独特有新意,而且还要让人能够记住它。在本节中,我们会探讨一些在设计标志时通常会用到的技巧,通过应用这些技巧,会使设计者产生无穷的创意。

1.基本方法

利用一种富有创造性的字体与图案及其他字体取得视觉上的配合及联系,是很多 Logo 设计的解决方法之一。

图 11-47 这个 Logo 版面过于拥挤,在一个小空间里有太多元素。同时,色调有太多层次,使得这个标志在很多情况下表现都不会很好,而且字体很难阅读。我们需要对它进行简单化,加强其力量感及使它有良好的应用性。

当我们开始设计 Logo 时,我们在开始时总会将 Logo 设计成下面这个样子(过于复杂),但接下来我们可以对它进行修改,减少不必要的元素,以最简洁的方式表达主题。

图 11-47　较复杂的 Logo 图

考虑结合版面,尽量尝试所有的可能性。如果你对所用的字体并不满意,想继续尝试,而你又不想花钱去购买太多字体,你可以去 Veer.com,去到其中“TYPE”部分,然后点击右边的“Front”链接。你可以选择一种字体样式及尺寸,然后在线观察你选择的某种字体实际的效果。

图 11-48 这个 Logo 仍然显得有点复杂，但在不同的应用情况下每一个元素都能够轻易着色。与其将所有字体都处理成不同的样式去尝试,不如将重点放在调整字体大小,选择一种对比良好的版面,使其更容易阅读。我们将几个与主题没有什么关系的元素去掉,也可以加进一些客户喜欢的元素,像一些细点及短线,但同时我们也要注意要让版面干净简洁,最重要是我们要集中精力设计一些最具对比的东西。

图 11-48　经过调整后略为简洁的 Logo

2.不同文件,不同用途

对于很多 Logo 来说,需要有几种不同的文件格式,以便用于不同的场合。

比如,在 Logo 上加了薄薄的阴影,如果这个 Logo 是印在精美杂志上的高级纸张,则非常漂亮。但要将 Logo 用在四色印刷的产品手册上,或在网页上可能会用到低像素的 Jpg 或 Gif 格式。如果在报纸上要做一些黑白小广告,或者宣传单可能会用来复印及传真时,那下面的阴影就要去掉。

所以不要在设计上选择某些过于特别的样式及效果，除非确定这种效果在不同的媒介上都具有良好的表现效果。

下面这个全色 Logo 下面有一些淡阴影,这个标志可以用在高质量的彩色印刷中,特别是一些高级铜版纸上。

图 11-49　带淡阴影的全色 Logo

同一个 Logo 的黑白图,仍然保留了阴影,因为这个 Logo 同样是要用于高质量的印刷。

图 11-50　同一个 Logo 的黑白图

图 11-51 的两个相同标志的文件是用在电子邮件中的。上面的那个可以用于印刷及高级纸张上,其转换成的 Gif 格式文件可以用在网页上,而下方的那个是在印刷质量不高的情况下使用的。

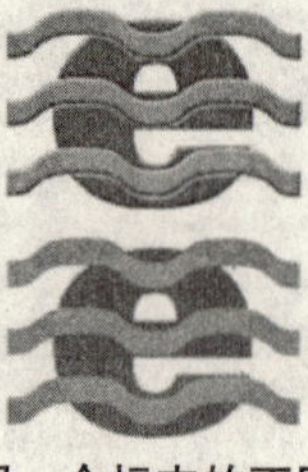

图 11-51　同一个标志的不同印刷质量图

这个低像素的 Gif 格式是用于网页,如果用于印刷效果就不佳,但用于屏幕显示则完全没有问题。

图 11-52　用于网页的低像素的 GIF 格式

黑白的设计是用于报纸、复印或传真,下方没有柔和的阴影,对比更强。

图 11-53　用于报纸等的黑白设计

3.全字体标志

有很多标志都是仅由字体构成的，但一个只有字体组成的标志并不意味着它没有创造性,不需要什么技巧。一个使用一些经典的字体组成的全字体标志传达了一种企业坚定、可靠、实事求是的气息,有很多著名企业都是这类标志,如IBM,苹果电脑或旁氏化妆品。

如果准备设计一个这样的标志，设计者最好要确保所使用的字体必须是一种具有良好表达能力的字体,认真安排好字母间距、字体线条的粗线,字与字之间的空间,放置连字号或虚线的位置等。

这种标志必须强调对字体的选择,一般来说,不要直接使用一种在每台电脑上都随处可见的字体,而是使用一些较新的字体。

很多字体具有潮流的特征,往往在某个时候会受欢迎,但很快又会被淘汰,要避免使用Sand、Mistral及Hobo等这些字体。

图11–54 几个不同的字体比较

观察一下在标志上使用一种主要的字体会有多少变化:

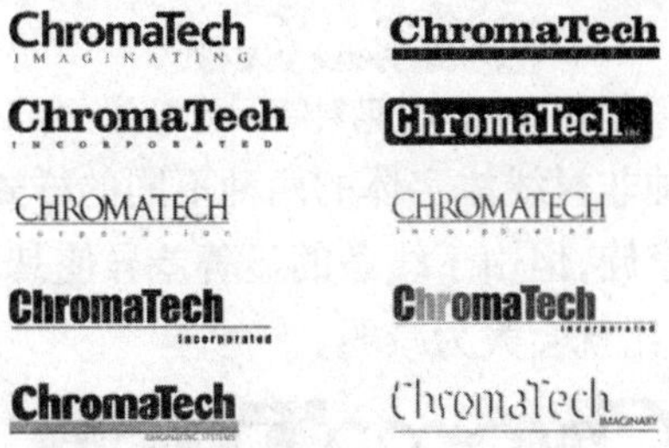

图11–55 在标志上使用一种主要的字体的变化

4.字体结合

在很多全字体构成的标志中,经常会用到两种不同的字体,有时你在公司名称上就已经使用了两种字体。有时你所使用的字体在公司名称尺寸较大时还可以,但如果以比较小的尺寸呈现时就不是很适合。比如,如果你使用一种非常幼细的字体作为公司名称,如你想加入的词汇是“international”、“incorporated”、“corporation”,甚至可能还需要加进某句口号,如“We do it for you”,这种情况下,字母线条较细时,如果标志尺寸较大时,则非常清晰易读,但如果是用小字体表达,则这些细线条就变得很模糊,你要仔细考虑一下在较小的尺寸情况下该使用什么字体。

使用两种(或两种以上)字体的关键在于对比。在使用两种字体时,如果选择的字体不是来自于一个字体家族时，要避免选择这两种字体看起来都是有太多共同点的(就像同一种字体的细体与粗体),选择的字体必须是看起来有显著区别。

如果选择的字体有较大的区别,但结合在一起时却并不美观,那就要仔细寻找这两种字体的相似之处了,这些相似之外往往会在视觉上造成互相冲突。

下面这个标志使用的是一种字体的两种样式(Clearface 字体);一种是黑斜体,而另一种是粗斜体。两者之间虽然有区别,但区别不明显。

ChromaTech

图 11-56 Clearface 字体

下面这个标志是用的 Frutiger 及 Avant Garde 字体。它们有一些区别,但两种字体都是同一个尺寸及结构,这些相似的元素只会产生冲突而不是对比。

ChromaTech

图 11-57 两种非衬线体字体的组合

下面这个标志使用了两种衬线体(Garamond 及 Cresci 字体)。它们只有一点区别,但由于两者都是衬线体,两种字体的线条粗细及线条变化都差不多,而且都全部使用大写字母,尺寸相同。这些相似之处也产生了视觉冲突。

CHROMATECH

图 11-58 两种衬线体组合

这个标志使用了两种不同的手写体(Bickham Script 及 Redonda Fancy 字体)。它们稍微有一些区别,但两者具有相同的线条宽度及粗细变化,外观都是手写体风格,尺寸大小差不多,同样会造成冲突。

ChromaTech

图 11-59 两种手写体组合

这个标志使用了同一种非衬线体字体的两种不同的样式(Frutiger 字体)。虽然它们都是来源于同一个字体家族,但由于线条的显著差异使其形成了强有力的对比。如果将粗黑体变成常规体,对比就会大为减弱。

Chroma**Tech**

i n c o r p o r a t e d

图 11-60 同一种非衬线体字体的两种不同的样式

这个标志同样使用了同一个字体家族中的两种不同样式(Clearface 字体)。对比来自于线条粗细、结构(宽松与紧密)、斜体与正体,而且在颜色上也产生了对比。

ChromaTech

图 11-61 同一个字体家族中的两种不同样式

这个标志使用了一种现代字体(Quirinus 字体)及一种非衬线体(Frutiger字体)。对比来自于样式(大写与小写)、尺寸、精细及结构(厚重与清瘦)等。精心选择不同的颜色形成对比:冷色给人一种后退感。如果我们选择一种暖色用在"tech"上,如红色,则会有一种前倾感,也意味着传达一种"更重要"的感觉,这样就会使其与大的词组(Chroma)形成冲突。

图 11-62 现代字体与非衬线体组合

在下方用了一种手写体(Bickham 字体)与非衬线条(Impact 字体)结合。为强化对比,必须选择一种厚实、垂直的非衬线体,首字母则用了一种很特别的字体(Bickham 字体)

图 11-63 手写体与非衬线条组合

"Kitt""Katt"及"Cafe"都是同一种字体,但 Kitt、Katt 用 Bodega 粗黑体,而 cafe 用的是 Bodega 细黑,而颜色的对比也强化了大小及精细形成的对比。"&"这个符号使用了"Redonda Fancy"字体,使结构、颜色及粗细都形成对比。

图 11-64 字体运用使结构、颜色及粗细都形成对比

现代感的字体(Onyx)具有笔直、紧密等的结构特点,与手写体的 Carpenter 形成强烈对比,而颜色也加强了这种对比。

图 11-65 现代感与手写体的对比

"SA&T"这几个字母均是直接采用同一种字体(Blue Island 字体)。其余的字体如果要形成有效的对比只能选择非衬线体,因为采用其它的字体肯定会造成冲突。

图 11-66 Blue Island 字体与非衬线体的对比

这个标志其中一种采用了一种较高、具有装饰性但仍然显得正规的非衬线体(Serengetti),而且全部采用大写字母,而另一种字体采用了一种活泼、童趣式的字体,并采用小写字母。在这个标志中,也采用方向、大小及颜色来产生对比。

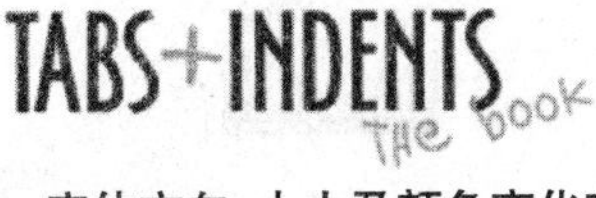

图 11-67 字体方向、大小及颜色变化产生对比

5.字母变形

在标志中对某个字母进行变形可以达到一种特别的效果。这种变形有些是仅仅通过增加和减少某个元素就可以简单实现,而有些则需运用一些比较复杂的技巧。

改变其中字母,使其与其他字母相互配合,是很多标志都采用的设计手法。对某个字体增加有趣的视觉元素,使整个标志显得更加独特。

图 11-68　字体增加有趣的视觉元素

图 11-69,这个简单的字体标志用一个红点代代替 A 字母中的一横,不仅仅使视觉更有趣,而且还强调了"chroma"这个词组。

图 11-69　一个红点使视觉更有趣

图 11-70, 当观者看见这个标志中的企业名称全部以小写字母的斜体构成时,那他的眼睛就可以很自然地看到"f"这个以羽毛元素设计的字母。

图 11-70　羽毛元素的运用

图 11-72,拉长"&"的尾巴,使整个 Logo 显得更加独特,同时还在视觉上更加强调的艺术(art)的含义。

图 11-71　拉长字母尾巴的效果

图 11-72,这个为 Lamy Ad Club 设计的 Logo 通过使用两种形成强烈对比的字体,并互相重叠来吸引人的眼光。

图 11-72　两种形成强烈对比的字体的互相重叠

下列这些标志,都是简单地使用一些小图案来代替字母的某些特点。这些元素可以来自于图案字体、各种素材、某些艺术图案或是设计者自己画上去的。

图 11-73　小图案来代替字母的某些特点

6.增加元素

很多标志都有其他象征元素与字体配合。如果在设计标志时预算较多,有更多的精力和时间来设计标志,那就越能设计出一个特立独行的标志,就像耐克那潇洒的一勾、美林证券(Merrill-Lynch)的公牛形象或者苹果公司的那个苹果,随着时间的推移,每个人都会知道这个图案是属于什么品牌。要设计一个独特的标志,仅仅依靠图案是不行的,象征元素与文字要配合在一起时才会给人一种独一无二的感觉。

我们在这里所研究的象征图案一般来说都给人一种简单的表现形式，其干净的线样及形状使其能够在各种媒介上都具有良好的应用性。仔细浏览设计年鉴或有关Logo的书籍,就会发现,如果这些象征图案没有与字体形态配合,那这些象征图案只是很简单的某种符号,但与某个特别的公司名称的字体配合后,整体来看就会显得很特别。这对于标志设计来说是至关重要的,因为有无数个标志都是以圆圈形状作为象征图案的,如果没有与文字配合,它们其实区别并不大。

理想中我们设计的象征图案最好是让人一看就感觉与字体有某种相似，通常看到的有些标志设计,它们的图案与文字的联系并不明显,产生相似的关键是标志中各个空间分配能够产生联系。如果一个标志整体给人一种闭合的感觉,它们就给人一种紧密联系的感觉;如果一个标志看起来是发散的,则很难产生联系。

下面这些标志每一个都应用了一些图案元素,可以看出,只是添加了简单的元素图案后,整个标志就显得很独特。

图 11-74 加了简单的元素图案后整个标志就显得很独特

7.增加剪贴画(clip art)素材

设计者可以通过很多途径获得大量的剪贴画素材，包括从一些图案字体中就可以获得几十种图案。这些剪贴图案不仅仅非常适合用于标志,而且通过这些剪贴画素材可以使设计者在设计中获得一些新灵感。

我们通过重复使用这个电灯泡的剪贴画素材来表现“idea”及“聚集”(swarm)这两个概念。字体采用一种活泼的字体,但整个标志在传达“聚集”这个概念时仍然显得有点静态。

图 11-75 重复使用电灯泡的剪贴画素材

改变字母的线条,以增加一些“能量”。

图 11-76 改变字母的线条以增加一些能量

在增加“能量”及有趣的视觉效果的过程中,增加了一个意外的元素:一个漂游出来的电灯泡。

图 11-77 漂游出来的电灯泡

为了进一步使名字设计更加特别，下列每一个标志都采用一种廉价的剪贴画为局部元素或某种图案字体。

图 11-78 剪贴画的局部元素或某种图案字体的运用

设计者还可以采用一些插图式的剪贴画来作为设计标志中的一个选择。

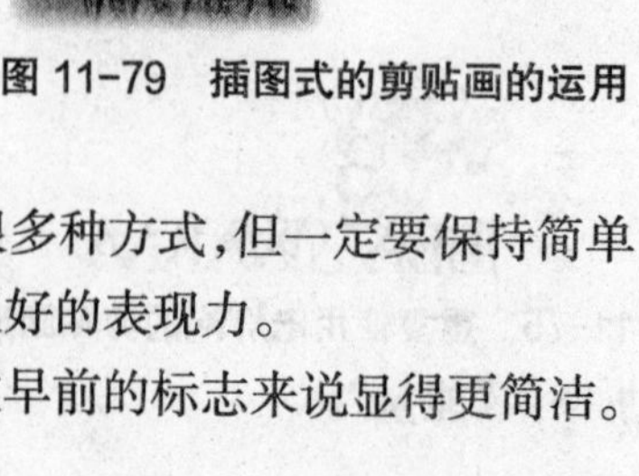

图 11-79 插图式的剪贴画的运用

8.增加插图

在标志上应用插图有很多种方式,但一定要保持简单,而且要保证所有的插图在以黑白效果显示时仍然有良好的表现力。

下面的插图相对于本文早前的标志来说显得更简洁。

图 11-80　更简洁的插图运用

这同样是一个简单的插图,使用了更多的创意手法,而不仅仅停留在制作插画的技术上。

图 11-81　有创意手法的插图运用

下面的例子说明了在标志中需要运用更多的创意思考而不仅仅是在画插画。

图 11-82　更多创意思考的插画运用

下面这个标志采用了一张插画来作为标志的主要元素，这张图片可以很好地表现焦点。

图 11-83　插画作为标志的主要元素

下列每一个标志都采用了一些原创的插图。这种设计很有趣,但要注意设计出的标志应该能让人理解,让人容易阅读,而且以黑白效果使用时也应用良好。在最终定稿前,要保证所有的标志都能有效地运用在不同的媒介上。

图 11-84　原创插图的运用

Thunder on the Left(左雷)是一家影音产品公司(根据《圣经》记载,如果在你左边响雷,则表示上帝有重要的信息要传达给你)。

图 11-85　左雷的 LOGO

手写体风格的插图用在 Logo 上往往有极佳的效果,但在实践中,需要设计师有丰富的经验及技巧才能设计得成功。标志完全传达了其代表的行业特征。这个标志是由 AgilityGraphics.com 的 Brian Forsta 设计的。

图 11-86　手写体风格的插图运用

设计者可以用不同的书写方式及用更多的时间去设计公司的名字，这或许会让设计者最终设计出一个独特且有趣的标志来。有一些非常漂亮特别的手写风格就是取材于墙上及餐巾上的涂鸦的。

图 11-87　涂鸦出的特别风格

当今时代,Logo 无处不在,可以毫不夸张地说,无论你在哪个房间里睁开眼睛,都会看到 Logo。设计者对它们了解得越深,也就设计得越好。

设计者可以进行这些训练:收集标志。当设计者在报纸、黄页、手册、包面包的纸、吊牌、盒子上看到一些标志,应该将它们剪下来,或者打印出在网页上所看到的标志。无论标志好坏,都应该收集。然后在剪下来或打印下来的纸张背后写下这些标志的产品名称或提供的服务。

分析企业感很强的标志。单独将那些给人以一种企业感很强的标志分开,以便了解要设计出一个给人有公司感觉的标志应具有的特征。仔细观察所收集的标志,观察是否一般是全文字标志,分析字体的大小,看看是否用到插画,解析象征元素。

分析很专业、科技感较强的标志。将那些给人很专业、科技感较强的标志单独抽出来。观察是什么特征使这家公司的标志给人一种专业的感觉,思考这些标志有无共性,分析它们在字体运用上的特色,解析这个标志的内涵,探究设计思路。

分析一般的标志。将那些感觉设计得很一般的标志单独抽出来。思考原因,分析是否是字体运用不当,或是元素之间配合有问题,探究字体间的距离、位置、大小、相片图案、图案与文字结合可改进之处。不足之处发现得越细,不足原因探究得越深,就越能避免出现此类问题。

经常浏览所收集的网站,仔细观察、对比这个网页标志在网页上的效果与打印下来的视觉效果。如果在某个包装上看到一个全彩色的标志，看是否能找到其黑白标志,然后对比彩色标志与黑白标志的异同,思考如何让标志在彩色、黑白两种情况下都能够良好应用。

深入解析优秀标志,广泛学习各类优秀标志,在设计之前,要认真学习、研究所积累的资料,多方面思考。

第十二章　视觉语言创新：iPhone 与 Windows Phone 的设计解读

本章以 iPhone 与 Windows Phone 为例，从视觉语言创新的角度提炼出这些平台的一些优秀设计思路，以供大家在做移动网络广告时的研究参考。

第一节　直觉体验与焦点演示：解读 iPhone 平台与网站的设计

一、iPhone 平台

1.移动互联网设备和传统手机的区别

在传统手机时代，标准的通话键、挂机键、菜单键是手机的标配，用户被教育成了用键盘来操作数据，于是人们就养成了使用键盘的习惯，经典的案例就是诺基亚主导的时代。

在移动互联网时代，特别是触屏的大规模应用，手机的功能已经发生了转变，对互联网内容的浏览、下载、消费等等成为主要应用场景，触摸屏成为行业趋势，直接对内容进行操作，在屏幕范围内的点击成为主要的操作。绝大部分操作通过直接和内容交互完成，不需要让用户通过中间设备间接进行控制。

因此，就可以理解为什么苹果会这么激进，只保留了一个 home 键，而将其他功能性的操作全部做在了屏幕里面。

图 12-1　手机面板按键的变迁

在底部的几个按键的处理上（返回、菜单、home、搜索），Android 的做法似乎介于传统手机和 iPhone 两者之间,既保留了传统手机的一些特性,但也在学习 iPhone 的触屏做法。从苹果遵循极简的设计思路来看,iPhone 做得更彻底、更加极致。

2.高度直觉化的界面

苹果采用了隐喻等方式来暗示用户在这里的操作,目的就是降低用户的学习门槛,使用户第一眼就知道怎么去用 iPhone,典型的案例就是锁屏界面的解锁操作,以及缩放照片的操作。

图 12-2　全触屏的操作方式

iPhone 采用了全触屏的操作方式,绝大部分操作都通过直接触摸完成,仅提供一个 home 键的实际按键,这种做法配合 multi-touch 技术,无论是完成一个任务还是体验游戏,都最大限度简化了用户的操作路径。

为此,iPhone 还提供了各种丰富的手势,基于此,开发者可以创造丰富的操作体验。比如 tweetie 2。

图 12-3　iPhone 提供各种丰富的手势

3.在需要时给我导航,且告诉我将去向何处

在 iPhone 平台上,如果应用程序有信息层级关系(比如邮箱 > 收件箱 > 邮件),利用 title 进行导航,导航栏左侧始终是返回按钮,右侧如果有必要,可以放针对内容的操作控件,中间有标题。

对这里的导航按钮来说,始终只有返回上一级的功能,且明确指明上一级的 title

是什么。

那么,如果这里的信息层级太深怎么办?是否需要给出返回首页等按钮或者更长的路径，所需要考虑的是怎样减少程序的信息层级而不是一味地去将这里的导航复杂化。

iPhone 提倡直接对界面元素进行操作,返回上一级也是如此,无需通过其他物理按键来切换页面,用户所需要做的事情就是直接在屏幕上点击。

图 12-4　导航条

4.稳定的界面结构——Tab bar,Toolbar 的位置

iPhone 典型应用的界面结构很稳定,导航栏和页签栏的位置不会因为应用不同而发生变化,用户能形成比较一致的体验。

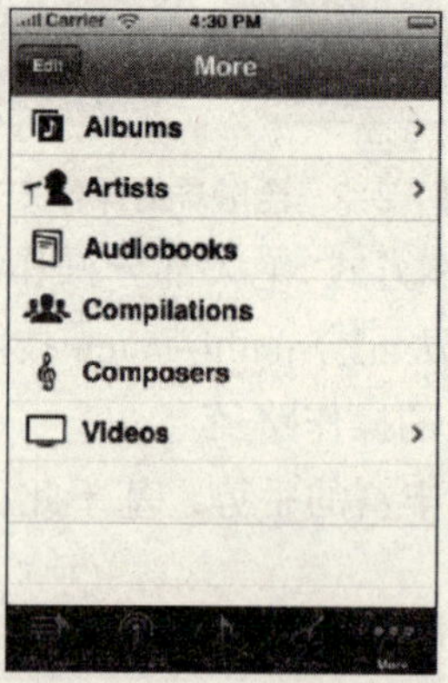

图 12-5　导航栏和页签栏的位置相对固定

Android 平台在规范性方面不如 iPhone,比如:

第一,Andorid 对标题的处理方式比较奇怪,有的程序有标题栏,有的地方没有,不符合一致性原则;另外,还存在大小两种尺寸的标题栏。

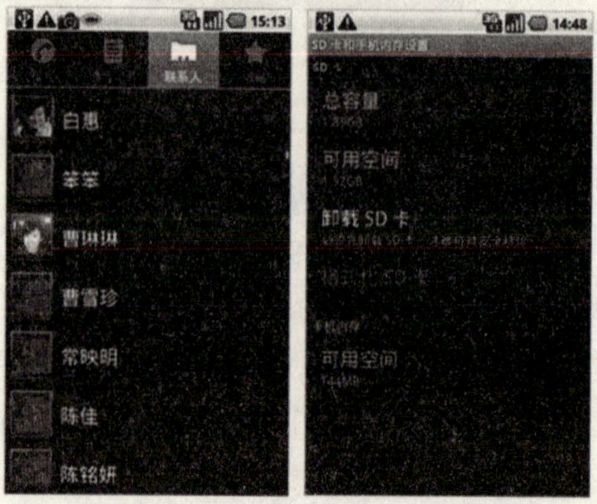

图 12-6　Andorid 对标题的处理方式

第二,tab bar 的位置。有的应用放在顶部,有的放在底部,体验不一致。

另外,对手持设备来说,关注焦点是从上而下的,tab bar 的关注点没有内容那么高,其实只是在需要的时候可以方便地进行切换就足够了,放置于顶部对于手持设备来说操作很不便。

5.一次做一件事情,避免一个按键承载太多的功能

Android 的菜单键是一个全局按键,使用频率比较高,根据不同的场景功能又各不相同,用户较难形成一致的体验,系统级的菜单和上下文菜单也容易让用户混淆。

苹果的做法是将菜单里的功能进行分解,重要操作用户可直接操作(如通讯录的添加联系人,iPhone 是直接放出来,Android 是将其放到菜单里面),其他操作或集中在设置或通过滑动等交互方式进行扩展。(tweetie 2 是将针对当前联系人的更多操作通过滑动的操作展示出来)

图 12-7　菜单里的功能进行分解

6.增强用户体验

iPhone 在增强用户体验上有很多点值得学习。比如 core animation 提供了大量优雅的动画可以直接使用,以实现华丽的动画效果。

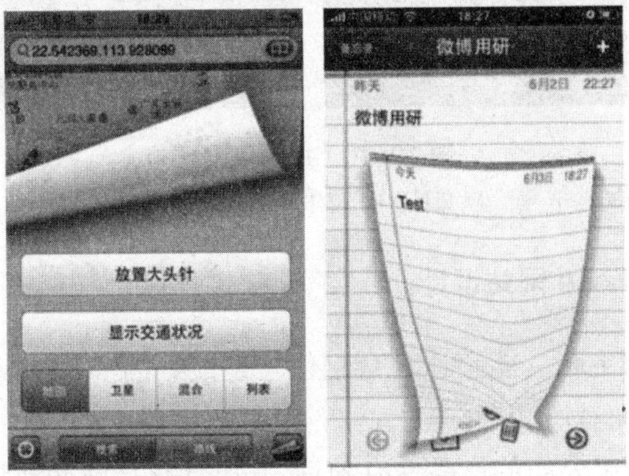

图 12-8　大量优雅的动画

在整个界面转换的过程中,苹果会添加一些动画元素,作用有三:

第一,缓解用户等待的焦躁情绪,如经典的程序登录界面动画。

第二,暗示用户当前界面的来源。如有信息层级关系的左右切换动画。

第三,增强用户体验。

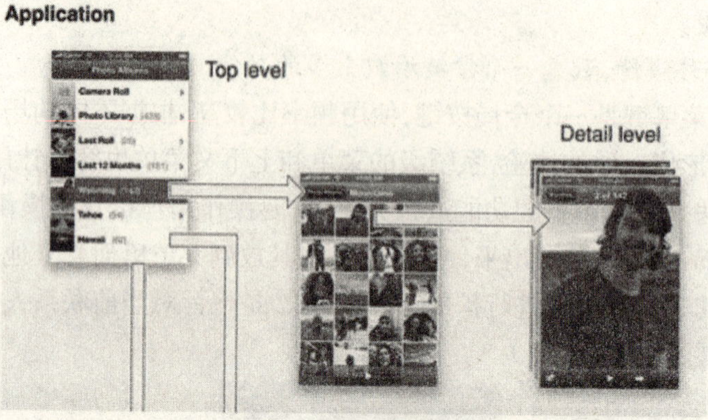

图 12-9　动画的变换

界面常用的几种动画:

第一,有信息层级关系的采用左右切换动画。

第二,针对当前视图内容的操作常用的采用 Model View 的从下往上升起的动画。如:写邮件,Action Sheet。

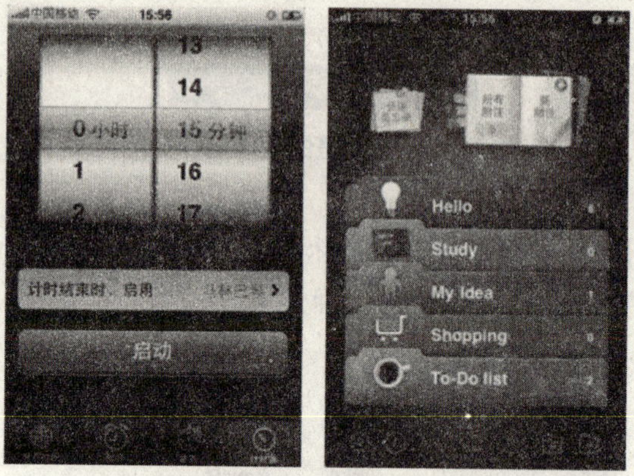

图 12-10　拟物化设计

除此之外,还有声音元素、透明设计等其他手段以提升用户的使用体验。

二、焦点演示:iphone 网站设计

苹果公司一直都主张:能够让观众记住才是最好的演示。从漂亮的 iPhone 网站中,我们应通过学习而有所收获。

人们一直都对苹果公司的产品情有独钟,其设计总会深深地吸引人们的眼光。在 iPhone 的全新网站中,同样显得很独特,直接、简洁的版面就算对一个漫不经心的读者来说,都能留下深刻的印象。至少在苹果公司的眼中看来,iPhone 是一个与众不同的革

命性新产品,但普通的消费者很容易混淆它与普通移动电话的区别。怎么办?

从设计师的角度来说,他们有很多资料可以用来展示这个新产品,他们可以花很大的篇幅来炫耀 iPhone 的技术是如何先进,但他们并没有选择这个切入点,相反,他们以一种自信的态度来展示,就像是一位好朋友向你娓娓道来的感觉。在网页中,我们看到展示人员将 iPhone 拿在手上,解释它如何操作。这种展示从用户的角度看来,显得很朴实自然,不造作,不夸张,使得用户了解它,并喜欢上它。

"让人了解"是设计者的目标。无论是推销你的概念、产品或任何项目,都必须首先要让人知道你在说什么。下面,再从苹果公司学习经验。

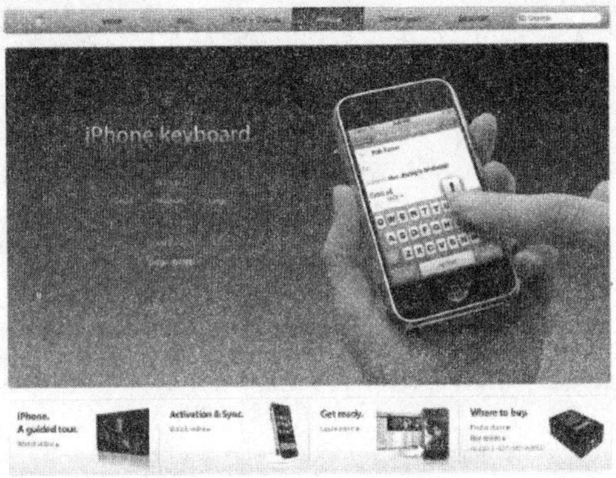

图 12-11 iPhone 网站首页

只有网民与 iPhone,没有第三者。这个介绍键盘的页面显示了没有多余的元素对于清晰的展示是如何的重要。留意这个网页,字面朴实,大片开阔的背景空间,中性的颜色,没有一般电子产品网页迷恋的那种 Flash 或闪来闪去的东西出现,没有边框,没有华而不实的东西。而且文字很少。这样的效果可以使网民将目光集中在产品上,全身放松,准备深入了解这个产品。

基本结构:这个网站主要的作用是用来介绍这个新产品。有一张非常大的背景用于图片展示或播放视频, 而下方有四个小的链接。这五个主要的区域看起来都很相似,取得了一种视觉上的联系。

图 12-12 五个主要的区域取得视觉上的联系

五个区域构成了这个页面的空间。五个已经足够,太多就会分散注意力,让人无从选择。这个页面形成了两种视觉对比,上图大区域与下方小空间的尺寸对比,上方黑色与下方白色背景的对比。出来的效果就是,相似元素让整个页面显得更加统一,不同的元素让不同的信息分开。

文字与图片配合。每一个区域都有一个标题及一张照片。任何情况下都不会出现"只有文字"或"只有图片"的区域，而是保证每一个区域都是"一个主题，一张照片"的版面结构。

图 12–13　文字与图片配合

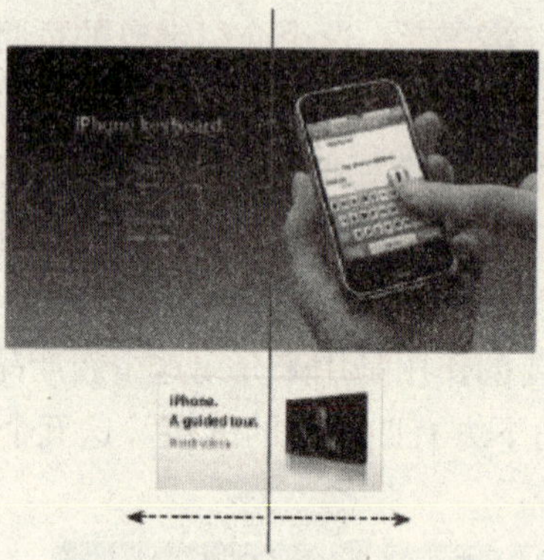

图 12–14　保持距离

保持距离：每一个区域都分成了两半，左边是文字，右边是图片。文字尽量最少化，只用一两个单词。而每一张照片同样很简单(一个物体，没有背景)。留意在上方的大区域，白色的文字标题与白色的手机外观一致，而下方的链接区域中，黑色的文字与黑色的元素一致。

一种字体。整体网站自始至终都使用同一种字体。一种已经足够。文字是用来支持信息的，应该让它发挥应有的作用，快速传达信息并引起人们注意。

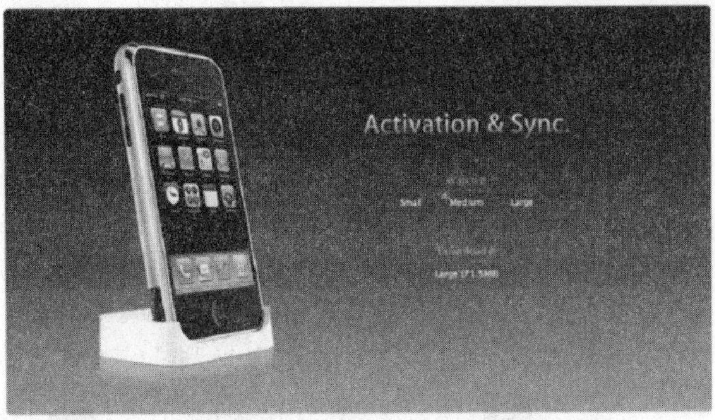

图 12-15　一种字体

整个展示空间可以说是最简化的设计,只有 iPhone 及少量的文字。这样的版面,非常容易“阅读”。

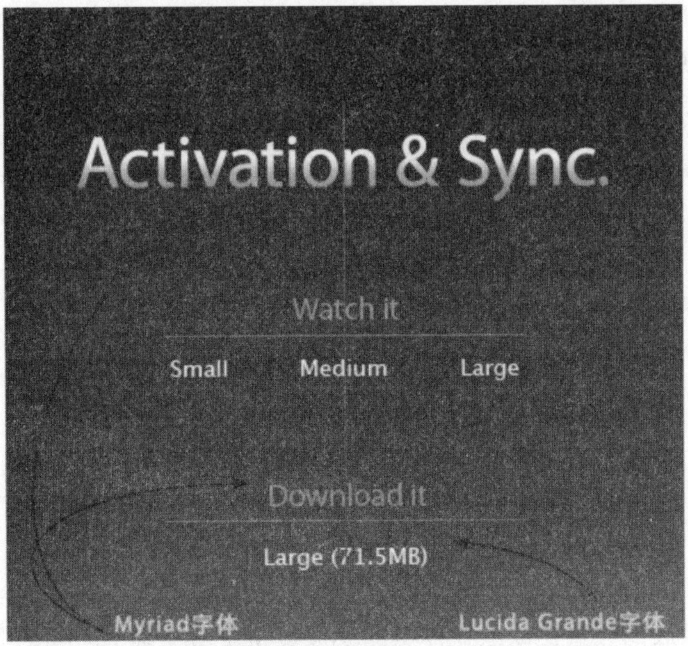

图 12-16　最清晰的字体之一

Myriad 是最清晰的字体之一,它里面的空间开放,没有琐碎的细节,特别适合一些分辨率不高的情况下使用。因为 Myriad 字体并不是一种通用的系统字体,所以只能在图片中使用,而对于网页中的 Html 文字,采用的是 Lucida Grande 字体,这种字体与 Myriad 非常相似。从上图中你可以通过两种方式来区分这两种字体:大和小,黑与白。留意上图,最小的文字是采用最白的颜色。

深度。通过采用渐变来使背景模仿了铝合金及真实光线产生的效果,而倒影及角度的摆放则强调表面的质感及深度。

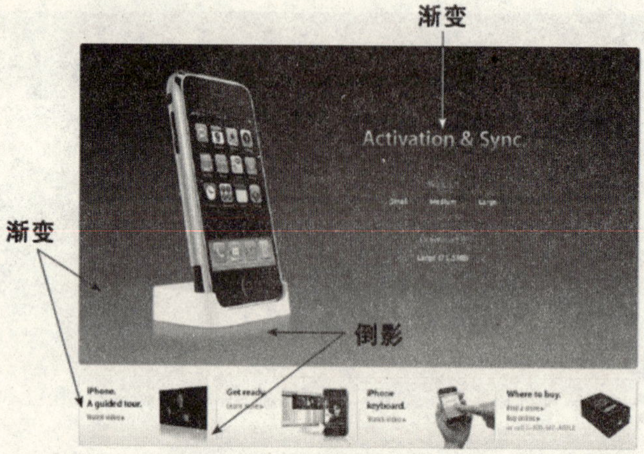

图 12-17　页面的深度

通过渐变效果来模仿真实。人们看到各种表面其实都是受到光线的影响的，所以在实际中，并没有哪一种表面是只有一种单一颜色的，倒影同样无处不在。通过渐变来模仿这种环境，使得网站感觉更真实温暖。

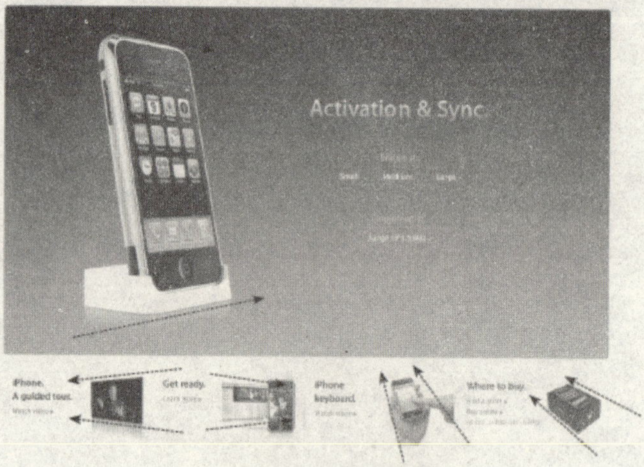

图 12-18　呈角度摆放的元素

呈角度摆放的元素比缺乏立体感的摆放显得更有生命力。留意上图，各种元素呈现不同的角度，从透视的角度来说，上面的观察点并不是固定的，有的是在元素的上方观察所呈现的角度，而有些则以视平线观察的角度，但各个元素尺寸大致一样。每一个元素都选择最能够给人留下冲击力同时又使元素保持简洁的角度呈现。

自然地展示，没有任何干扰。这个网站最重要的内容是视频演示，该网站采用了一种很自然平实的方式来解释 iPhone 的功能。即使是这种动态演示中，设计者仍然考虑如何突出焦点，每一个细节都经过精心考虑，以便让真正的主角呈现在观众的面前。

图 12-19 突出焦点

没有任何障碍物。观看视频比阅读显得更自然，而且也更有效。在视频演示上，设计非常重要。留意上图这个演示者，占据了最重要的中间位置。他的眼睛一直在看着观者，与观者产生面对面的直接交流。没有其他任何东西干扰你与他之间的这种视觉沟通。这个视频的拍摄者细心处理一切可能会分散观者注意力的元素，目的就是要将观者的视线集中到那个小小的 iPhone 上来。他们成功地使观者能够轻松观看他的演示，并且能够将注意力放在他的演示中来，从而让信息更有效地传达给观者。

当演示者演示 iPhone 的功能时，屏幕切换到 iPhone 的特写画面，而演示者的声音以画外音来传达。出现 iPhone 特写时，就同时进行功能的介绍。所有这一切，都令观者一目了然。

图 12-20 居中排列突出效果

当出现 iPhone 近焦画面时,中间黑色的区域由 iPhone 代替了演示者。只有操作者的手指出现在画面中演示如何操作。只有一个元素出现在屏幕上。因为这时手指成为了主要的“演员”,就算是手指这个元素也要仔细考虑。成年男性,但没有显得特别粗糙,没有太多皱纹,没有斑点等等诸如此类的东西。所有这一切,并不仅仅为了好看,而是要让手指保持一种“中性”的角色,避免任何可能导致眼睛分神的元素出现。由于灯光的仔细安排,手指并没有在 iPhone 上留下阴影。这些细节都是经过精心考虑的。

快速了解。如果网民不想观看视频,那可以浏览“特色”(Features)网页,在特色网页中,页面被分成了两部分,其中增加了文字部分。

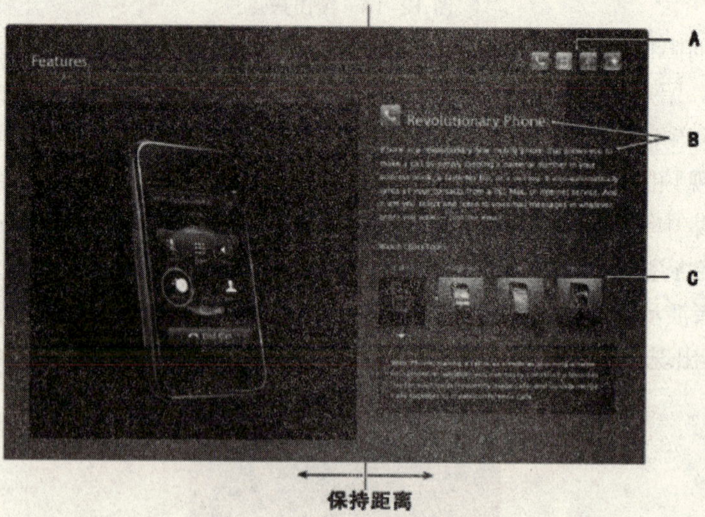

图 12-21　两边保持距离

A:四个图标表示 iPhone 的四种特色功能。鲜艳的颜色与灰色的背景形成强烈对比。导航的三角形元素虽然很小,但在一个干净的背景中,不会让人忽视。

B:短标题及说明文字对相关的功能作了简单的概述。左图的大图同样运用动态的视频来进行动态演示。在进行介绍时,画面中有一个移动的白点来提示应该如何操作,让网民轻易了解其功能特色。

C:四个主要的功能都有一个对应的演示。留意这里的图标中的产品只是对应大图的简单缩小,当鼠标移动到其中一个图标上,图标变黑以表示“选中”,同时下方的导航三角会出现相关的文字简介。文字简介尺寸比上方的概述文字要小,而且也排列紧密,以区分上面的文字。

iPhone 网站为如何进行有效的演示树立了一个榜样,一个公司如果面临新产品的发布,可以从这个网站中学习有效的方法。

相关信息:

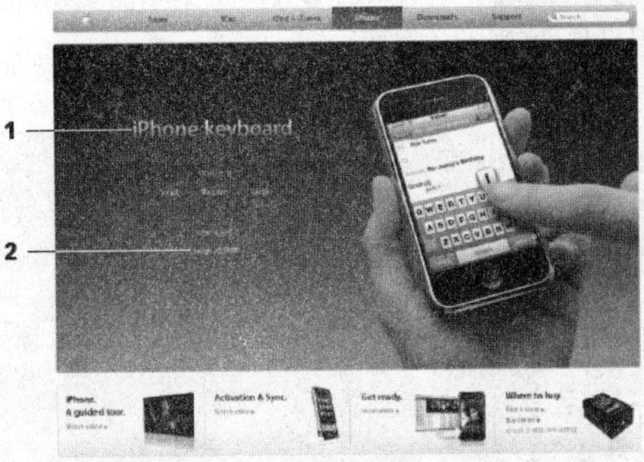

图 12-22　相关信息的字体

(1) 的部分是 Myriad 字体 (苹果公司采用的是一种定制的 Myriad 字体，称为 AppleMyriad,与普通的 Myriad 有着一些细微的区别)

(2) 的部分 Lucida Grande 字体 (Lucida Grande 是 Lucida Sans 字体的屏幕显示版,专用于电脑屏幕上的显示)。

渐变数值(下方所显示的数值是印刷用的颜色数值,而网页上的颜色则采用 RGB 模式,两者之间出来的效果有细微差别)。

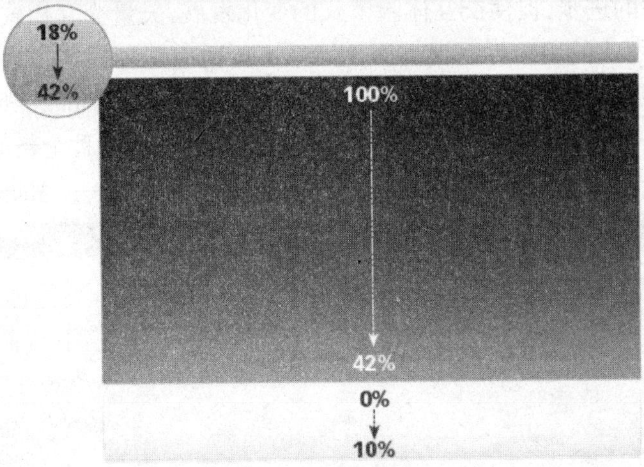

图 12-23　渐变数值

第二节　标新绝不立异:由 Windows Phone 谈移动设备视觉语言创新

Windows Phone 7 界面的简单极致让人眼前一亮,这以 Metro 命名的全新视觉语言带给我们众多感悟与启示。

在 Windows Phone 7 里面，既没 Vista 透明毛玻璃质感，也没有 Surface 的华丽酷炫,完全颠覆了“透明、质感加反光”的移动设备界面设计潮流,呈现在用户面前的是以往从没看到过的简单。这既不是刻意回避 iPhone 的华丽质感,也不是标榜创新的反其道而行之,其原因只是:客观上的需要。

图 12-24　Windows Phone 7 界面

首先,体验上的核心价值向内容转移,并不意味着形式从此变得不再重要,相反更需要一种全新的设计语言,一种全新的形式去适应这种变化。在以往的移动设备体验设计中,通用的逻辑法则是通过一个可映射某个功能或内容的文字、图形,如 icon 为用户提供一个通向某个功能或内容的入口,而现在,这个入口变成了内容本身;其次,技术和硬件的进步,促使交互体验模式的变化发展,矢量交互模式变为可能,显然原有的基于位图式的用户界面视觉语言体系不再适应这种模式;最后,随着MS 产品和平台线的扩张,出现了多种风格的界面语言,像早期的 Winform 风格以及后面的 Aero,显然缺少一种统一的视觉品牌形象,因此迫切的需要一种全新的视觉语言体系去统一视觉体验,在这种环境下,诞生了全新的界面设计语言——Metro。

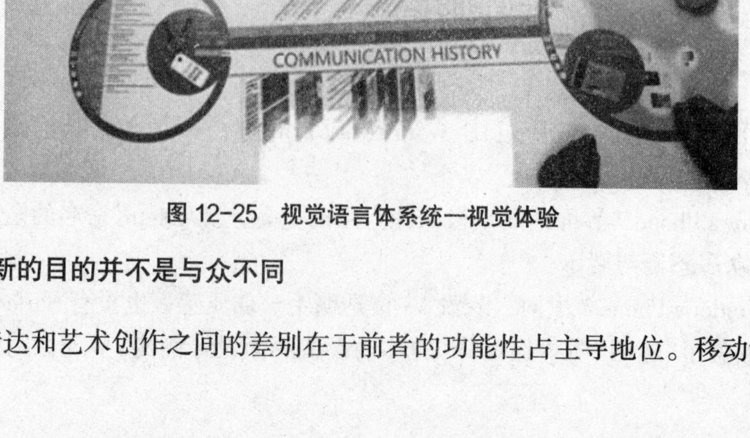

图 12-25　视觉语言体系统一视觉体验

一、创新的目的并不是与众不同

视觉传达和艺术创作之间的差别在于前者的功能性占主导地位。移动设备的界面设计在某一方面具有和视觉传达一样的特性。不同的是,视觉传达对功能性的要求更高,也就是我们所说的是为了解决问题。不能解决问题的设计,是与产品割裂的设计;制造问题的设计,则是无意义的劳动。至于风格上不管是华丽质感加反光,还是透明渐变加切光,这都不是视觉语言的核心,用户界面是依附于产品本身功能而存在的,而视觉语言则是和除了产品本身以外的更多因素息息相关,比如基于构建或统一视觉品牌形象的需要抑或解决某一方面的问题等。

然而在实际操作过程中,很多人往往会进入一个误区,那就是面对一个新的产品需求,绞尽脑汁地去追求,让自己的设计是多么的与众不同,而这种与众不同,通常又会简单直接地体现在视觉语言的风格上。盲目追求华丽的效果、质感、反光以及复杂的颜色渐变,完全忽略了产品本身的特性、用户的特性以及交互场景和所基于的平台特性。比如,众多用户对 iPhone 趋之若鹜,很大的原因是因为苹果公司自上而下对完美体验追求的极致,AppStore 模式则决定了允许庞大的第三方开发者为自己开发海量的应用,但这不可避免地会破坏这种完美体验的统一性,于是苹果公司为解决这个问题在 SDK 里搭建了一种针对 iPhone 桌面 icon 的视觉样式标准,在这种标准下,开发者只需提供一张图片,即可以使自己的 Logo 和系统体验保持完美一致。然而,却时常会在 AppStore 里发现有类似的应用,也许这个开发者或是设计师实在是太想让自己的应用与众不同了,但这确是一种风险很大的与众不同,因为在一种体验质量及体验统一度已经到达很高水准的平台设备中,作为应用层面的产品,很重要的一个原则就是要与这种体验保持一致,在这基础上再突出自己的特点,而完全无原则的突出特点,效果只会适得其反。

图 12-26 图标设计与排列

二、用户界面的价值依附于产品本身功能而存在

创新是所有设计的生命,却不是体验设计的全部,受原则和条件的制约,视觉语言的创新同样如此。

2007 年 1 月份 iPhone 发布时,当看到划屏解锁的功能时,观者是那样的惊奇,手指轻轻一划,原来可以这么玩的?其实,欣喜的并不是划屏体验上新奇,而是这种新奇并没有以过多的额外操作负担为代价。后来,各式各样的解锁出现了:画曲线的解锁;

画笑脸的解锁;后来还出了有一个圆圈满屏跑的解锁。但其实,所有的方案都不是解锁方法上的变化,即完成从 A 到 B 的轨迹从而触发解锁动作,变化的是仅仅 UI 上的视觉体现,最终的结果,都是去用视觉语言完成操作上的逻辑而已,问题是,虽然所有方案都最终解决了解锁这个问题,却同时又制造了问题。

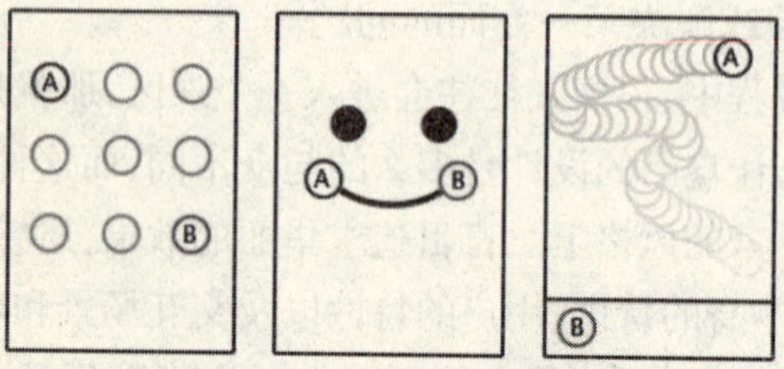

图 12-27　各式各样的解锁

移动设备并不等同于手持娱乐设备,手机不是 PSP,更不是 Xbox,不管它有再多的娱乐功能,就目前来说,它最基本的角色是工具,或者叫手持移动通讯设备终端,那么对于日常工具,哪怕再新奇的体验,最终都会回归至它的基本体验或基本应用。

三、视觉拟物化中的映射关系

在以 iPhone、iPad 为代表的移动设备平台上，拟物化设计这个概念正在成为一种趋势或潮流。拟物化设计的本质是把虚拟环境中产品体验的某一特性在真实世界中找到一种映射，然后把这种映射通过设计语言的归纳在体验中以视觉或交互形式得以体现,从而使产品体验本身更具真实度和情感化,并且更符合用户的认知心理,因此拟物化设计的一个比较重要的条件,就是这种映射关系的成立,特别是对于视觉语言和视觉风格而言,这种映射关系会显得尤其重要,否则,就好比简单的为创新而创新,结果就是最终的体验并不能很好的符合用户的认知心理,反而会增加用户认知负担,更谈不上提升产品的体验价值。

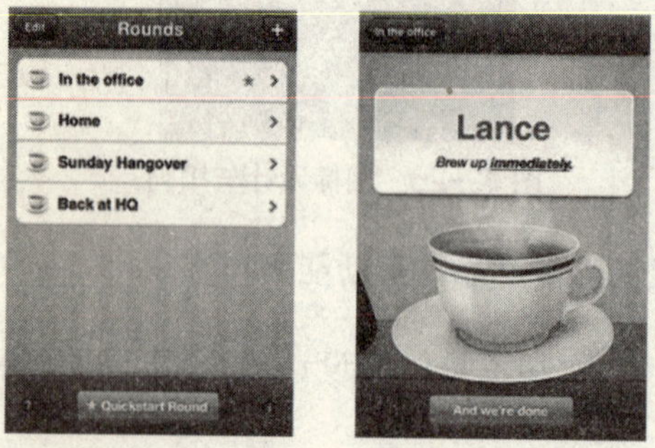

图 12-28　拟物化设计

因此,作为用户体验设计中的一部分——视觉语言,本身除了从视觉品牌形象的角度需要创新外,更多的承担着为解决问题而创新的责任,而创新则是在基于满足功能需求这个第一必要条件的前提下,突破原有的条条框框,进行重新设计,而绝非仅仅为了通过表现形式去表达彼此之间简单的差异。仅仅围绕差异而进行的创新,是狭隘的创新,同时也是割裂的设计,正所谓勇于标新,绝不立异。

第十三章　互动行销:5个与时事有关的案例

第一节　地震无情人有情,“平安送达”[①]

一、项目背景介绍

品牌及产品信息:平安保险。

活动内容:2008年“5·12”汶川大地震牵动了每一个华夏儿女的心。当灾难来临,面对空前严重的灾情和已中断的交通、通信,一条平安信息也变得弥足珍贵,尤其是那些在焦急等待亲友消息的人们。在灾区秩序没有恢复之前,要完成大规模的“报平安、送祝福”公益活动,必须以高效的组织管理为依托,如何将人们对灾区的无限牵挂和志愿服务有效组织起来,并形成强大的合力成为本次活动的一大挑战。

二、传播目标

传播人群:受灾群众和广大关心灾情的网友。

传播效果:通过报平安活动,为受灾群众提供实实在在的帮助,给他们以温暖的支持,支持同胞共渡难关,同时完美融入平安保险的品牌形象和企业理念,传播平安保险的爱心和对受灾同胞的关爱。

对媒体/媒介的要求:线上线下的整合优势。

困难/障碍:将人们对灾区的无限牵挂和志愿服务有效组织起来,并形成强大的合力。

三、营销方案

创意:在重大灾害面前,华夏儿女对受灾同胞表现出血浓于水的关爱与亲情。全社会都积极地为灾区群众贡献力量,希望帮助他们共渡难关。

为此,中国平安与新浪达成合作,通过充分调动双方的优势资源,发挥新浪线上线下的整合优势,得以最大限度地调动社会力量帮助灾区人民。

媒介投放方案:通过新浪网的强大号召力,在线征集志愿者和平安信息,并通过

---

① 案例节选自 http://cs.sina.com.cn/minisite/200805pingan/index.htm.

多条线下志愿渠道直接服务灾区。

方式一:在线招募“报平安由志愿者”和报平安信息,在线下活动现场由报平安志愿者将征集来的平安信息电话通知灾区同胞报平安。

方式二:在线征集平安明信片爱心志愿者,线下带领志愿者深入灾区发放免费绿丝带明信片,并帮忙邮寄,将平安信息带回家。

方式三:在线写下自己对灾区朋友的平安寄语,并挑选优秀祝福语印制在明信片上,与千万同胞分享爱心。

同时,在活动专题网站上开辟了“我在灾区送平安”“志愿者风采”“最新祝福”“爱的进行时”“平安送亲友”等栏目,网友和参与者可以通过网站实时关注和参与活动。

本次活动还引起了广大明星的关注,签名绿丝带,共同支持灾区人民。

图 13–1 “平安送达”活动主页面

图 13–2 “平安送达”之“爱的进行时”

图 13-3 “平安送达”之“明信片寄语”

四、效果评估

活动共进行两周。

活动专题整体 PV 流量达到 1 205 698。

线上、线下活动并行开展，为广大青年志愿者支援灾区搭建了良好的服务平台。共有 4 225 位志愿者加入活动，148 824 份祝福送达。

送“平安”活动在线上网友和线下灾区同胞中反响强烈，取得了良好的社会效应，为中国平安在网友中树立了积极的企业形象。

亮点：在线征集志愿者，签名绿丝带活动。

第二节　李宁牵手为圣火①

一、项目背景介绍

品牌及产品信息：李宁。

活动内容：2008 奥运火炬传递的过程中，出现了一系列不和谐的声音，由此激发了全国人民的爱国情绪。2008 年 4 月 15 日，一场爱国运动通过网络即时通讯工具、手机短信迅速展开。两天内，约有 300 万 MSN 用户的网名前挂上了红心。与此同时，李宁作为一家富有社会责任感的民族企业，希望在这个特殊的时刻承担起一个民族企业的社会责任，号召国民理性爱国，齐心协力护卫圣火。

同时，在奥运来临之际，作为非奥运赞助商的李宁公司也希望借助奥运元素进行一场成功的奥运营销，吸引消费者注意力，提升李宁品牌的社会责任形象。

二、传播目标

传播人群：广大网民。

传播效果：通过互联网的互动营销手段，调动网民的爱国热忱，并从正面的角度

---

① 内容综合于 http://2008.sina.com.cn/qianshou.

引导网民做出正面并有意义的签名及留言活动，从而引导受众对李宁的企业责任感产生认同。

对媒体 / 媒介的要求:强大的公信力和创新力优势,拥有高质量的受众群体。线上线下双重支持。

困难 / 障碍:高质量的受众群体。

三、营销方案

创意:2008 年北京奥运圣火境外传递出现了一系列令国民气愤的不和谐因素，全球华人爱国热情空前高涨。鉴于目标受众的这一心理特征,李宁携手新浪积极号召理性爱国。

活动基于新浪的强大的公信力和创新力优势，新浪高质量的受众群体覆盖了大部分李宁品牌的消费者,可以起到良好的传播效果。

新浪和李宁同为深受国人喜爱的著名民族企业,举办本次公益活动,既可以履行企业的社会责任,同时又可以极大提高品牌美誉度。

媒介投放方案:2008 年 4 月,李宁借助新浪的优势平台,发出了“汇聚红力量,牵手为圣火”的倡议:“让我们彼此牵起手来,将每个红心的力量汇聚在一起,祝福圣火照亮祖国大地的每一个角落！”从线上与线下两个部分全方位开展本次公益活动。

“牵手为圣火”活动的线上部分,主要选择新浪的国内新闻网页和体育频道,打开这些网页,页面的中下方都有一个醒目的“圣火注力棒”标识。网友只需用鼠标点击圣火注力棒标识，就能为护圣火活动注入一份爱心。小小鼠标凝聚了无穷的力量,实时数据让参与者在表达爱国热情的同时,一同见证奥运历史上最伟大的助威声音。

线上活动部分优势得到了充分的发挥。这和李宁公司的社会责任感与新浪平台强大的聚合特性密不可分。新浪网汇聚了大量高素质、具有爱国主义热情的主流受众群体,他们不仅为护圣火活动“注力”,还在新浪开辟的互动专区——护圣火祝福墙上,为 2008 北京奥运会留下了最美好的祝福。网友们通过点击注力棒,在牵手圣火护卫墙上发表感言等理性的实际行动,抒发了心中的爱国热情和奥运激情。

本次活动感染了无数网民,影响了众多人群。通过本次的线上活动,见证了中华民族的凝聚力,获得网友的一致好评,也为李宁公司带来巨大的荣誉,极大提升了李宁品牌的美誉度。同时,这也验证了新浪“介质 + 方法 = 效果”的 IMPACT 营销理念。新浪拥有的公信力、创意性、聚合力、用户黏性等无可比拟的优势,为本次活动线上部分的成功奠定了坚实的基础。

在线上活动的同时,配合奥运圣火的传递路线,李宁组织爱国网友,身着“牵手护奥运”标志的 T 恤衫来到传递现场,用激情、理智和充满创意的方式,表达国人迎接奥运的喜悦和兴奋。

线上部分、论坛与线下活动实时配合,线上线下相得益彰,效果显著。

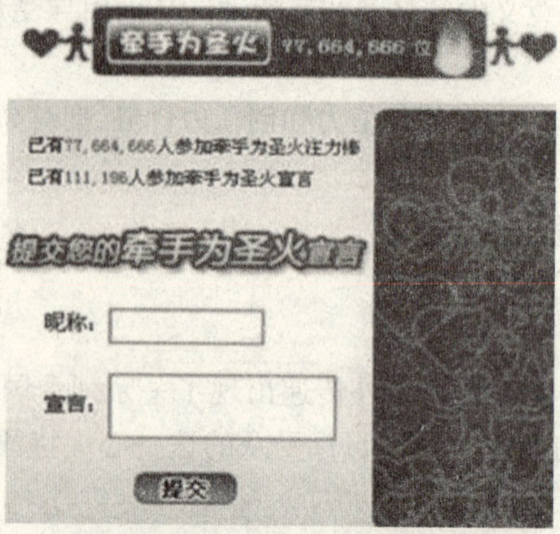

图 13–4 “李宁牵手为圣火”讨论区

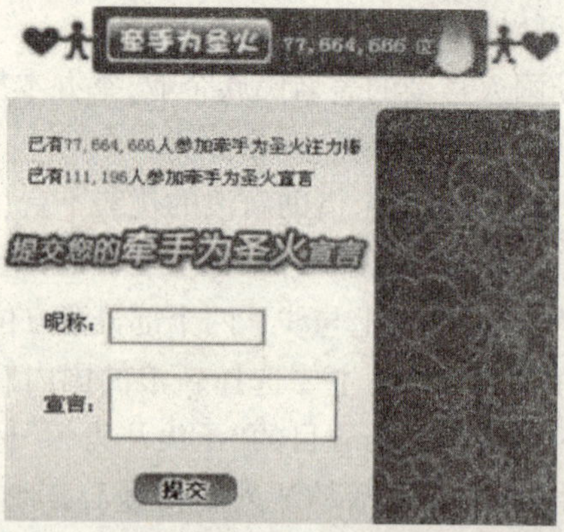

图 13–5 “李宁牵手为圣火”注力棒和宣言墙

图 13–6 线下主体活动

四、效果评估

本次活动取得了惊人的效果,圣火注力棒达到 7 200 万人次,宣言达 113 568条,网友交流流言达 238 472 条,成功的借助奥运元素,吸引了消费者注意力,提升了李宁品牌的社会责任感,不失为奥运营销的经典案例。

亮点：网友们通过点击注力棒，在牵手圣火护卫墙上发表感言等理性的实际行动,抒发了心中的爱国热情和奥运激情。实时数据让参与者在表达爱国热情的同时,一同见证奥运历史上最伟大的助威声音。

第三节　海尔润眼电脑,玩转游戏娱乐营销

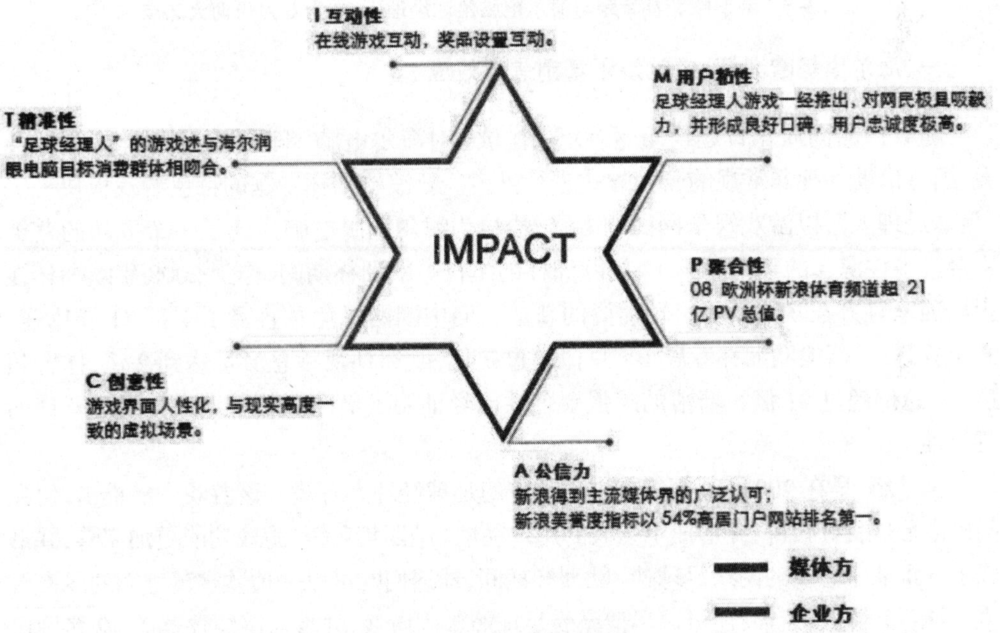

图 13-7　IMPACT 营销模式图

美国最具影响力的娱乐咨询专家米切尔·J.沃尔夫在《娱乐经济》一书中指出,人类即将步入娱乐经济时代,“娱乐因素”正成为各企业产品与服务竞争的关键。娱乐营销就是借助娱乐活动,通过多样的形式与消费者实现互动,从而让产品或服务在市场中取得良好表现。日前,海尔润眼电脑与新浪足球经理人专题游戏的联姻,引领了国内娱乐营销趋势,上演了一场媒体、企业及网民的完美互动。

图 13-8　新浪欧洲杯专题与海尔电脑足球经理人,成为 6 月份两大热点

一、海尔借势欧洲杯,成就娱乐营销焦点效应

随着产品同质化日趋严重,传统营销方式对海尔电脑“润眼”系列的推广收效甚微,亟待借助一种非常规的营销方式进行推广。新浪欧洲杯专题的特色游戏板块——“足球经理人”,以游戏娱乐网民的方式,恰恰为海尔润眼电脑搭建了一个成功的营销平台。事件源起的契机是第 13 届欧洲杯的举行。欧洲杯期间,作为 2008 年欧洲杯在中国独家官方互联网及手机转播商的新浪,向中国网民免费直播了全部 31 场比赛。截至 6 月底,新浪欧洲杯专题 PV 总值超过 7 亿,欧洲杯视频总流量达到 2 亿,体育频道 PV 总值超过 21 亿,新浪的超强聚合性已经证明了借欧洲杯平台进行娱乐营销的可行性。

据了解,早在 2004 年,新浪就推出了梦幻足球经理人游戏。该游戏一经推出,便在网民中形成良好口碑,并形成了强大的用户黏性。经四年升级,游戏功能更加完善,并形成了一批非常忠实的网络足球迷。欧洲杯期间,球迷们既可以一边欣赏黄健翔的风暴解说,看精彩的网络直播,还可以尽情享受足球经理人游戏,并参与网络评球等,众多网民的参与让海尔“润眼”系列电脑的产品形象和特点烙在了球迷脑海中。

业内评论人士认为,娱乐营销虽以“乐”“玩”为主,方式轻松,但消费者会对营销活动的严谨性及真实性产生疑虑,所以在媒介平台的公信力问题上也需仔细掂量。选择一个具有公信力的媒体平台,可以建立活动的权威性与品牌的信赖感。据 MillwarduBrown2007 年第 4 季度互联网用户追踪研究报告显示,美誉度指标新浪以 54% 高居门户网站排名第一,这就让海尔“足球经理人”游戏竞赛活动,更加真实可靠,进一步巩固了海尔品牌的美誉度,也从侧面说明了海尔“润眼”系列电脑营销的独具慧眼。

二、目标精准,海尔以互动、创意开创娱乐营销新局面

据了解,由于高清显示、强劲迅驰、海量硬盘加上独显的超强功能等,使得海

尔“润眼”系列电脑具备了良好的护眼作用,成为那些长时间使用电脑的用户的好伙伴。

通过新浪观看欧洲杯的足球迷,和玩“足球经理人”的游戏迷都是属于长时间的电脑使用者,这与海尔电脑的目标受众甚是吻合。

图 13-9　海尔足球经理人游戏内容精彩

此外,足球迷还有跨年龄段、跨性别、跨职业的特点。海尔精准地选择了足球迷推广其润眼系列电脑,无疑,可以在相同投入的情况下做到覆盖率最大化。

同时,为了扩大营销效果,新浪在“足球经理人”游戏的创意设置上也是下足了功夫。例如,游戏的界面设计十分人性化,网民根据游戏中的卡通标志,能够清楚的了解游戏的规则及流程。“演练室”、“转会大厅”及“股票市场”等虚拟场景,将现实场景真实再现。同时,还通过球星队对碰游戏、“奖品陈列室”等,将海尔电脑的相关产品融入其中,使网友在游戏的过程中自然地了解到海尔润眼电脑不同产品的不同特点。

此外,网民还可自己挑选队员,排兵布阵,进行比赛,获胜者可增加比赛积分。每一阶段的胜出者,都能得到海尔提供的不同数码产品,达成了网民与海尔产品的沟通互动,有效地刺激了网民的参与热情,并潜移默化地让网民对海尔品牌形成深刻认知。

三、效果先行,关联设置提升人气参与

值得一提的是,本次活动中,新浪本着营销效果最大化的思路,主题活动的多个入口设置都与海尔润眼电脑密切关联。例如,在游戏专题首页设置的专题图,将海尔润眼电脑的图片直接展示,十分醒目;在新浪首页及专题首页的球星对对碰专区、奖品专区,也以图文结合的方式,将“海尔”品牌明确标注,增强了消费者的认知,而在欧洲杯论坛,新浪更是将论坛置顶 Banner,与论坛置顶帖相结合,将海尔的信息强势推出,最大限度地提升了网民接触海尔品牌的机会。

图 13–10　主题活动的多个入口设置都与海尔润眼电脑密切关联

截至 6 月 30 日，海尔润眼电脑足球经理人专题总流量达 69 161 505；平均日独立用户访问数达 2 231 016；平均日独立用户最高访问数达 9 213 540；活动期间注册网友人数超过 30 万人；活动期间中奖网友数量达 59 人。事实证明，相对于传统营销，海尔与体育赛事捆绑的娱乐营销手法更胜一筹。

纵观整个活动执行，海尔在媒介选择及策略运用中的营销思路很是值得借鉴：选择新浪的优势媒介平台提升品牌关注，采用合理的方法策略增加用户参与。正是在新浪“介质 + 方法”的营销启示下，整个营销活动得以环环相扣、有序进行，并确保了营销效果的最大化，成为新浪“选择决定营销效果”的 IMPACT 网络营销理念的又一次成功运用。

作为国际知名的本土企业，海尔对良好品牌形象的精心培育，更是值得标榜。例如，张瑞敏“铁锤砸冰箱”事件，巩固了产品的质量保证；“红地毯”服务的一贯坚持，则增强了大众对海尔售后服务的信赖；海尔此次搭乘新浪平台的娱乐营销手法，更是确立了以消费者需求为导向的营销思维，这种“以人为本”的营销精神，进一步增强了大众对海尔品牌的信赖度。可以说，海尔通过娱乐营销的方式，注重了消费者的心理需求，以尊重消费者的亲和面孔拉近了二者的距离。

第四节　“路痴 vs 路霸”：诺基亚 6110 上市推广①

一、项目背景介绍

品牌及产品信息：诺基亚 6110 手机。

活动内容：诺基亚拥有中国最大的市场份额，但在 GPS 功能方面此前并没有突出表现，同时 GPS 功能对于普通消费者的重要性也未经证实；品牌价值如何转化成为功

① 案例综合自 http://tanbao.nokia6110.com.cn/index.html.

能认同是诺基亚面临的重要挑战。

本次活动通过新浪的网络互动营销支持,改变消费者的这一认知状态,并为诺基亚 6110 手机上市做好铺垫工作。

二、传播目标

传播人群:手机消费者。

传播效果:通过互联网的互动营销手段,促使消费者认同手机 GPS 功能,进而对诺基亚 6110 功能手机产生认同感,确保上市成功。

对媒体 / 媒介的要求:将活动全过程在互联网上体现出来,并且提供网络专区给活动参与者发表体验和感想。

困难 / 障碍:随着 3G 的日益迫近,国内手机市场的竞争也进入到白热化阶段。手机越来越从单纯的通讯消费品加入更多的附加价值,音乐、影像、游戏、GPS……每一种附加价值都将目标人群进行了细分。

诺基亚拥有中国最大的市场份额,但在 GPS 功能方面此前并没有突出表现,同时 GPS 功能对于普通消费者的重要性也未经证实;品牌价值如何转化成为功能认同是诺基亚面临的重要挑战。

三、营销方案

创意:产品的价值在于应用,因此要想改变印象甚至改变消费者对手机 GPS 功能的认知,最好的办法在于让消费者在应用中体验到产品功能切实的价值。

诺基亚 6110GPS 功能诉求,体现在网络上成为一场路痴(不分东南西北,经常迷路)和路霸(对城市、地图了如指掌)的对决;双方通过一场在都市中根据地理线索提示的寻宝游戏来角逐胜负, 最终诺基亚 6110 凭借出色的 GPS 功能帮助路痴取得了胜利。

全程参与过程和悬念、产品优势、迷路经历征集等都在互联网上体现出来,同时配合产品功能调查、路线征集、队员招募、精彩坐标导航等,从应用和消费者真实需求的层面全面植入了产品优势和定位。

媒介投放方案:本次活动由 2007 年 11 月 19 日至 12 月 16 日在北京、上海、深圳、西安四大城市同时进行,16 部诺基亚 6110GPS 导航手机担任活动道具。

参与者分为"路痴"、"路霸"两个阵营,分别完成"路痴任务"(描写路痴经历参与网络投票)和"路霸任务"(寻找城市中的 30 个秘密路标)。通过分别的线上任务,获得晋级的选手可以参与下一轮的"路痴 PK 路霸"的活动。"路痴 vs 路霸地面 PK"除了由晋级选手参加比赛,更推出了"游戏角色扮演人征集""PK 路线征集""胜利队伍竞猜和投票"等有趣环节,极大增强了活动的吸引力。

活动中,参与者充分体验了产品的 GPS 功能和活动的乐趣,并积极在网络专区中发表体验和感想,取得良好的传播效果。

图 13-11 活动专题页面

图 13-12 “路痴 vs 路霸地面 PK 活动”展示页面

图 13-13 路霸任务展示页面

图 13-14　线下主体活动

四、效果评估

本次活动通过设置竞争 PK 机制,制造各种话题,引人深思,让活动充满了挑战与激情,吸引了海量网友的关注和参与。自活动开始到结束,短短一个月时间内,活动专题 PV 总数高达 1 773 537,独立用户数达 1 388 457。

亮点:将诺基亚 6110GPS 的功能诉求,体现在网络上成为一场路痴和路霸的对决中,全程参与过程和悬念、产品优势、迷路经历征集等都在互联网上体现出来,同时配合产品功能调查、路线征集、队员招募、精彩坐标导航等,从应用和消费者真实需求的层面全面植入了产品优势和定位,互动过程有趣且能够深入人心。

第五节　多普达触动中国

一、项目背景介绍

品牌及产品信息:多普达。

活动内容:作为"五大国际导演拍北京"首映式的赞助商,智能手机领导厂商多普达全力支持和参与了此次活动,为了让活动精神更加广泛的传播,多普达欲将视野穿越北京,开展"VISION CHINA 多普达触动中国"系列活动。

奥运年各种奥运主题活动纷繁精彩,如何在奥运年之际上让活动脱颖而出,更多人感受人文奥运,体验科技魅力?如何将长达半年之久的主题活动进行的有声有色,同时配合线下巡演进行线上造势,呈现多普达手机个性?都是本次活动所面临的挑战。

二、传播目标

传播人群:广大网友。

传播效果:实现触动系列活动的持续宣传造势,并结合产品特性进行线上互动推广,提升消费者产品认知度和品牌好感度。

对媒体/媒介的要求:强大的网络号召力和网络营销执行力。

困难/障碍:在奥运年之际让活动脱颖而出,更多人感受人文奥运,体验科技魅力;将长达半年之久的主题活动进行的有声有色,同时配合线下巡演进行线上造势,呈现多普达手机个性。

三、营销方案

创意:对于中国手机生产企业和消费者来说,多普达的创新精神是一种激励和触动。为了让目标受众更深刻理解这一创新精神,多普达正式启动了2008年多普达“触动中国”系列主题活动,一场集人文、奥运与科技等核心元素在内的“触动”之旅由此起航。

同时“触动”概念很好切合了多普达产品的技术领先特点,使得活动从开始就为产品传播开了好头。

要想在半年之久的活动期间内保持持续的宣传度和关注度,就必须合理分配和管理目标受众的注意力。结合多普达产品优秀的摄影功能、拍照功能、强大智能功能等特点,本次活动全程分为“多普达‘触动中国’播客大赛”“多普达‘触动中国’影像欢乐汇”“多普达‘触动中国’盛世之旅”三个主题阶段。

依托新浪网强大的网络号召力和网络营销执行力,通过优化三个阶段活动兴奋点,以获得持续关注度,提升传播效果。

媒介投放方案:活动全程分成三个阶段。

第一阶段:多普达“触动中国”播客大赛。

结合多普达产品摄影功能特点,以特殊喜庆奥运年为切入点,邀请网友用视频记录不平常的2008年。活动于1月10号上线,3月10号结束,共7个周的投稿期。作品可以用DV、手机、DC、摄像头等设备制作,记录参与全国火炬传递的116个城市的各种2008见闻和感动。

拍摄主题以五环的蓝、黄、黑、绿、红五色为属性,在上传优酷网之后,则按照颜色进行分类展示和网友投票。评选采取“网络人气+专家评选”,由网友投票产生Top10,最大限度反映网友意愿;再由专家团评选出五色人气冠军,保证大赛水准。

幸运参与奖、周冠军奖、五色大奖、特别大奖等奖项的层级设置,有效吸引目标受众的持续关注。

网站栏目按照奥运五色分别进行作品展示和投票。形式富于创意,对活动起到很好的支持。

第二阶段:多普达“触动中国”影像欢乐汇。

结合产品照相功能特点,邀请网友图片记录精彩事件。从2008年一月份开始,每月推出本月照片征集主题,通过上传实时发布与投票,次月初公布获奖名单。主体包括:触动之旅——用摄影设备记录在路途中的点滴精彩与感动;城市风情——用瞬间凝固每一座城市的风情风貌;运动激情——奥运来临之际,用相片记录生活中平凡人的激情瞬间,展示运动之美。

第三阶段:多普达“触动中国”盛世之旅。

2008年是中国的盛世之年。多普达带领我们一同领略34个城市所呈现的不同的感动与风采。线上 34 个城市魅力展示,由网友进行投票,评选盛世之旅最荣耀的城市。

同时,多普达线下八大城市的巡展,让广大消费者能够充分领略多普达智能手机的强大魅力。同时,多普达对奥运精神和文化的弘扬将伴随圣火在中国大地上的足迹,再一次的“触动中国”。

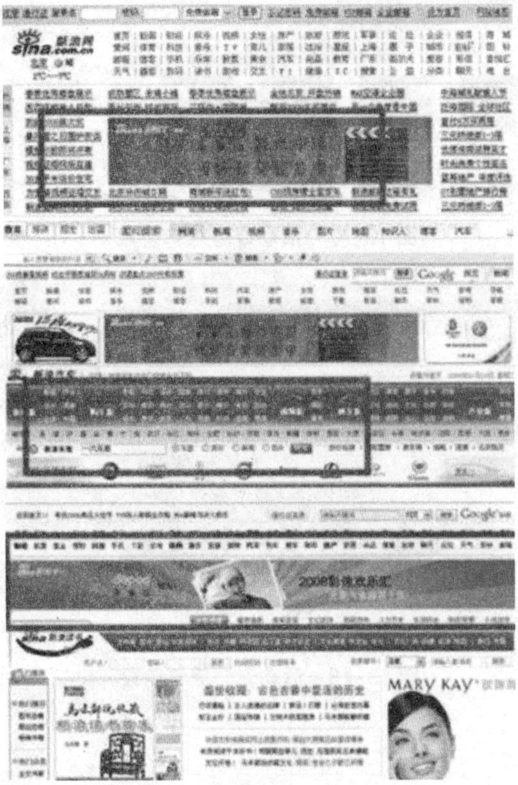

图 13–15　线上全站广告推广

图 13–16　活动专题第一阶段①

① 图片来源 http://v.sina.com.cn/v/9/2008/0229/108.html.

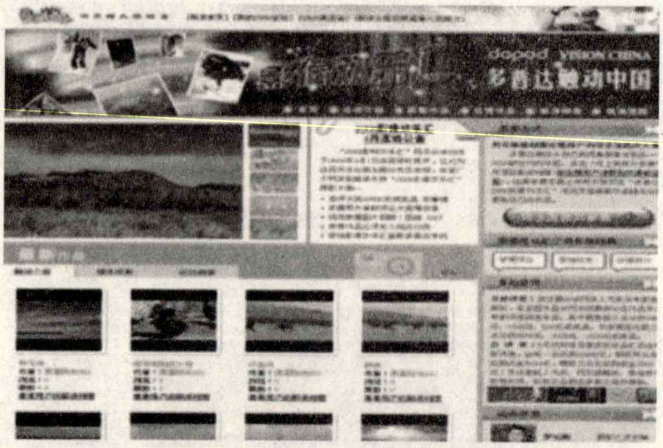

图 13-17　活动专题第二阶段①

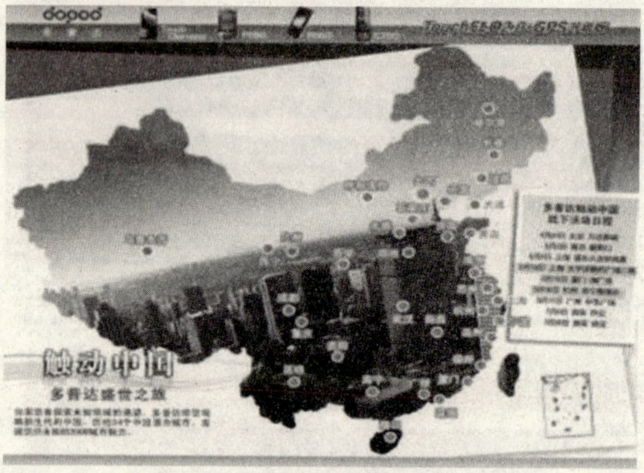

图 13-18　活动专题第三阶段②

四、效果评估

超过半年的活动时间,不同的活动形式,将多普达手机性能与产品推广有机地结合在一起,实现三个阶段活动的总品牌宣传机会超过 20 亿次,超过 40 万人参与到活动中。

第一阶段:总的品牌宣传机会达到 8 亿次,活动首页日均浏览 2.4 万次,10 余万人参与了作品的评分与评论,收到 500 余个有效参赛作品。互动营销加口碑式营销使活动与品牌完美结合。

第二阶段:活动品牌宣传 9~10 亿次,活动首页日均浏览 3.7 万次,8 000 余个有效参赛作品。互动营销效果明显。

第三阶段:活动数据整理。

亮点:三阶段的网络营销活动,让广大消费者能够充分领略多普达产品的强大魅力。

---

① 图片来源 http://vic.sina.com.cn/dopod2008/.

② 图片来源 http://news.sina.com.cn/photo2008/.

第十四章　信息互动：IT通讯类网络广告的3个案例

第一节　索尼爱立信音乐手机[①]

一、基本信息

活动名称：寻找优质音“享”达人。

广告主：索尼爱立信。

活动链接：http://yule.sohu.com/s2009/yxdr_1/。

活动起始时间：2009.05.18—2009.06.24。

二、活动导读

以索尼爱立信的新品W715“好音质”为营销卖点。搜狐娱乐、数码公社共同策划打造了寻找音“享”达人主题活动，以《时尚娱乐攻略》及数码公社为平台，进行网上招募、主题推广，音“享”装备大推荐，并成功举办线下“盲测活动”。此项目充分将娱乐频道在音乐上的“趣”与数码公社在装备上的“专”相结合，两大平台实现了强强联手、共同推广的整合营销目的。

三、媒介表现

索尼爱立信推出以“好音质”为主打的音乐手机W715，如何让网友体验出好音质？

第一阶段：专题预热。通过搜狐娱乐一期《时尚娱乐攻略》，展现音乐发烧友对音质的诠释，并普及相关音质知识，同时提供线上盲测小游戏，让网友在线感受什么是好音质，并做线上有奖闯关问答，征集线下盲测网友。

第二阶段：专题深化。通过大众网友对音乐的理解和需求，带领网友体验主流音“享”装备，并配上推荐音乐在线试听，告诉网友好音乐应如何听。

第三阶段：品牌宣传。通过线下“寻找金耳朵”中国互联网首次高品质音乐盲测活动，找出真正音“享”达人的同时，也决出最优音“享”装备——索尼爱立信W715音乐手机，通过报道和推广，形成了品牌宣传。

---

① 案例综合自 http://ad.sohu.com/20091023/n267679373.shtml

第一阶段：

图 14-1　音乐发烧友对音质的诠释

图 14-2　在线盲测小游戏

第二阶段：

图 14-3　网友对音乐的理解与需求

图 14-4 配上推荐音乐,实现在线试听

第三阶段:

图 14-5 线下活动

第二节 联想创造"攻心为上"的品牌时尚化潮流①

一、基本信息

活动名称:联想"新享乐主义寻找 FUN 教主等你来"品牌时尚潮流传播。

广告主:联想电脑。

① 案例综合来自 http://ad.sohu.com/20091026/n267747127.shtml.

活动起始时间:2008 年 12 月 1 日—2009 年 1 月 30 日。

二、活动导读

打造精品草根视频团队、创造潮流话题引导。通过视频、博客征集、型男选秀、积分换奖等多种互动玩法,将以时尚、潮流为特点的笔记本产品与 85 后人群的生活价值观紧密相连,让联想时尚笔记本成为 85 后目标消费者的生活符号之一,从而扩大其产品增值空间。

三、策划目标

以互动参与的方式向 85 后网民传播联想“新享乐主义”,引发网民之间的自发传播,将“新享乐主义”打造成为目标消费人群的生活主张,促进联想产品品牌价值增值。

四、活动执行

1.“全民 FUN 商大测试”,以新鲜、够 FUN 的形式最大限度吸引 85 后人群关注并参与到联想活动。

2.建立“寻找 FUN 教主”活动专题,开辟 3 个“FUN 圈子”,用户可以选择自己的兴趣爱好加入。

3.用户参与各种线上征集、游戏、投票等,共同分享传播 FUN 乐趣。

4.通过活动赢取积分,争当 FUN 教主,赢取动心大奖!

5.线上线下形成互动,招募人员参与线下“最 MAN 型男”PK 赛!

五、媒介运用手段

在论坛等 web2.0 聚集地区,通过运用视频,事件营销,情感营销等不同手段,进行 FUN 教主的内涵和产品的传播,通过视频剧的传播力量,从下至上,一气呵成。过程中不断宣传联想系列笔记本突出产品功能,从而达到了打动消费者的目的,比简单的硬性广告更具效应。

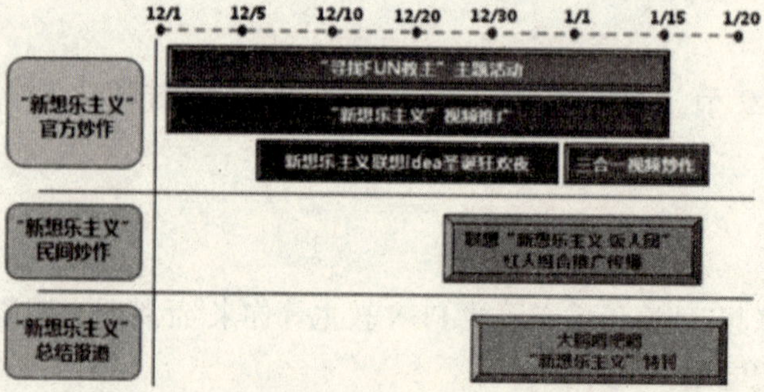

图 14-6 整体活动推广进程

图 14-7　活动广告页面

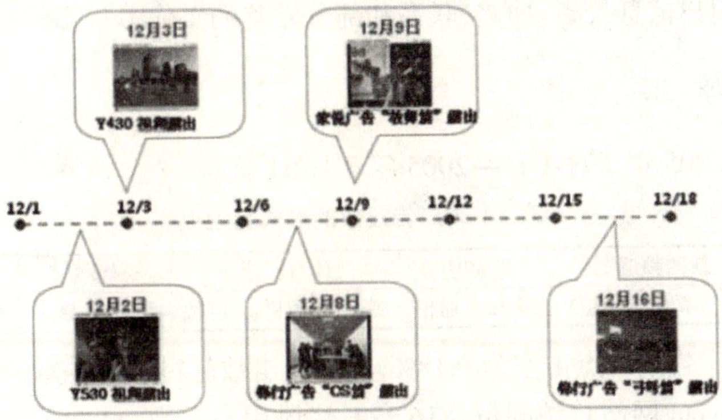

图 14-8　视频推广节奏

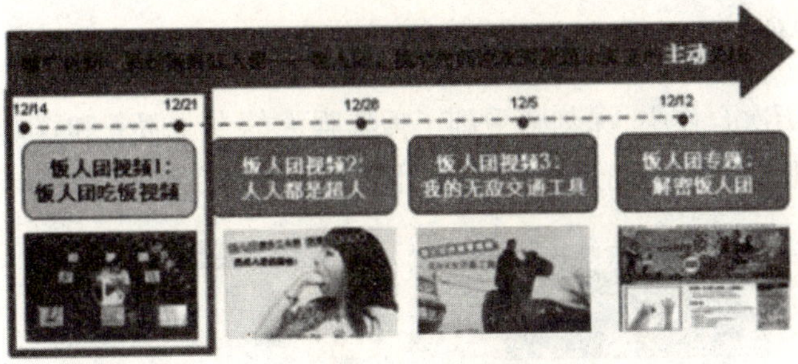

图 14-9　视频炒作节奏

第三节　诺基亚感触 2004——最具质感人物评选①

一、基本信息

案例名称:感触 2004——最具质感人物评选。

---

① 案例综合自 http://zhigan.sohu.com/.

背景:

配合诺基亚 6170 质感手机上市宣传，为加深潜在消费者对质感概念的理解，举办“感触 2004——最具质感人物评选”。

搜狐网、时尚《男人装》、光线传媒及 MusicRadio 四家强势媒体联合主办，诺基亚作为活动的首席赞助商。

搜狐提供的服务：搜狐艺术工作室和技术部门为评选活动搭建精美网站，作为信息发布和网友投票的平台。

在搜狐新闻、IT、体育、财经等高端用户聚集的频道密集投放广告造势。

女人、财经、人物、音乐、娱乐、生活、IT、手机等频道都有最新动态标红文字链接做软性宣传。

搜狐负责用户信息收集、抽奖、联系和部分发奖的工作。

二、广告投放

投放时间:2005 年 3 月 1 日—2005 年 3 月 31 日。

表 14-1 广告投放的形式与地点

搜狐首页		新闻频道			IT 频道		体育频道			财经频道		娱乐频道		
对联	背投	全屏	摩天楼	通栏	弹入	通栏	弹入	通栏	巨幅	翻卷	弹入	通栏	巨幅	对联

广告效果:广告平均点击率为 0.18%，日均点击数超过 7 000 次。

zhigan.sohu.com 网站总访问量:816 227;注册用户总数:11 112 个;累计参加投票总人次:11 816 人;投票数:51 090 个;论坛发帖数:959 条。

三、客户评价

与搜狐的历次合作中，深刻感受到了搜狐强大的专业服务和媒体资源优势，良好的推广结果在验证我们正确选择的同时，也在凸显搜狐的媒体价值。

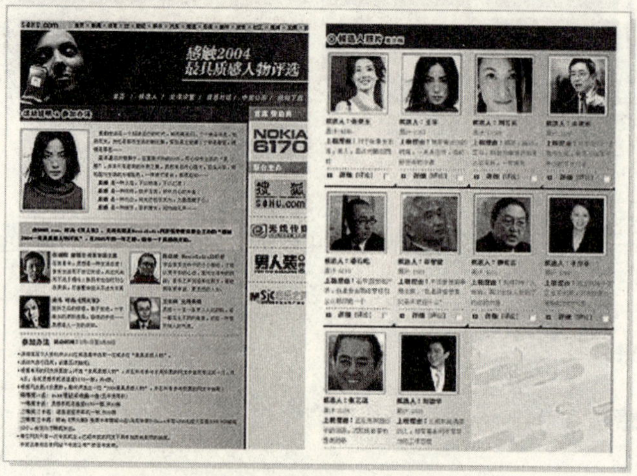

图 14-10 评选网站首页及投票页

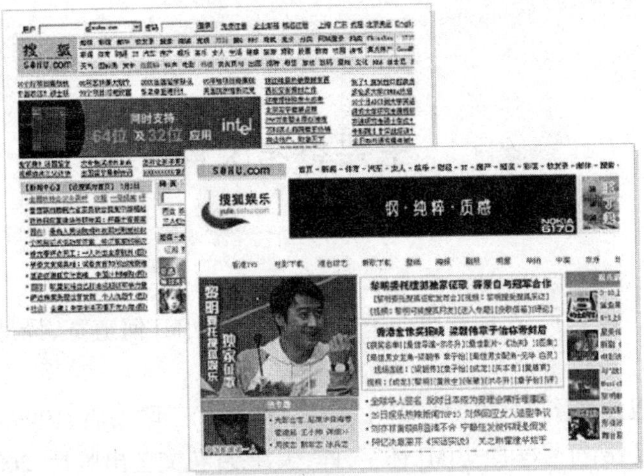

图 14–11　广告投放页面

图 14–12　频道软件宣传文字链

主要参考文献

1.马歇尔·麦克卢汉.理解媒介——论人的延伸[M].何道宽,译.北京:商务印书馆,2000.

2.罗兰·巴尔特.符号学原理[M].王东亮,译.上海:三联书店,1999.

3.安娜·艾诺.符号学简史[M].怀宇,译,天津:百花文艺出版社,2005.

4.让·波德里亚.消费社会[M].刘成富,全志钢,译.南京:南京大学出版社,2001 年.

5.弗洛伊德.精神分析引论[M].高觉敷,译.北京:商务印书馆,1984.

6.保罗·梅萨里.视觉说服:形象在广告中的作用[M].王波,译.北京:新华出版社,2004.

7.本尼迪克特·安德森.想象的共同体[M].吴睿人,译.上海:上海世纪出版集团,2003.

8.杰克逊·李尔斯.丰裕的寓言:美国广告文化史[M].上海:上海人民出版社,2005.

9.菲里普·科特勒.营销管理——分析、计划、执行和控制[M].梅汝和,译.上海:上海人民出版社,1999.

10.科尼利斯·瓦尔.皮尔士[M].北京:中华书局,2003.

11.麦克尔·舒德森.广告,艰难的说服[M].陈安全,译.北京:华夏出版社,2003.

12.唐·E.舒尔茨等著整合行销传播[M].吴怡国,译.北京:中国物价出版社,2002.

13.威廉·阿伦斯.当代广告学(第 8 版)[M].丁俊杰,译.北京:人民邮电出版社,2005.

14.沃纳·赛佛林,小詹姆斯·坦卡德.传播理论:起源、方法与应用[M].郭镇之,译.北京:华夏出版社,2000.

15.朱丽安·西沃卡.肥皂剧、性和香烟——美国广告 200 年经典范例[M].周向民,田力男,译.上海:光明日报出版社,1999.

16.费尔迪南·德·索绪尔.普通语言学教程[M].高名凯,译.北京:商务印书馆,2002.

17.司马迁.史记[M]. 北京:中华书局,2000.

18.麦克·费瑟斯通.消费文化与后现代主义[M].刘精明,译.南京:译林出版社,2000.

19.阿诺德·M.巴尔班等.国际 4A 广告公司媒介计划精要[M].朱海松,译.广州:广东经济出版社,2005.

20.艾·里斯,杰克·特劳特.定位[M].王恩冕,于少蔚,译.北京:中国财政经济出版社,2002.

21.奥美公司.奥美的观点[M].庄淑芬,译.呼和浩特:内蒙古人民出版社,1998.

22.丹尼·卡瓦拉罗.文化理论关键词[M].张卫东,译.南京:江苏人民出版社,2006.

23.丹尼尔·贝尔.资本主义的文化矛盾[M].赵一凡,译.北京:生活·读书·新知三联书店,1992.

24.道格拉斯·凯尔纳.媒体文化——介于现代与后现代之间的文化研究、认同性与政治[M].丁宁,译.北京:商务印书馆,2004.

25.福原泰平,拉康.镜像阶段[M].王小峰,李灌凡,译.石家庄:河北教育出版社,2002.

26.桂敬一.多媒体时代与大众传播[M].刘雪雁,译. 北京:新华出版社,2000.

27.赫伯特·马尔库塞.审美之维[M].李小兵,译.南宁:广西师范大学出版社,2001.

28.贾米森,坎贝尔.影响力的互动——新闻、广告、政治与大众媒介(第五版) [M].洪丽,等译,北京:北京广播学院出版社,2004.

29.吉姆·艾奇逊.卓越广告[M].张红霞,译.北京:北京大学出版社,2005.

30.米歇尔·福柯.知识考古学[M].谢强,马月,译.北京:生活·读书·新知三联书店,1998.

31.米歇尔·福柯.词与物[M].莫伟民,译.上海:上海三联书店,2001.

32.热拉尔·拉尼奥.广告社会学[M].林文,译.北京:商务印书馆,1998.

33.仁科贞文.广告心理[M].李兆田,任艺译.北京:中国友谊出版公司,1993.

34.斯图尔特·霍尔.表征——文化表象与意指实践[M].徐亮,陆兴华,译,北京:商务印书馆,2003.

35.吕不韦.吕氏春秋[M].北京:中华书局,1991.

36.左丘明.左传[M].长沙:岳麓书社,2001年.

37.邓小平.邓小平文选(第二卷)[M].北京:人民出版社,1994.

38.邓小平.邓小平文选(第三卷) [M].北京:人民出版社,1994.

39.黄勇.中外广告简史[M].成都:四川大学出版社,2003.

40.蒋晓丽.全球化背景下中国文化产业论[M].成都:四川大学出版社,2006.

41.李彬.符号透视:传播内容的本题论释[M].上海:复旦大学出版社,2003.

42.李幼蒸.理论符号学导论[M].北京:社会科学文献出版社,1999.

43.陆扬,王毅.大众文化与传媒[M].上海:上海三联书店,2001.

44.罗钢,顾铮.视觉文化读本[M].南宁:广西师范大学出版社,2003.

45.罗钢,刘象愚.文化研究读本[M].北京:中国社会科学出版社,2000.

46.王晓,付平.欲望花窗:当代中国广告透视[M].北京:中央编译出版社,2004.

47.范鲁斌.中国广告 25 年[M].北京:中国大百科全书出版社 2004.

48.丁俊杰,杜国清.中国广告业发展及其趋势思考[J].国际广告 2004(9).

49.卢山冰.中国广告产业发展研究[D].西安:西北大学,2005.

50.现代广告杂志社.中国广告业二十年统计资料汇编[M].北京:中国统计出版社,2000.

51.黄升民.中国广告五大忧思[J].现代广告，2005(4).
52.陆晓鸣.最优广告投入策略的研究[D].西安:西安交通大学，1997(10).
53.花家明.当代中国广告批评研究[D].成都：四川大学，2007.
54.王静.网络广告中交互动画的设计应用研究[D].西安：西安理工大学，2008.
55.顾美影.影响广告业走势和消费观念的因素[J].中国广告，2005(1).
56.阮丽华.网络广告及其影响研究[D].武汉：华中科技大学，2008.
57.江炜，刘星.寻求全球广告的突破点[J].现代广告，2005(2).
58.陆斌.为广告业引领未来[J].现代广告，2005(3).
59.傅汉章.浅谈市场学和广告学[J].中国广告，1982(2).
60.陆晓鸣，席酉民.关于最优价格、质量和广告策略的动态最优控制模型[J].系统工程理论与实践 1996(2).
61.赵曙光.媒介经济学案例分析[M].北京:华夏出版社，2003.
62.卢山冰，黄孟芳.现代公共传媒在改革开放国策中的价值分析[J].西北大学学报(哲学社会科学版)，2001(2).
63.姜茜.网络虚拟展示广告的视觉传达设计[D].无锡：江南大学，2008(6).
64.喻国明，张小争.传媒竞争力产业价值链案例与模式[M]. 北京:华夏出版社，2005.
65.胡鞍钢，张晓群.中国传媒迅速崛起的实证分析[J].新华文摘，2004(17).
66.卢山冰，黄孟芳.传播学理论发展百年回眸[J].西北大学学报，2004(3).
67.卢山冰，黄孟芳.网络主体的理性解读[J].自然辩证法通讯，2003(4).
68.白光.华夏当代广告评析 150 例[M].北京:中国广播电视出版社，2003.
69.陈陪爱.中外广告史[M].北京:中国物价出版社，2002 年.
70.陈哲夫，江荣海，吴王.20 世纪中国思想史[M].济南：山东人民出版社，2002.
71.盛晓白.网络经济通论[M].南京：东南大学出版社，2003.
72.冯英键.网络营销基础与实践[M].北京:清华大学出版社，2004.
73.韩建新.信息经济学[M].北京:北京图书馆出版社，2000.
74.托姆·福布斯.网络广告设计[M].江玉清，译.北京:中国轻工业出版社，2001.
75.冯广超.网络广告[M].北京:中国友谊出版公司，2000.
76.杜骏飞.中国网络广告考察报告[M].北京:社会科学文献出版社，2007.
77.魏超.网络广告[M].北京:中国轻工业出版社，2007.
78.涂洪文.网络广告设计[M].北京:机械工业出版社，2007.
79.谢成开.网络广告设计与制作[M].北京:清华大学出版社，2005.
80.高力，王晓清，黎明.网络广告学[M].杭州：电子科技大学出版社，2005.
81.屠忠骏.网络广告教程[M].北京:北京大学出版社，2004.
82.李洛.网络广告设计[M].北京:高等教育出版社，2002.
83.程士安.网络广告价值的体现[J].复旦大学学报(社会科学版)，2002(1).